收入差距代际传递机制
及其变动趋势研究

吕康银　著

国家社会科学基金项目"收入差距代际传递机制及其变动趋势研究"
（批准号 14BJL040）资助

科学出版社

北　京

内 容 简 介

我国收入分配不平衡，收入差距影响经济增长与社会公平，但收入流动性更能反映经济福利的传递程度和社会的公平程度。本书论证了我国收入流动性和代际收入流动性呈逐年增强的趋势，这能在一定程度上缓解收入差距对社会稳定及经济增长造成的负面作用。代际收入传递机制主要通过人力资本投资、社会资源禀赋及家庭财产等途径完成。代际收入流动存在结构性差异，中等收入阶层代际收入流动性较弱，农村子女更容易实现收入阶层的身份转变。

本书适用于对我国收入分配问题感兴趣的读者，可以作为劳动经济学专业的教材和参考书，也可以为从事劳动经济学的理论研究者提供借鉴和参考，并为我国劳动力市场的实践工作者提供决策依据。

图书在版编目（CIP）数据

收入差距代际传递机制及其变动趋势研究/吕康银著. —北京：科学出版社，2020.5
ISBN 978-7-03-064667-5

Ⅰ. ①收⋯ Ⅱ. ①吕⋯ Ⅲ. ①国民收入分配-研究-中国 Ⅳ. ①F124.7

中国版本图书馆 CIP 数据核字（2020）第 043448 号

责任编辑：郝 悦 / 责任校对：贾娜娜
责任印制：张 伟 / 封面设计：正典设计

科 学 出 版 社 出版
北京东黄城根北街 16 号
邮政编码：100717
http://www.sciencep.com
北京虎彩文化传播有限公司 印刷
科学出版社发行 各地新华书店经销
*
2020 年 5 月第 一 版 开本：720×1000 1/16
2020 年 10 月第二次印刷 印张：13
字数：262 000
定价：118.00 元
（如有印装质量问题，我社负责调换）

前　言

公平不仅体现在贫富差距的大小，还应考虑从贫到富的转变机会，即收入的流动性。如果当前较高的收入差距同时伴随着较高的收入流动性，那么从长远来看，收入分配并不会恶化。目前社会舆论对"官二代"、"富二代"的讨论显示出公众对中国代际收入流动性的热切关注。社会流动理论认为，伴随工业化和市场化进程的加快，代际收入流动性上升是提升人力资本效率、促进收入分配公平的重要途径。深入分析中国代际收入流动性的程度与趋势，以及高（低）收入者是通过何种途径把自身的优势（劣势）传递给下一代的，对经济社会全面发展至关重要。因此，研究代际收入流动性对制定相关公共政策，创建促进人力资本积累的激励机制具有重要意义。

收入流动性增强是缩小收入差距的直接动力，而代际收入流动性则更加具象地反映了人力资本投资的环境、劳动力市场的发育、公共政策及社会保障在社会发展中的作用。考虑 20 世纪 80 年代以来，收入差距在波动中呈现扩大的趋势，父代收入对子代收入的作用成为影响父代与子代间收入差距发展趋势的重要因素，本书分个人因素、家庭经济因素和宏观因素三个方面分析代际收入流动性的影响因素，刻画代际收入的传导机制，奠定了代际收入流动性实证分析的基础，为提高代际流动性提供有的放矢的政策建议。

本书旨在从理论逻辑与实证检验角度对我国收入差距的代际传递问题进行系统研究，试图突破从微观数据视角研究代际收入传递问题的局限，多维度测度收入差距的代际传递，阐明代际收入传递的影响因素，并揭开传递机制的"黑匣子"。

本书分为六章，第一章为收入差距的演变和现状，对我国收入差距的演变历程和相关文献研究进行回顾和梳理，同时利用宏微观数据对我国收入差距现状进行统计分析。

第二章为代际收入流动性的测度与现状。首先，对收入和代际收入及其流动性的相关概念进行界定；其次，分类总结收入流动性、代际收入流动性现状和测度的相关文献研究；再次，分别从代际收入弹性及相关系数和代际收入流动转置矩阵不同测度角度对代际收入流动性情况进行量化分析；最后，将我国代际收入流动性情况与世界其他国家进行对比分析。

第三章至第五章为本书的核心章节，通过对中国家庭追踪调查（China family panel studies，CFPS）数据进行微观数据的配对、统计、描述，并根据收入差距代际传递影响机制的逻辑分析，构建了相对收入差距和绝对收入差距代际传递影响机制的实证研究模型，包括基本模型、考虑个人因素的实证模型、考虑家庭经济因素的实证模型和考虑宏观因素的实证模型，以此分别检验父代的个人因素、家庭经济因素和宏观因素对收入差距代际传递的影响。

实证研究发现，总体上父代与子代间收入等级差距在代际传递过程中会缩小；分区域来看，代际收入的传递会导致地区间收入差距扩大；从户籍分割来看，代际收入传递会拉大城乡居民收入差距；父代家庭总收入的增加会扩大代际收入差距；父代资产尤其是金融资产的持有能够促进代际收入向上流动；父代教育水平、健康状况、婚姻稳定性、职业稳定性和社会保障因素对代际收入传递的作用在减弱。

第六章为改善代际收入流动性的差异化政策组合，根据代际收入差距的作用途径，提出增强代际收入流动性的对策建议。对不同的收入阶层来说，代际收入流动性影响因素的作用方式和程度不同，收入流动性的改善除了依靠政府政策的助推之外，还必须要考虑子代个体及父代家庭在收入增长方面的策略，如此才能保证政策效果的发挥。在政策建议方面，本书分低收入群体、中等收入群体和高收入群体三个层次，从子代策略、父代策略和政府政策三个方面提出改善代际收入流动性的政策组合，旨在增强代际收入流动性，减少收入差距中的不合理构成，促进收入的合理分配。

根据实证研究，在研究我国收入分配公平问题时，考虑收入差距的代际流动性，能够更加完整准确地综合衡量我国贫富分化对社会公正的影响程度，构建自身越努力，越接近成功的社会氛围和预期，激励人们努力工作，提高对自身及子代的人力资本投资，从而为经济增长提供源源不断的高效劳动力资源。

吕康银

2019 年 3 月

目　　录

第一章　收入差距的演变和现状

改革开放以来，我国经济取得了快速增长，居民收入水平大幅提升，但与此同时，收入差距也在不断加大。我国居民收入差距在经济发展的不同阶段有不同表现，如城乡居民收入差距、地区收入差距及行业收入差距等。不仅是个人收入差距，家庭收入差距也是经济学家和相关政策制定者关注的问题。分析家庭收入差距，一方面要对同一代人不同家庭之间的收入差距进行研究，另一方面也要分析同一家庭不同代之间的收入流动性，即代际收入流动性。

本章对收入差距的演变历程进行梳理，结合衡量收入差距本身及其变化的相关测量方法，详细分析当前收入差距的现状特征及变动趋势。

第一节　收入差距的演变历程

改革开放以来，我国经济体制转轨和经济结构渐进转型，反映在收入分配格局上，就是居民收入差距不断扩大的过程。同时，改革开放是一个分阶段推进的过程，各阶段有不同的改革重点和难点，因此，收入差距演进也呈现出阶段性。图 1.1 运用基尼系数指标描绘出 1978～2015 年收入差距变动趋势，整体上我国收入差距呈不断扩大的趋势，但在不同时期，收入差距的变化有不同特点（陈永清，2006；赵毅和石莹，2013；卢华和朱文君，2015）。由此，可以将我国收入差距的变动趋势分为四个阶段。

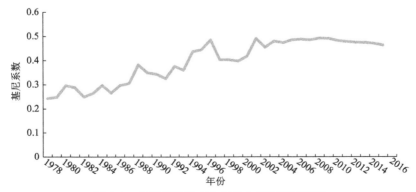

图 1.1　改革开放以来中国收入差距变动趋势

资料来源：《中国统计年鉴》（1979～2016 年）

一、收入差距总体扩大的阶段（1978～1988 年）

从图 1.1 可以看出，1978～1988 年，收入差距总体呈扩大趋势，基尼系数从 0.24 增长到 0.4 左右。这一时期，改革开放刚刚开始，国家经济方兴未艾，计划经济被打破，户籍制度经历改革，受资本、政策等因素作用，收入差距拉大。20 世纪 70 年代末中国经济改革以来，城乡居民收入差距经历了一个先缩小，随后扩大并且差距扩大日趋严重的过程。1978～1980 年，农村居民家庭人均纯收入增长 27%，城镇居民家庭人均可支配收入增长 39%[①]。从基尼系数来看，根据国家统计局的数据，1978 年，农村居民收入的基尼系数为 0.212，城镇居民收入的基尼系数为 0.160，全国的基尼系数为 0.241。

我们可以分两个阶段来分析这一时期收入差距的变化趋势。

第一阶段：1978～1983 年以农村为中心的经济体制改革。农村开始推行家庭联产承包责任制。这一制度极大地解放了生产力，调动了农民的生产积极性，提高了农业劳动生产率及农民收入，中国农民收入结构由集体经营为主转变为家庭经营为主，具体数据见图 1.2 和图 1.3。

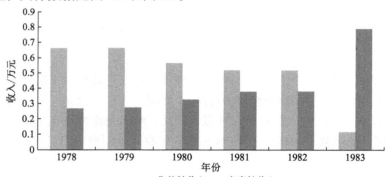

图 1.2　中国农村居民收入来源变动表

资料来源：摘自张平（2003）相关专著

图 1.3　中国收入差距城乡收入比

资料来源：《中国统计年鉴》（1979～1984 年）

---

① 资料来源：2016 年《中国统计年鉴》。

除此之外，国家先后调整了工农产品比价关系，提高了农产品价格。同时，取消供销和计划配给制，放开民间市场，使市场在引导农民生产决策中的作用越来越大。而同期的城镇经济体制改革相对滞后，城镇经济发展较慢，因此城镇居民人均收入增速低于农村居民，整体上城乡居民收入差距得以缩小。1978年的城乡居民收入比为2.57∶1，1983年降到历史最低点，为1.82∶1。

第二阶段，如表1.1和图1.4所示，1984～1988年以城镇改革为重点的阶段，中国城乡居民收入差距缓慢扩大。城镇开始代替农村成为改革的中心，企业承包责任制得以推行，企业生产率明显提高，这使得城镇职工的工资收入增加。同时，在收入分配方面，国有企业改革原来的统一的工资管理体制，将工资与绩效挂钩，企业之间可以因绩效不同而收益不同，员工之间也因为业绩不同而有收入差异。到1988年，中国80%的城镇国有企业和集体企业都实行了承包制。虽然存在国家承担企业亏损的现象，但是企业获得了自主发放工资和奖金的权利，使城镇居民收入水平迅速上升。而且，国家鼓励和扶持私有经济的发展，极大地扩展了城镇居民的收入来源。

表1.1　1984～1988年国有企业和城镇集体企业职工工资增长率

企业类型	1984年	1985年	1986年	1987年	1988年
国有企业	19.5%	17.3%	16.6%	9.3%	19.9%
城镇集体企业	16.2%	19.2%	12.9%	10.5%	18.1%

资料来源：摘自国家统计局（2006）相关专著

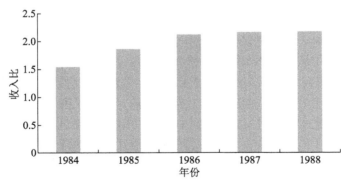

图1.4　中国收入差距城乡收入比
资料来源：《中国统计年鉴》（1985～1989年）

在这个阶段，农村生产体制改革以后，家庭联产承包责任制对农民生产积极性的刺激作用开始递减，国家以相对稳定的价格收购农产品，导致农村居民收入增长幅度较小。而国有企业的相关改革配套措施开始发挥效应，裁减冗员、资产重组，国有企业的活力得到释放，一系列相关配套体制相继建立，提高了城镇职工工资水平。1978～1983 年，我国城乡居民收入差距总体缩小。1984～1988 年，中国经济体制改革转向城镇后，城乡居民收入差距开始扩大。这一阶段，城乡居民收入差距增长，原因在于城镇体制改革带来城镇居民收入的快速增长，使得城镇居民的收入与经济效益直接挂钩（高连水等，2012）。

二、收入差距震荡扩大的阶段（1989～2001 年）

如图 1.1 所示，1989～1998 年，基尼系数从 0.349 增长到 0.403，收入差距继续不断扩大，且增长波动幅度大，呈现出震荡扩大的趋势。1989～1991 年，基尼系数从 0.349 跌至 0.324，1992～1993 年，基尼系数从 0.376 跌至 0.359，1996～1999 年，基尼系数从 0.485 跌至 0.397，这三个阶段城乡居民收入差距有明显幅度的短暂回落，其他时期都呈现出持续增长的趋势。1989 年，城镇企业发展迅猛，城乡居民收入差距下降。1992 年，党的十四大会议上确立了社会主义市场经济体制改革的目标。首先，计划经济向社会主义市场经济转型，有利于提高市场竞争力，促进生产效率的提高，促进我国经济的快速增长。其次，市场经济体制下的工业发展快于农业，此时城镇居民收入水平提高得更快，城乡居民收入差距呈扩大趋势。再次，由于社会主义市场经济体制改革目标的确立，中国城镇私营经济和三资经济发展迅速，城镇居民收入水平大大提高了。再次，分配制度改革允许资本等生产要素参与收入分配，大大增加了城镇居民收入的来源。最后，1992 年，国务院做出了实行分税制财政管理体制改革的决定，理顺了中央和地方的分配关系，增加了地方政府的自主权，而地方政府可能会实施带有城镇偏向的财政政策，发展城镇经济，提高城镇居民收入水平，城乡居民收入差距迅速扩大。

1995～1998 年，城乡居民收入差距小幅回落。1993 年，党的十四届三中全会确立了社会主义市场经济体制的基本框架，改革进入攻坚阶段。在国有企业改革的浪潮中，城镇出现大批下岗和失业人员，直接导致城镇居民收入水平增速放缓，缩小了城乡居民收入差距。同时，面对经济过热，政府采取了紧缩的财政政策和货币政策，经济进入调整期，加上受到 1997 年东南亚金融危机影响，经济增长陷入低谷，非农就业机会减少，多种因素叠加导致这一时期城乡居民收入差距出现明显回落。根据《中国统计年鉴》相关数据计算可知，1989～1995 年，城乡居民收入差距在持续拉大，且城乡收入比由 1989 年的 2.28 增至 1995 年的 2.71，而从 1995 年开始，城乡居民收入差距减小，城乡收入比由 1995 年的 2.71 跌至 1997 年的 2.47，1998 年略有回升，仅为 2.51，这反映了这一时期政策的影响。城乡居民收入差距是整个收入差距中的重要组成部分。在改革开放后的十几年里，我国城乡居民收入差距不断缩小，至 1990 年前后达到了最低值。据各年统计年鉴的计算数据可知，1989 年东、中、西部人均地区生产总值之比为 1.9：1：0.9。从 1992

年始，在全面发展社会主义市场经济的背景下，东部地区凭借着先天的区位优势、良好的经济基础和国家优惠政策的支持，在这轮竞争中脱颖而出，发展迅猛。1998年，东、中、西部的人均地区生产总值之比为 3.1∶1∶0.9，由表 1.2 东、中、西部各省区市（除港澳台地区）人均地区生产总值可见，地区间存在较大的收入差距，基本形成了东、中、西部收入依次递减的三个梯度。

表 1.2　1998 年东、中、西部各省区市人均地区生产总值情况　　单位：元

东部地区	人均地区生产总值	中部地区	人均地区生产总值	西部地区	人均地区生产总值
上海	25 206	黑龙江	7 375	广西	4 346
北京	19 128	吉林	5 983	新疆	6 174
天津	14 243	湖北	5 287	青海	4 426
浙江	11 394	内蒙古	5 406	重庆	5 579
广东	10 819	河南	4 643	西藏	3 666
江苏	10 049	湖南	4 667	宁夏	4 607
福建	9 603	山西	5 104	陕西	4 070
辽宁	9 415	江西	4 124	四川	4 294
山东	7 968	安徽	4 235	甘肃	3 541
河北	6 501			贵州	2 364
海南	5 912			云南	4 446

三、收入差距平缓上升阶段（2002～2009 年）

1997 年，党的十五大报告指出，"坚持按劳分配为主体、多种分配方式并存的制度。把按劳分配和按生产要素分配结合起来""允许和鼓励资本、技术等生产要素参与收益分配"[①]，这极大地促进了城镇经济的发展。而且，大批农村剩余劳动力进入城镇，提高了农村居民收入，缩小了城乡居民收入差距水平。2002 年，党的十六大报告进一步指出："确立劳动、资本、技术和管理等生产要素按贡献参与分配的原则，完善按劳分配为主体、多种分配方式并存的分配制度。"[②]第一次提出各生产要素按贡献参与分配的原则，强调了效率优先原则。2002 年以后，中国城乡居民收入差距平缓上升，超过改革开放初期的水平，2006 年中国名义城乡居民收入

---

① 江泽民：《高举邓小平理论伟大旗帜　把建设有中国特色社会主义事业全面推向二十一世纪》，人民论坛，1997 年第 10 期，第 4-16 页。

② 江泽民：《全面建设小康社会，开创中国特色社会主义事业新局面》，求是，2002 年第 22 期，第 3-19 页。

比达到 3.28：1。在这个阶段，国有企业在改革之后效益明显上升，加之相关措施的配套，城镇职工工资增速加快，而同期的农村居民人均收入水平的增长幅度较小。同时，从经济发展角度出发产生的行政区域变化，如撤乡并镇，也影响了城乡收入水平的差距，这些因素共同作用导致城乡居民收入差距不断拉大。党的十六大以后，中央政府实行"五个统筹"为核心的均衡发展战略，加强对农村、中西部地区的政策支持。一系列惠农政策相继出台，特别是取消了农业税，大大减轻了农民负担，中国城乡居民收入差距扩大的势头得到遏制，城乡居民收入差距扩大趋缓。而这一时期，行业收入差距迅速拉大。如表 1.3 所示的三大产业之间的平均收入，2003 年第三产业的平均收入比第一产业高出了 8433 元，这一差值在 2009 年更高，达到了21 966 元，行业收入差距是逐渐拉大的，呈现出鲜明的财富效应。

表 1.3　　2003~2009 年三大产业平均收入　　　　　　单位：元

产业类型	2003 年	2004 年	2005 年	2006 年	2007 年	2008 年	2009 年
第一产业	6 928	7 534	8 259	9 267	10 900	12 594	14 380
第二产业	12 941	14 652	16 485	18 879	21 851	25 852	28 047
第三产业	15 361	17 488	20 135	23 084	27 719	32 561	36 346

资料来源：根据《中国劳动统计年鉴》（2004~2010 年）计算得到

对于城镇居民来说，东部和西部地区内的人均收入差距随时间推移在扩大。如果按人群来分析，如表 1.4 所示，对于农民工群体来说，不同地区内部的农民工最高收入与最低收入的比值较小，并且随着时间的推移逐渐缩小。因此，2002~2007 年这一阶段，中国地区收入差距的扩大主要是由不同地区内城镇之间的收入差距扩大造成的。

表 1.4　　2002 年和 2007 年不同地区最高与最低收入比值

地区	2002 年				2007 年			
	总体	城镇	农村	农民工	总体	城镇	农村	农民工
直辖市	3.74	2.10	2.68	1.39	3.54	2.05	3.33	1.39
东部	1.88	1.40	1.98	1.36	2.02	1.62	1.82	1.23
中部	1.10	0.92	1.22	0.88	1.17	1.05	1.21	0.85

四、收入差距平缓下降阶段（2010 年至今）

由图 1.1 可以看出，基尼系数在 2008 年出现拐点，之后开始缓慢下降，说明我国收入分配体制改革初见成效，收入差距拉大的趋势得到遏制。这与党和国家一系列政策的提出不无关系，收入分配制度改革已经上升到国家层面的高度。2007年，党的十七大报告在论述"深化收入分配制度改革，增加城乡居民收入"[①]时，首次提出了"两提高"的政策，即"逐步提高居民收入在国民收入分配中的比重，提高劳动报酬在初次分配中的比重"。"两提高"政策是以人为本科学发展观在收入分配制度中的具体体现。2012年，党的十八大报告提出，"调整国民收入分配格局""着力解决收入分配差距较大问题，使发展成果更多更公平惠及全体人民，朝着共同富裕方向稳步前进"[②]。提高居民收入在国民收入分配中的比重，提高劳动报酬在初次分配中的比重。初次分配和再分配都要兼顾效率和公平，再分配更加注重公平。2013年十八届三中全会通过的《中共中央关于全面深化改革若干重大问题的决定》明确提出，"规范收入分配秩序，完善收入分配调控体制机制和政策体系""增加低收入者收入，扩大中等收入者比重，努力缩小城乡、区域、行业收入分配差距，逐步形成橄榄型分配格局"[③]。

2016年，《中华人民共和国国民经济和社会发展第十三个五年规划纲要》明确提出，按照全面建成小康社会新的目标要求，之后五年经济社会发展的主要目标之一是"经济保持中高速增长。在提高发展平衡性、包容性、可持续性基础上，到2020年国内生产总值和城乡居民人均收入比2010年翻一番"[④]。2017年，中华人民共和国国家发展和改革委员会印发《2017年深化收入分配制度改革重点工作安排》，提出将"组织开展城乡居民增收综合配套政策试点，专项激励计划和收入监测试点"。随着政策的落地，技能人才、科研人员、新型职业农民等多个群体有望实现增收。明确四大方面工作，"一是完善初次分配制度""二是加大再分配调节力度""三是营造良好环境和氛围""四是夯实收入分配制度改革基础"[⑤]。2012年以来城乡居民收入差距连续五年回落，自2002年以来，2014年城乡收入比首次降至3以下，达到2.9。这是因为三农问题受到高度关注，中央一号文件连续十二年聚焦三农。"十二五"规划纲要提出要"加快社会主义新农村建设""加快发展现代农业""拓宽农民增收渠道"[⑥]，并配套实施科普惠农、大力发展农村金融等政策措施，促进了农民增收，农村居民收入增速明显快于城镇，城乡居民收入差距呈逐渐缩小趋势。

从地区来看，地区之间的收入差距有进一步拉大的趋势，但拉大的增速趋缓。

① 胡锦涛：《高举中国特色社会主义伟大旗帜　为夺取全面建设小康社会新胜利而奋斗》，求是，2007年第21期，第3-22页。

② 胡锦涛：《坚定不移沿着中国特色社会主义道路前进　为全面建成小康社会而奋斗》，求是，2012年第22期，第3-25页。

③ 《中共中央关于全面深化改革若干重大问题的决定》，实践：思想教育版，2013年第12期，第7-17页。

④ 《中华人民共和国国民经济和社会发展第十三个五年规划纲要》，领导决策信息，2016年第12期，第2-71页。

⑤ 中华人民共和国国家发展和改革委员会：《2017年深入收入分配制度改革重点工作安排》，2017年。

⑥ 《中华人民共和国国民经济和社会发展第十二个五年规划纲要》，中国乡镇企业，2011年第4期，第4-61页。

从表 1.5 可以看出，2013～2015 年，地区人均可支配收入极差值从 8790 元增长到 9515 元和 10 218 元，增速放缓，东、中、西部地区收入的依次降低格局没有改变，但拉大的趋势放缓。

表 1.5　按东、中、西部地区分的人均可支配收入　　　　单位：元

地区	2013 年	2014 年	2015 年
东部	31 152	33 905	36 691
中部	22 664	24 733	26 809
西部	22 362	24 390	26 473

根据表 1.6 所示的国家统计局发布的数据来看，行业收入差距有缩小趋势。分行业来看，2015 年平均工资排名前三的分别是金融业，信息传输、软件和信息技术服务业，科学研究和技术服务业，这三个行业平均工资分别为全国平均水平的 1.85 倍、1.81 倍和 1.44 倍。平均工资排名最后的三个行业分别是农、林、牧、渔业，住宿和餐饮业，水利、环境和公共设施管理业，这三个行业平均工资分别为全国平均水平的 52%、66% 和 70%。排名最高与最低行业平均工资之比为 3.59，与 2014 年的 3.82 相比，差距有所缩小。究其原因，不难发现，工资水平高的行业大多属于垄断行业，其相应的人力资本要求较高，行业利润率高，控制市场资源的能力强，而像农、林、牧、渔业等低收入行业，行业准入门槛低，附加值不高，受市场波动幅度大。

表 1.6　2014～2015 年按行业分城镇单位就业人员平均工资　　　单位：元

行业类型	2014 年	2015 年	名义增长率
合计	56 360	62 029	10.1%
农、林、牧、渔业	28 356	31 947	12.7%
采矿业	61 677	59 404	-3.7%
制造业	51 369	55 324	7.7%
电力、热力、燃气及水生产和供应业	73 339	78 886	7.6%
建筑业	45 804	48 886	6.7%
批发和零售业	55 838	60 328	8.0%
交通运输、仓储和邮政业	63 416	68 822	8.5%
住宿和餐饮业	37 264	40 806	9.5%
信息传输、软件和信息技术服务业	100 845	112 042	11.1%
金融业	108 273	114 777	6.0%

续表

行业类型	2014 年	2015 年	名义增长率
房地产业	55 568	60 244	8.4%
租赁和商务服务业	67 131	72 489	8.0%
科学研究和技术服务业	82 259	89 410	8.7%
水利、环境和公共设施管理业	39 198	43 528	11.0%
居民服务、修理和其他服务业	41 882	44 802	7.0%
教育	56 580	66 592	17.7%
卫生和社会工作	63 267	71 624	13.2%
文化、体育和娱乐业	64 375	72 764	13.0%
公共管理、社会保障和社会组织	53 110	62 323	17.3%

资料来源：根据 2014 年、2015 年国家统计局数据计算得来

第二节 收入差距文献综述

一、收入差距与经济增长的关系

Smith 等（1954）研究了经济增长对收入分配的影响，理论发现在经济增长的初级阶段，收入分配不均等程度会上升；而在经济增长的中期阶段，收入分配不均等程度会稳定；在之后的持续经济增长中，收入分配不均等程度会下降。20 世纪 80 年代中期以前，Kuznets 倒 "U" 形曲线是有关经济增长和收入分配的重要假说，经济增长为自变量，收入分配为因变量，而关于收入分配是否对经济增长有影响的研究较少，在当今的收入分配研究中，收入分配不平等对经济增长的影响已经成为一个重要视角。相关研究不断深入，但理论方面至今仍未达成共识。

在有关收入差距与经济增长的相互关系研究中，早期的大多研究认为收入分配差距对经济发展具有正向作用，如 Smith 等（1954）、Kaldor（1957）认为收入分配差距能提高国家的储蓄率，通过储蓄—投资—经济增长这一传导机制来促进经济增长。从当前的研究成果看，资本积累是经济发展的促进因素，而适当的收入差距正是资本积累的前提。研究发现经济发展会随着收入差距的拉大而降速，探究其原因可以得出，较大的收入差距会迫使政府通过财政和税收政策来调节过大的收入差距，而赋税的转移会使经济失去活力。研究发现，人力资本是当前经济发展中第一驱动力，但只有当人均 GDP 处于较高水平时，人力资本效应才能得到发挥，而收入差距拉大导致的贫富差距会降低人力资本。陈昌盛和蔡跃洲（2007）通过实证研究发现，经济发展和收入差距是正向促进关系，其原因在于适当的收入差距能改善投资结构。周文兴和林新朗（2011）从动态及一般

均衡的角度研究，发现城镇居民收入分配不平等与经济增长之间在长期会达成均衡，短期内需要通过调整来促进社会稳定和扩大社会福祉。国外相关实证研究与上述理论结果基本一致。

需要警惕的是，贫富差距的持续扩大会降低经济增长速度。陆铭和欧海军（2011）对贫富差距和经济发展之间的关系做出实证研究，认为两者是负向抑制关系。杨俊等（2006）利用亚洲开发银行和国家统计局计算的基尼系数，20个省份1995～2003年的截面数据和时序数据进行研究，发现中国居民的收入差距与经济增长存在较为显著的负相关关系。万广华等（2005）运用联立方程和分布滞后模型对1987～2001年省级面板数据的研究认为，收入差距对经济增长的影响为负。内生经济增长理论将人力资本纳入增长模型，研究发现收入差距越小的国家，人力资本的边际效用越大，有利于经济增长（Galor and Zeira，1993），收入差距拉大会导致中低收入人群增加，其中低收入者认为教育所带来的未来收益具有不确定性，因此会主动减少自己的受教育年限，从而影响国家整体人力资本存量，使经济失去人力资本支撑。Persson和Tabellini（1994）认为收入差距扩大会促使政府提高企业税率，影响企业投资和经济积累率，导致经济增长速度下滑。Perotti（1994）、Barro（2000）、Sukiassyan（2007）都做了这方面的研究，研究表明，收入差距对经济增长是不利的。

一些学者从正负双向效应角度研究收入差距的影响。杨俊等（2005）使用1995～2000年和1998～2003年两个样本区间的数据，同时结合中国20个省份的截面数据与时序数据，分析我国居民收入差距与经济增长的关系，分析结果发现，自20世纪90年代中后期以来，我国居民收入差距与经济增长呈负相关关系。赵倩（2008）研究发现在经济发展起步阶段，收入差距拉大会促进经济发展，但随着经济的持续发展，收入差距的持续拉大会抑制经济的发展。陈安平（2009）用1953～2004年的时间序列数据建立结构向量自回归模型的研究结果表明，收入差距在短期内可以起到促进投资作用，从而拉动经济增长，但长期却不利于经济发展。Barro（2000）则认为，收入差距对经济的影响不能一概而论，要视不同国家的不同发展阶段而定。黄潇和杨俊（2011）利用1996～2007年省级面板数据的门槛效应模型也证实了收入差距与经济增长的非线性关系，研究发现，收入差距对经济增长的影响存在人力资本门槛，未跨越门槛时收入差距对经济增长表现为有利影响，而跨越门槛之后则会转变为不利影响。吕炜和储德银（2011）建立分地区的居民收入差距与经济增长的动态面板模型，进一步证实了居民收入差距与经济增长之间非线性关系的存在。

二、收入差距的影响因素

国内研究影响城乡居民收入差距的因素较晚。如赖德胜（1997）利用49个国家的相关数据研究得出，决定收入分配的重要因素是教育投资，教育投资与收入分配之间存在倒 "U" 形关系。蔡继明（1998）用城乡比较生产力代表二元经济结构，实证分析结果显示，生产力差别是城乡居民收入差距的重要影响因素，并且分析结果逐年显著上升。向书坚（1998）从产业发展的角度，对 1981～1990 年的城乡居民收入差距进行实证分析，表明第一产业占国民经济的比重是影响城乡居民收入差距的最重要指标，该指标与城乡居民收入之比是反向关系。李实等（1998）认为，20 世纪 80 年代中期至 20 世纪 90 年代中期城乡居民收入差距扩大，同体制改革密不可分。姚耀军（2005）利用中国 1978～2002 年的时间序列数据，基于向量自回归（vector autoregression，VAR）模型证实了我国的城镇化进程对缩小城乡居民收入差距具有重要意义。陶群山（2009）从西方经济学的二元结构理论（模型）角度研究我国的城乡二元经济结构，并分析我国二元经济结构对城乡居民收入差距的影响，发现主要是城乡不同的技术生产率造成了收入差距拉大。唐礼智等（2008）利用 1978～2006 年的数据研究分析，发现我国东部地区经济发展与城乡居民收入差距之间满足 Kuznets 倒 "U" 形曲线的条件。沈毅俊和潘申彪（2008）针对外商直接投资（foreign direct investment，FDI）对地区收入差距的影响进行了实证分析，表明 FDI 是影响地区收入差距的重要因素之一。孟翔飞（2009）将政府视为一个推动经济发展的重要因素，对倒 "U" 模型进行了改进，建立了 "Z" 形模型，发现目前辽宁省区域经济的发展轨迹是 "Z" 形态势。

西方经济理论把造成城乡居民收入差距的原因归纳为物质资本存量差异、人力资本存量差异和二元经济结构等。其中，城乡物质资本存量差异会扩大城乡居民收入差距。Greenwood 和 Jovanovic（1990）最早利用内生增长模型研究了金融与经济的关系，他们认为，金融发展与收入分配之间存在倒 "U" 形的关系。Galor 和 Zeira（1993）通过对信贷市场的研究发现，在金融市场发展不完善的条件下，信贷市场的完善和发展有利于缩小城乡居民收入差距。Eicher 和 Garcia-Penalosa（2000）采用双向经济模型分析了收入分配不平等的演化过程，发现受教育者数量决定收入差距程度，经济增长率随着人力资本积累的上升而下降。de Gregorio 和 Lee（2002）利用相对完整的 100 多个国家的面板数据进行研究，发现教育在促进经济发展、缩小收入差距方面的贡献，同时证实了居民平均受教育年限与收入差距之间存在倒 "U" 形关系。Glomm 和 Ravikumar（1996）通过研究发现，公共教育短期内会导致城乡居民收入差距扩大，但从长期来看，却有助于降低城乡居民收入差距。

三、财产性收入差距

居民财产性收入逐步增加是经济发展的必然结果。党的十七大报告首次提出

"创造条件让更多群众拥有财产性收入"[①]。让更多群众拥有财产性收入是践行科学发展观的内在要求，对提高资源配置效率、缩小居民收入差距、促进城乡区域经济协调发展、实现社会公平、实现共同富裕具有重要意义。现阶段我国城乡居民财产性收入呈现绝对值增大和增速提高、收入构成趋于多样化、基数小且所占比重低、收入差距拉大、收入来源结构不合理、收入增长能力有限等六大特点。

（一）财产性收入差距的定义

财产性收入是由财产衍生出的收入。根据国家统计局官方的统计指标定义，财产性收入是指金融资产或有形非生产性资产的所有者向其他机构单位提供资金或将有形非生产性资产供其支配，作为回报而从中获得的收入。一般是指家庭从其拥有的动产（如银行存款、有价证券等）、不动产（如房屋、车辆、土地、收藏品等）所获得的收入，包括出让财产使用权所获得的利息、租金、专利收入等；财产营运所获得的红利收入、股票盈利、财产增值收益、投资收入等。

财产性收入是衡量国民富裕程度的重要指标。党的十八大报告提出"多渠道增加居民财产性收入"[②]，这是继党的十七大报告首次确定"创造条件让更多群众拥有财产性收入"之后的又一政策亮点。财产性收入的增加可以聚集社会资金，刺激消费支出，拉动经济增长，但也可能带来一些负面影响。例如，形成大量食利者阶层和财富不平等，造成产业空心化，冲击实体经济的发展，加剧经济波动（韩德胜，2008；吴丽容和陈晓枫，2011），因此在积极扩大财产性收入比重的同时，又要防止财产性收入的非理性增长，这对保持经济的稳定性至关重要。

目前统计中常用的人均可支配收入由四部分构成，包括：工资性收入，如工资等；转移性收入，如养老金等；经营净收入，如商业买卖收入等；财产性收入。其中 2015 年工资性收入占比 57%，财产性收入仅占 8%左右（数据来自 2016 年国家统计局）。改革开放以来，我国居民收入持续增长，而近年我国居民财产性收入增长也保持较快速度，2003～2013 年城镇居民和农村居民人均财产性收入年均增长速度分别为 19.6%和 16.1%。但财产性收入的比重依旧较小，2013 年我国居民人均财产净收入为 1423.3 元，仅占人均现金可支配收入的 8.3%。尤为重要的是，财产性收入差距不断拉大。

（二）财产性收入差距的变化趋势

由表 1.7 可以看出，财产净收入呈逐年递增的趋势，但由于其基数较小，截

止到 2015 年仍未突破 2000 元。很明显，财产净收入的比重仍然是可支配收入构成中较小的。近年来，随着股市的迅猛发展及多样化理财产品的推出，人们的投资理念意识不断增强。同时，我国房地产市场蓬勃发展，居民收入水平不断提高，城镇居民住房条件明显改善，拥有两套及以上住房的家庭越来越多，房屋出租成为财产性收入的重要来源之一。此外，新兴理财产品的种类不断创新，如保险，保险品种日益多样化，除有人身和财产的意外保障功能外，还具有一定的储蓄增值功能，被越来越多的群众所熟知并接受。以往的居民财产性收入结构单一，依靠利息、红利收入为主的状况正逐步发生改变，收入来源开始扩展至金融资产收入，如利息、股息、债息、红利、保险收益等；住房出租收入；无形非生产资产收入，如各种专利、专有技术、商标商誉等所获得的各种特许权使用费；有形非生产资产收入，如出租土地或矿产、水域等所获得的地租和各种特许权使用费及其他财产性收入等，财产性收入来源呈现多元化趋势。

表 1.7　居民财产净收入及占比

指标	2013 年	2014 年	2015 年
财产净收入/元	1423	1588	1740
占可支配收入比重	7.8%	7.9%	7.9%

尽管我国居民财产性收入呈现出来源扩大、日趋多元化的趋势，但相对来说，居民财产性收入的来源渠道仍然较窄，主要集中于金融市场和房地产市场，收益风险性较高。从城镇居民来看，金融资产收入和出租房屋收入占了居民财产性收入来源的 80% 以上。其中，房屋出租收入占了更大比重，而通过资本市场，运用金融工具获取的收入比例较低。从农村居民来看，农民的资产持有结构仍然以住房和储蓄存款为主，我国农民除了银行存款和住房出租外并无其他获取财产性收入的渠道。即便如此，不同地区也呈现差异化特征。经济发达地区以房租为主，其次是利息收入和其他财产性收入。而欠发达地区和贫困地区，就没有这种区位优势，基本不存在靠房屋获取租金的途径，因此，财产性收入以存款利息为主。由此可见，我国居民财产性收入结构不合理，来源渠道虽有拓展但仍相对狭窄，还需要努力发展。很多学者研究认为财产性收入的增加会拉大收入差距，造成贫富群体的对立，即会导致马太效应。迟巍和蔡许许（2012）通过测算发现我国财产性收入的基尼系数在 2009 年已提高到 0.725；财产性收入对总收入差距的贡献在扩大（李实等，2000）。但也有部分学者认为财产性收入的增加对居民收入差距扩大的影响很小，甚至可以缩小收入差距。李金良（2008）发现财产性收入对整体收入差距扩大的作用较小，财产性收入的增加并不是收入差距拉大的主要因素；马明德和陈广汉（2011）发现财产性收入对于居民收入差距具有正负两个方

向作用，一方面，财产性收入增加拉大了同一区域群体内部的收入差距，但另一方面，又缩小了城乡间的收入差距；梁运文等（2010）在研究我国城乡居民财产分布情况时，发现我国城镇居民财产性收入分布的不均等程度低于农村居民；郭延飞（2013）、宁光杰（2014）同样用实证验证了此观点；迟巍和蔡许许（2012）则利用我国 1988~2009 年的时间序列数据，计算收入的各部分对收入差距的影响，以及各部分收入内部的差距状况，研究表明，我国财产性收入对于基尼系数的贡献度很小，但是长期来看呈上升趋势，而与其他收入相比，财产性收入的基尼系数是最高的；Wouldes 等（2004）利用美国家庭 1975~2000 年的年度面板数据进行实证分析，结果表明，美国家庭收入差距扩大的主要原因是城乡居民之间财产性收入差距扩大；费舒澜（2014）指出无论是城乡内部还是城乡之间，财产、金融资产和财产性收入各自的不平等程度都非常高，样本的基尼系数超过了 0.6，分布分解结果表明，在高分位点上，财产、金融资产和财产性收入的城乡差距有47%以上由不可解释因素导致。

（三）财产性收入差距的影响因素

我国学者针对我国居民的财产性收入的影响因素做出了相关研究。在财产性收入的具体影响因素方面，从微观主体看，要树立正确的投资理念。尹志超等（2014）认为民众要加强学习金融基本知识和防范投资风险；杨新铭（2010）研究得出在相对稳定的经济环境中，居民的财产性收入主要由居民总收入和其人力资本决定。宏观的经济波动会影响价格和财产积累，而政府的政策和制度安排对居民财产性收入也有很大的影响，包括产权制度、金融制度、社会保障制度、税收制度等相关制度；王作安（2007）、黄范章（2011）、何丽芬等（2011）指出通过土地作价入股、加快农村土地流转、发展农村金融的方式可以让农民获得财产性收入，通过推行"职工持股计划"可以让广大职工获得财产性收入；贾康（2011）认为个人工资收入的提高、金融制度的完善及房价的攀升等因素都对财产性收入差距有不同程度的影响；宁光杰（2014）认为低收入群众的竞争能力弱，且缺乏相应的社会保障制度，无法进入资本市场获得财产性收入，另外，预算约束使得其没有能力进行多元化投资和购买资产，因此很难增加财产性收入；周晓蓉和杨博（2012）提出应将个人所得税的分类征收模式改为综合征收模式，扩大财产性收入征税基数，修正工资性收入和财产性收入税率倒挂的现象；牛启同和陈梦洛（2016）认为现阶段我国国民初次收入分配格局不利于劳动收入的增长，且影响到将劳动收入作为主要收入来源的大部分居民的财产性收入的提高，而住房制度改革和税收制度则对财产性收入起反向调节作用。综上，已有文献突出了个人能力和政策制度因素对财产性收入差距的影响。

第三节　收入差距的测度

本节通过收入差距的测度来直观地反映近年来我国收入差距现状。收入差距的相关测度指标都是对居民收入相对离散程度的客观测算，可以分为以下两类：常规统计指标和引申测度指标。其中，常规统计指标包括极值差、极值比、标准差等；引申测度指标包括基尼系数和变异系数。

一、常规统计指标

（一）极值差

极值差也被称为全距，通常用于测算样本最大值与最小值之间的绝对收入差异。其计算公式为

$$R = X_{\max} - X_{\min} \tag{1.1}$$

式中，R 表示极值差；$X_{\max}$ 表示城镇居民最高收入户人均收入；$X_{\min}$ 表示城镇居民最低收入户人均收入。R 越小，表示收入差距越小。

图 1.5 显示了 2000～2015 年我国城镇居民收入极值差变动趋势，从图中可以很明显地看出，我国城镇居民收入极值差所体现出的收入差距呈现逐年上升的态势。这就说明，我国城镇居民收入的绝对差额不断扩大，从 2000 年的 8167.0 元扩大到 2015 年的 52 851.3 元。而从极值差来看，我国城镇居民收入差距在考察期内逐年上升，呈现比较平滑的上升趋势。

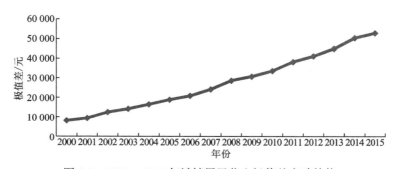

图 1.5　2000～2015 年城镇居民收入极值差变动趋势

（二）极值比

除极值差外，第二种用来测量我国居民收入差距的指标是极值比，公式表达为

$$DX = X_{max} / X_{min} \qquad (1.2)$$

式中，DX 表示极值比；X_{max} 表示最高收入；X_{min} 表示最低收入。我们研究的是城镇居民收入差距，因此 X_{max} 表示城镇居民最高人均收入，X_{min} 表示城镇居民最低人均收入。比值越小，证明我国城镇居民收入差距越小。本书运用极值比来描述收入差距的变动趋势。

图 1.6 为 2000～2015 年我国城镇居民收入极值比的折线图，从图中很明显可以看出，我国城镇居民收入极值比所体现出的收入差距总体上呈现比较平缓的趋势。2000～2002 年，我国城镇居民收入极值比的数值明显上升，收入差距扩大。从 2002 年开始，极值比的变化一直比较平稳，但在 2005～2007 年略有缩小趋势。2008～2013 年极值比也一直呈现小幅度缩小趋势，这说明收入差距状况有所改善。然而 2013～2014 年来，收入差距反呈扩大趋势。这意味着收入差距是一直存在的，且在波动中呈现扩大的态势。因此，我国收入差距的问题依然不可被忽视。

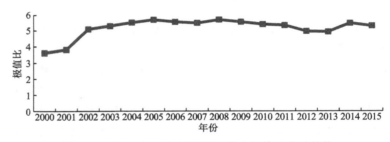

图 1.6　2000～2015 年城镇居民收入极值比变动趋势

（三）标准差

标准差是各数据偏离均值距离的平均数，它是离均差平方和平均后的方根，用 σ 表示。标准差是方差的算术平方根，用以反映收入差距的离散程度。标准差越小，说明收入差距越小。其计算公式为

$$\sigma = \sqrt{\frac{1}{N}\sum_{i=1}^{N}\left(x_j - \mu\right)^2} \qquad (1.3)$$

从图 1.7 中可以看出，我国城镇居民收入的标准差是逐年增加的。显而易见，城镇居民收入标准差从 2000 年的 2801 元逐年上涨，到 2015 年达到 18 110 元。这说明了我国城镇居民收入的数据离散程度较大，并且这种离散程度还在不断扩大。这从一定程度上反映出收入差距一直是我国面临的较严重问题，2000～2015年我国的收入差距较大，且这种差距还在不断地扩大。

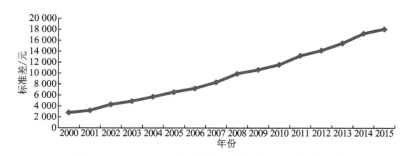

图 1.7　2000～2015 年城镇居民收入标准差变动趋势

二、引申测度指标

（一）基尼系数

基尼系数是根据洛伦茨曲线定义的判断收入分配公平程度的指标。基尼系数是比例数值，在 0 和 1 之间。基尼系数是国际上用来综合考察居民内部收入分配差异状况的重要分析指标。

如图 1.8 所示，横轴为人口累计百分比，纵轴为收入累计百分比。基尼系数是 20 世纪初经济学家基尼在洛伦茨曲线的基础上提出的。设实际收入分配曲线和收入分配绝对平等曲线之间的面积为 A，实际收入分配曲线右下方的面积为 B，并以 A 除以（$A+B$）的商表示不平等程度。这个数值被称为基尼系数或称洛伦茨系数。如果 A 为零，基尼系数为零，表示收入分配完全平等；如果 B 为零则系数为 1，表示收入分配绝对不平等。

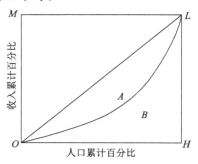

图 1.8　收入基尼系数示意图

设 G 为基尼系数，基尼系数的公式可以表示为

$$G = S_A / (S_A + S_B) \tag{1.4}$$

图 1.9 显示了按照收入五等分的收入基尼系数的年度变动情况。从图 1.9 中很明显可以看出，基尼系数呈现动态波动趋势。2000～2005 年收入基尼系数一直逐年递增，呈上涨趋势。2005～2010 年，基尼系数有所下降，但 2010～2011 年略

有上涨，而 2011～2013 年略有下降趋势，2013 年降到 0.437，而后又有所回升。

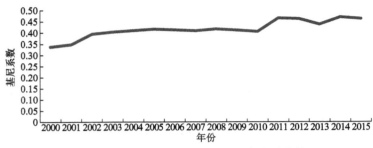

图 1.9　2000～2015 年收入基尼系数变动趋势

（二）变异系数

变异系数又称标准差率，是衡量各观测值变异程度的另一个统计量。当进行两个或多个指标变异程度的比较时，如果度量单位与平均数相同，可以直接利用标准差来比较。度量单位与平均数不同时，比较其变异程度就不能采用标准差，而需采用标准差与平均数的比值（相对值）来比较。简单来说，标准差与平均数的比值称为变异系数，记为 CV（coefficient of variance，变异系数）。研究变异系数是因为它可以反映单位均值上的离散程度。

图 1.10 显示了收入变异系数的年度变动情况。可以看出，收入差距呈动态波动趋势。2000～2005 年收入的变异系数呈不断上升趋势，2005 年增长到最大值 0.591。此后，收入变异系数一直呈平稳的动态波动趋势，并且总体趋势有所下降，2013 年下降到 0.540，表明收入差距有所缩小，而后变异系数又略有上升，这与基尼系数的变动趋势基本一致。

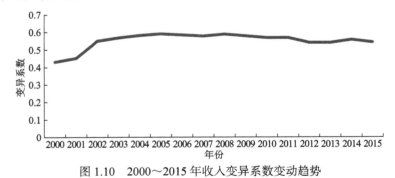

图 1.10　2000～2015 年收入变异系数变动趋势

第四节　收入差距的现状

根据 1992～2012 年《中国统计年鉴》的"资金流量表（实物交易）"中住户

部门的初次分配收入和转移收入汇总出图 1.11，从图中可以看出，我国居民收入分配格局的突出问题集中表现在收入来源比较单一，基本以劳动报酬收入为主，而合理的国民收入分配格局既是扩大我国内需、有序实现经济转型的重要途径，也是成功跨越中等收入陷阱的必要条件，不合理的收入分配格局则会造成居民收入的不平等。

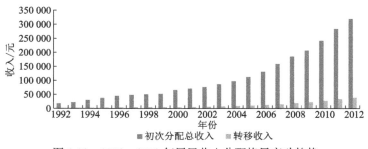

图 1.11 1992～2012 年居民收入分配格局变动趋势

一、总体收入差距

改革开放以来，随着我国市场经济的确立和逐步完善，要素市场也得以建立并日益完善，资源配置在市场中发挥了重要作用，我国居民收入来源的构成逐渐优化。由表 1.8 可以看出，城镇居民家庭收入构成中工资性收入、经营净收入、财产性收入和转移性收入的占比分别由 1990 年的 75.83%、1.48%、1.03%、21.66% 转变为 2013 年的 64.07%、9.47%、2.74%、23.73%，经营净收入、财产性收入和转移性收入占比增长，工资性收入占比减少，收入构成逐渐优化。其中，经营净收入与财产性收入上升比较快，尤其是经营净收入上升最快，而工资性收入有小幅下降，转移性收入有所增长。这也反映出随着市场经济的完善，城镇居民的积极性进一步被调动，自主创业人员增多，城镇居民不再仅依赖工资性收入，城镇居民投资表现活跃，资本市场逐步完善，居民收入呈现多元化。

表 1.8 1990～2013 年城镇居民家庭人均总收入来源及构成

年份	家庭人均年总收入/元	收入来源/元				收入构成			
		工资性收入	经营净收入	财产性收入	转移性收入	工资性收入	经营净收入	财产性收入	转移性收入
1990	1 516.2	1 149.7	22.5	15.6	328.4	75.83%	1.48%	1.03%	21.66%
1995	4 288.1	3 385.3	77.5	90.4	734.8	78.95%	1.81%	2.11%	17.14%
2000	6 295.9	4 480.5	246.2	128.4	1 440.8	71.17%	3.91%	2.04%	22.88%
2001	6 869.0	4 829.9	274.1	134.6	1 630.4	70.31%	3.99%	1.96%	23.74%
2002	8 177.4	5 740.0	332.2	102.1	2 003.2	70.19%	4.06%	1.25%	24.50%

续表

年份	家庭人均年总收入/元	收入来源/元				收入构成			
		工资性收入	经营净收入	财产性收入	转移性收入	工资性收入	经营净收入	财产性收入	转移性收入
2003	9 061.2	6 410.2	403.8	135.0	2 112.2	70.74%	4.46%	1.49%	23.31%
2004	10 128.5	7 152.8	493.9	161.2	2 320.7	70.62%	4.88%	1.59%	22.91%
2005	11 320.8	7 797.5	679.6	192.9	2 650.7	68.88%	6.00%	1.70%	23.41%
2006	12 719.2	8 767.0	809.6	244.0	2 898.7	68.93%	6.37%	1.92%	22.79%
2007	14 908.6	10 234.8	940.7	348.5	3 384.6	68.65%	6.31%	2.34%	22.70%
2008	17 067.8	11 299.0	1 453.6	387.0	3 928.2	66.20%	8.52%	2.27%	23.02%
2009	18 858.1	12 382.1	1 528.7	431.6	4 515.5	65.66%	8.11%	2.29%	23.94%
2010	21 033.4	13 707.7	1 713.5	520.3	5 091.9	65.17%	8.15%	2.47%	24.21%
2011	23 979.2	15 411.9	2 209.7	649.0	5 708.6	64.27%	9.22%	2.71%	23.81%
2012	26 959.0	17 335.6	2 548.3	707.0	6 368.1	64.30%	9.45%	2.62%	23.62%
2013	29 547.1	18 929.8	2 797.1	809.9	7 010.3	64.07%	9.47%	2.74%	23.73%

注：资料来源于《中国统计年鉴》，由于数据四舍五入，合计数据可能存在偏差

从表 1.9 看出，在农村居民家庭人均纯收入构成中工资性收入、经营净收入、财产性收入和转移性收入的占比分别由 1990 年的 20.22%、75.55%、4.22%、—变为 2013 年的 45.25%、42.64%、3.29%、8.82%，收入构成与城镇有所不同。工资性收入和转移性收入增加幅度大，尤其是工资性收入占比增加最多，而经营净收入下降幅度较大，财产性收入变化不明显。这说明伴随我国城镇化进程加快，农村居民进城务工的人数增加，农村居民在城镇就业的机会增多，工资性收入增加，明显改善了农村居民的生活水平，有利于缓解农村贫困。农村居民收入构成中转移性收入增加较多，这说明了政府对三农工作的关注和重视，在取消农业税的基础上，还加大对农村居民的各种补贴和转移支付力度，农村居民收入来源不断趋向合理。

表 1.9　1990～2013 年农村居民家庭人均纯收入来源及构成

年份	家庭人均年纯收入/元	收入来源/元				收入构成			
		工资性收入	经营净收入	财产性收入	转移性收入	工资性收入	经营净收入	财产性收入	转移性收入
1990	686.4	138.8	518.6	29.0	—	20.22%	75.55%	4.22%	—
1995	1577.7	353.7	1125.8	41.0	57.3	22.42%	71.35%	2.60%	3.63%
2000	2253.4	702.3	1427.3	45.0	78.8	31.17%	63.34%	2.00%	3.50%
2001	2366.4	771.9	1459.6	47.0	87.9	32.62%	61.68%	1.99%	3.71%

年份	家庭人均年纯收入/元	收入来源/元				收入构成			
		工资性收入	经营净收入	财产性收入	转移性收入	工资性收入	经营净收入	财产性收入	转移性收入
2002	2475.6	840.2	1486.5	50.7	98.2	33.94%	60.05%	2.05%	3.97%
2003	2622.2	918.4	1541.3	65.8	96.8	35.02%	58.78%	2.51%	3.69%
2004	2936.4	998.5	1745.8	76.6	115.5	34.00%	59.45%	2.61%	3.93%
2005	3254.9	1174.5	1844.5	88.5	147.4	36.08%	56.67%	2.72%	4.53%
2006	3587.0	1374.8	1931.0	100.5	180.8	38.33%	53.83%	2.80%	5.04%
2007	4140.4	1596.2	2193.7	128.2	222.3	38.55%	52.98%	3.10%	5.37%
2008	4760.6	1853.7	2435.6	148.1	323.2	38.94%	51.16%	3.11%	6.79%
2009	5153.3	2061.3	2526.8	167.2	398.0	40.00%	49.03%	3.24%	7.72%
2010	5919.0	2431.1	2832.8	202.3	452.9	41.07%	47.86%	3.42%	7.65%
2011	6977.3	2963.4	3222.0	228.6	563.3	42.47%	46.18%	3.28%	8.07%
2012	7916.6	3447.5	3533.4	249.1	686.7	43.55%	44.63%	3.15%	8.67%
2013	8895.9	4025.4	3793.2	293.0	784.3	45.25%	42.64%	3.29%	8.82%

注：资料来源于《中国统计年鉴》，由于数据四舍五入，合计数据可能存在偏差

2000 年以来，我国农村居民工资性收入占总收入的比重呈上升趋势与经营净收入占总收入的比重呈下降趋势，而财产性收入和转移性收入构成呈上升趋势，从本质上看是由于随着要素市场与资本市场的逐步完善，我国居民收入来源结构日益优化。但根据以往研究，目前我国农村居民收入构成中财产性收入仍然主要来自储蓄存款的利息收入，很多农村居民没有来自二级资本市场的收入，如红利所得等，这也折射出目前我国资本市场还不完善，农村居民投资渠道比较单一。

二、城乡居民收入差距

日益扩大的居民收入差距是当前我国收入分配领域中亟待解决的问题。国内外衡量居民收入差距的主要指标是基尼系数，参照国际一般标准，基尼系数若低于 0.2 表示收入绝对平均；0.2~0.3 表示比较平均；0.3~0.4 表示相对合理；0.4~0.5 表示收入差距较大；0.5 及以上则表示收入差距悬殊（~表示左闭右开区间）。目前国内外学者均认为我国居民收入差距呈逐年扩大的趋势，据表 1.10 中国家统计局数据计算得出，1985 年全国的基尼系数是 0.266；1988 年为 0.382；2001 年为 0.490；2004 年为 0.473；2007 年为 0.484；2010 年为 0.481；2012 年为 0.474，超过了收入分配差距的警戒线——0.4。

表 1.10　1985～2012 年城乡基尼系数变动趋势

年份	全国基尼系数	城镇	农村
1985	0.266	0.164	0.227
1986	0.297	0.166	0.304
1987	0.305	0.174	0.305
1988	0.382	0.176	0.303
1989	0.349	0.167	0.310
1990	0.343	0.167	0.310
1991	0.324	0.204	0.307
1992	0.376	0.211	0.313
1993	0.359	0.218	0.329
1994	0.436	0.208	0.321
1995	0.445	0.219	0.342
1996	0.485	0.225	0.323
1997	0.403	0.233	0.329
1998	0.403	0.245	0.337
1999	0.397	0.256	0.336
2000	0.417	0.307	0.354
2001	0.490	0.315	0.360
2002	0.454	0.323	0.368
2003	0.479	0.329	0.398
2004	0.473	0.326	0.390
2005	0.485	0.330	0.397
2006	0.487	0.342	0.394
2007	0.484	0.340	0.394
2008	0.491	0.351	0.398
2009	0.490	0.346	0.420
2010	0.481	0.339	0.414
2011	0.477	0.339	0.410
2012	0.474	0.323	0.409

　　资料来源：全国基尼系数搜集于国家统计局公布数据；城镇与农村基尼系数是作者根据国家统计局居民收入相关数据计算得来的

　　我国基尼系数整体呈现上升趋势，尽管有些年份有波动，但全国基尼系数自 2000 年以来，已超过了国际警戒线——0.4，处于较高水平。城镇居民基尼系数基本上每十年提高到一个新区间，呈现出明显的阶段性与周期性。这基本上与我国城镇经济体制改革进程相一致，首先我国经济体制改革的重心由农村转到城镇，尤其是国有企业改革等极大地冲击了计划经济时代的分配体制，扩大了城镇居民收入差距；其次我国加快建立社会主义市场经济体制的进程，推进收入分配制度改革，激发了劳动者的积极性，进一步加大了城镇居民收入差距。

通过计算可以看出，1985～2012年我国城镇与农村基尼系数演变都呈现相似的波动上升趋势，不论城镇地区还是农村地区，居民收入差距呈现出缩小、扩大再缩小再扩大后缓慢下降的波浪式上升的周期性波动趋势。如表1.10所示，1985～2012年我国农村居民收入差距基本上是逐年拉大的，且农村居民收入差距比城镇居民大，在1986年迅速上升，达到0.304；但1986～1992年在0.3上下波动，总体仍处于比较合理的区间，农村居民收入差距演变与改革进程相关。1984年后农村乡镇企业崛起，农村收入差距有所拉大，1989年后农村经济发展缓慢，基尼系数变化不大；2000年后伴随着城镇经济飞速发展，大量农村剩余劳动力转移加快，工资性收入拉大了农村内部居民之间的收入差距，自2003年以来农村基尼系数一直在高位徘徊。

在自住房屋的面积上，1978～1984年农村人均住房面积增长率总体上高于城镇居民，不过自1987年以来城乡人均住房面积增长率整体上差距不大，如图1.12所示，2012年城镇人均住房面积增长率为0.61%，而农村为2.49%。财产性收入是居民依据自己的财产性生产要素的投入而获得的非劳动性收入，因此会表现出拥有越多，投入越多，获得的财产性收入也就越多的特点。

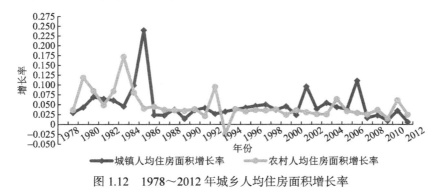

图1.12　1978～2012年城乡人均住房面积增长率

三、地区收入差距

我国区域经济格局随着新中国的成立出现很大的改变，一开始以发展内地经济为主，后来又围绕沿海地区进行开发和建设。伴随着改革开放的进程，我国将经济重心逐渐转移到了沿海地区，东部地区的发展速度要比中西部地区快很多，因此，地区间的居民收入差距不断扩大，直到现在这个问题仍旧没有得到彻底解决。参考表1.11能够发现，我国地区间居民收入差距在1996～2003年呈扩大趋势。20 世纪 90 年代至今，东部地区城镇居民人均可支配收入不断提升，各个地区的收入差距日益悬殊。2013 年东部地区城镇居民有 316 318.9 元的收入，中部地区有 204 804.3 元的收入，西部地区只有 262 537.0 元。2005 年东部与中部地区城镇居民只有 53 563.2 元的收入差距，到了 2013 年逐渐上升到 111 514.6 元，而东部和西部地区城镇居民在 2005 年只有 28 214.4 元的收入差距，到 2013 年就增加到 53 781.9 元。虽然中部和西部地区城镇居民人均收入快速增长，但较东部地区而言，居民收入的绝对差距还是较为明显的。总而言之，东部、中部和西部地区间收入差距对比悬殊，城镇居民人均可支配收入最高的是东部地区，东部和其他地区之间的收入差距最容易反映地区之间的收入差距。

表 1.11　1996～2013 年分地区城乡居民人均收入变化　　　　单位：元

年份	城镇				农村			
	总体	东部	中部	西部	总体	东部	中部	西部
1996	4 838.9	61 210.0	36 948.2	47 963.0	1 926.1	29 463.4	16 727.0	16 242.1
1997	5 160.3	65 689.1	39 436.4	49 415.5	2 090.1	31 884.9	18 323.5	17 643.9
1998	5 425.1	68 853.2	40 693.0	52 550.2	2 162.0	33 296.1	18 987.2	18 961.1
1999	5 854.0	75 228.4	43 662.1	63 410.7	2 210.3	34 289.3	19 022.8	19 248.7
2000	6 280.0	80 991.0	46 711.5	67 774.7	2 253.4	35 877.4	18 953.4	19 587.7
2001	6 859.6	88 912.8	51 033.3	74 061.5	2 366.4	37 996.2	19 977.6	20 315.5
2002	7 702.8	96 387.9	57 480.2	80 098.6	2 475.6	40 327.8	21 089.1	21 500.8
2003	8 472.2	106 783.2	63 531.4	86 824.7	2 622.2	42 830.3	22 193.3	23 051.7
2004	9 421.6	118 744.1	70 638.0	95 953.2	2 936.4	46 905.5	25 468.6	25 629.4
2005	10 493.0	132 616.1	79 052.9	104 401.7	3 254.9	52 667.3	27 923.6	28 267.5
2006	11 759.5	148 938.7	88 794.6	114 541.5	3 587.0	58 130.3	30 963.4	30 908.8
2007	13 785.8	169 078.1	103 577.9	133 797.1	4 140.4	65 581.7	36 117.0	36 050.7
2008	15 780.8	192 277.2	117 984.6	152 901.4	4 760.6	74 050.2	41 984.8	41 775.0
2009	17 174.7	209 572.5	128 260.9	166 752.3	5 153.2	80 449.9	45 005.4	45 460.4
2010	19 109.4	232 976.3	142 452.0	184 670.6	5 919.0	91 276.9	52 144.1	52 709.2
2011	21 809.8	264 623.7	163 597.3	210 606.4	6 977.3	107 044.5	62 191.4	62 651.9
2012	24 564.7	296 009.0	185 087.8	238 680.7	7 916.6	120 504.7	70 749.0	72 100.0
2013	26 467.0	316 318.9	204 804.3	262 537.0	8 895.9	134 395.2	79 525.3	81 801.7

在农村地区同样表现为东部地区收入水平远高于中部和西部地区，各地区整体变动趋势表现为人均收入增长率在 1999 年前逐年下降，1999 年后各地区人均收入平稳增长，中部和西部地区人均收入增长率在 2004 年有所下降，而东部地区人均收入增长率持续增长，东部、中部、西部三大地区自 2006 年后人均收入增长

率快速增长，但在 2008 年受金融危机影响而明显下降后，2009 年后又快速增长，2012 年各地区居民人均收入增长率均有所下降后表现为平稳增长。

四、行业收入差距

1978～2015 年，我国三大产业的就业人数比例不断变化，第一产业就业人数占比不断下降，降低了 42.2 个百分点；和第一产业不同，第三产业则提升了 30.2 个百分点；第二产业的比例一开始先上升后下降，后面又逐渐上升。第一产业就业人数占比整体呈现下降趋势。由图 1.13 可知，从 2011 年开始，第一产业和第二产业就业人数要比第三产业的人数少，再加上我国加快转变经济结构，第一产业有越来越多的劳动力开始转向第二产业和第三产业，这减少了第一产业的就业人数占比。

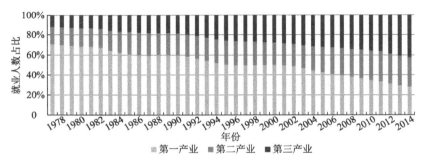

图 1.13　1978～2015 年分产业类型就业人数占比变化

由于社会经济水平的不断提升，每个行业在市场经济中的竞争力及市场回报率都有所不同，如今的劳动力分配中，各个行业的就业人数占比都有所差别，就业人数的差距导致不同行业的收入水平有较大差距。虽然每个行业的收入水平都不断提升，但是他们的就业人数变化幅度却各有区别。由图 1.14 可知，农、林、

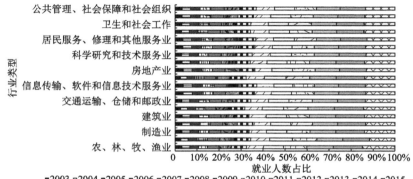

图 1.14　2003～2015 年不同行业就业人数占比变动趋势

牧、渔业等产业的就业人数占比有所增加；科学研究和技术服务业，信息传输、软件和信息技术服务业等的就业人数占比明显增长，且速度比其他行业快；另外，公共管理、社会保障和社会组织，居民服务、修理和其他服务业的就业人员占比也明显增加；由于房地产业的迅速发展，房地产业的就业人数占比增加较多；大量农民工进入城镇也使建筑业的就业人员占比增加。总而言之，低技能行业的就业人数供给增加，会压低平均工资水平；而高技能行业的就业人数增加表现出我国行业分布的优化，劳动力素质的普遍提高。

第五节　小　　结

通过本章研究发现，我国居民收入分配渠道单一，且以基尼系数为指标的测算结果表明目前我国居民收入差距仍然较大。城镇居民的经营净收入与财产性收入上升比较快，这是市场经济完善和居民投资意识变强的表现，农村居民的工资性收入增加，说明城镇化使农村居民的收入水平提高，但与城镇仍然存在一定差距。在地区差距方面，东部地区人均收入水平始终高于中部和西部地区，中部和西部的农村地区人均收入的变动幅度相差不大。由于第三产业就业人数的占比增加，劳动力市场中不同行业的就业人数分布也随之发生变化，低技能行业出现劳动力聚集现象，这将拉大这些行业中的就业人员与其他行业就业人员的收入差距。

从以上的分析可以看出，中国存在较大的收入差距。近年来，学术界通过基尼系数等方法评估收入差距，包括行业收入差距、城乡居民收入差距，并提出代际收入差距会发生传递，要缩小收入差距就要减缓收入差距的代际传递速度，而研究代际收入传递能够发现居民收入差距代际传递的变动规律，从而进一步揭示隐藏在中国收入差距扩大背景下的经济信息。

收入差距的代际传递会带来不平等，不利于社会的稳定。如果不及时出台相应的政策措施加以解决，将会严重阻碍我国经济的正常发展。衡量收入差距代际传递的主要指标是代际收入弹性，如何避免测度代际收入弹性时存在的较大偏差？中国居民收入差距代际传递程度究竟有多大？中国收入差距代际传递现状有何特征？基于中国国情和市场经济现状，对代际收入流动性进行研究十分必要。

第二章 代际收入流动性的测度与现状

基于第一章对收入差距进行宏观分析后，本章主要对收入流动性及代际收入流动性进行实证分析。首先，对代际收入流动性的相关概念进行界定，总结出代际收入流动性的测度方法；其次，对代际收入流动性现状及测度方法的国内外研究进行综述；再次，利用微观数据对代际收入弹性及相关系数进行实证分析，并构建父代与子代的代际收入转置矩阵；最后，汇总各学者研究的代际收入弹性估计值，并对其进行国内外比较，得出代际收入流动性对我国的启示。

本章对代际收入流动性进行实证分析，主要利用代际收入弹性这一指标来衡量我国代际收入流动性的大小，为研究代际收入流动性影响机制奠定了基础。

第一节 代际收入流动性相关概念

一、收入及收入流动性

（一）收入

收入（income）是指某一个体或企业在销售商品、提供劳务及转让资产使用权等日常活动中所形成的经济利益的总流入。收入可以从个体收入的绝对数量、收入相对地位两个方面来衡量。个体收入绝对数量的差距会直接影响个体收入的相对地位，从而影响总体的消费水平，如果个体的收入差距过大，会导致收入相对地位的阶层分化严重，社会收入差距过大，总体消费水平会降低。因此，提高居民收入水平，有利于缩小城乡居民收入差距，促进经济稳定发展。"流动性"这一概念是多数社会学家为了观察和度量社会结构变化所使用的重要工具，近年来，经济学家将"流动性"引用过来，用于观察收入分配状况的演变模式。个人的收入状况在一段时期后是否发生位置的移动，朝哪个方向移动，对经济学家观察收入分配结构的变化尤为重要，由此"收入流动性"这一概念被引出。

（二）收入流动性

收入流动性（income mobility）是指某一特定收入阶层的群体经过一段时间后，因其所拥有的收入份额发生变化而导致的收入阶层发生的变化。这一概念与衡量收入公平的指标"基尼系数"密切相关，一个国家的基尼系数越高，表示收入差距越悬殊，但如果在经济增长的同时，控制好较强的收入流动性，就不会因为收入分配不均等问题影响到国家的经济增长及社会稳定。

著名经济学家约瑟夫·熊彼特（Joseph Alois Schumpeter）为说明收入流动性，提出了"宾馆模型"（the hotel model），他假设在一个宾馆里有不同层次、不同质量的房间，在给定的时间内每个旅客根据自己的经济条件和收入状况选择房间。经过一段时间后，随着个人收入水平的变化，在房间的"不平等"条件未发生改变的前提下，旅客重新选择房间，最终入住人员在宾馆房间的位置发生了变化，这种"位置变动"就可以反映出相对收入流动性的大小。

关于收入流动性的方向问题。个人的收入状况和经济条件发生改变，会出现以下三种情况：第一种是一些人群会流向较高收入阶层（向上流动），一些人群会流向较低收入阶层（向下流动），如果在一定时期内向上流动（向较高收入阶层流动）的人群大于同一时期向下流动（向较低收入阶层流动）的人群，则说明整个社会的收入不平等状况在明显改善，社会趋于稳定状态；第二种是如果在一定时期内，向上流动的人群小于同一时期向下流动的人群，则说明整个社会的收入不平等状况发生恶化，不利于社会稳定发展；第三种是如果在一定时期内，处于较高收入阶层的人群不断向上流动（向更高收入阶层流动），处于较低收入阶层的人群不断向下流动（向更低收入阶层流动），就会造成社会贫富差距过大，导致社会分配不公。

因此，研究收入流动性具有十分重要的现实意义。较强的收入流动性可以在一定程度上改善收入不平等的状况，极大地减少不同收入阶层的社会矛盾，让社会各个收入阶层之间保持收入流动渠道畅通，有助于缓和由收入差距带来的各种压力，保持经济长期稳定增长。

二、代际收入及代际收入流动性

（一）代际收入

代际收入（intergenerational income）是指某一个体在其父代经济收入的影响下，所获得的在日常活动中所形成的经济利益的总流入。代际收入所形成的代际效应是指子代受父代的影响并且很难脱离父代的社会特征。代际收入的效应过大，表示子代因受父代高收入阶层的影响，自身处于高收入阶层，或者子代因受父代贫困阶层的影响，自身仍处于贫困水平。这种收入差距不仅体现在父代的社会特征上，也传递到了子代的社会特征上。因此，我们不仅要考虑收入流动性，还要考虑代际收入流动性。

（二）代际收入流动性

代际收入流动性（intergenerational income mobility）也被称为收入代际转移

（intergenerational transmission of income），它是收入分配中动态的经济指标，与静态的"基尼系数"指标相对应，指的是父代的收入对其下一代收入水平的影响，或者说个人在总体收入分配中的位置在多大程度上受其父代收入的影响。换言之，如果代际收入相关性越高，那么说明代际收入流动性越低。从纵向来看，个体的收入不平等越来越严重，纵向的收入不平等就导致了整个社会横向收入不平等的趋势，因此代际收入流动性越低会导致社会的横向收入不平等程度越严重，也就是静态的"基尼系数"越来越高，社会的收入差距越来越大。

根据以往学者的研究，代际收入流动性的影响因素主要分为人力资本、社会资本和财富资本三个方面。首先，在众多影响代际收入流动性的因素中，人力资本对代际收入流动性的影响最为重要。父代的人力资本主要通过两种传递方式影响子代的收入，一种是父代的人力资本水平直接决定其自身收入水平，进而影响其对子代的人力资本投资水平；另一种是父代的人力资本水平与子代的人力资本水平直接相关，教育程度较高的父母直接影响子代的教育水平，而子代的教育水平直接影响其自身收入水平。其次，社会资本对代际收入流动性也有着重要影响。最后，以金融资产、房屋资产、土地资产和经营资产为主的财富资本对代际收入流动性也会产生深远影响，父代通过金融投资、房产投资等积累财富的方式直接将财富资本传递给子代，从而提高子代的收入。

（三）代际收入流动性测度方法

关于代际收入流动性的测度方法，衡量代际收入流动性的重要指标之一是代际收入弹性（intergenerational income elasticity，IGE）。代际收入弹性指的是父代经济收入对子代经济收入或经济地位的影响程度，反映了子代收入对其父代收入变化的敏感程度，表示父代收入每提高 1% 时，子代收入提高的百分比，该值越大，代表社会的代际收入流动性越低，说明社会存在机会不平等现象。代际收入流动性较强的社会意味着人们拥有更多的机会，因此研究代际收入弹性的大小不仅对社会的机会均等有着较大的影响，还将对政府缓解收入不平等的政策产生重要的影响。

此外，一些学者还使用代际收入转置矩阵这一方法来测度父代经济地位对子代经济地位的影响。代际收入转置矩阵的计算方法是首先将父代群体和子代群体样本依据其收入水平分别由低到高划分为 n 个收入阶层，标出每个家庭样本中父代收入和子代收入所处的阶层。其次以父代收入为基准，计算出子代处于各收入阶层的家庭所占的比重。最后将每一个收入阶层的计算结果按矩阵形式排列，就可以得到代际收入转置矩阵。在计算代际收入转置矩阵之前，首先要根据收入高低将样本划分为不同的收入阶层，一般采用收入五等分法，即按收入由低到高排列样本，然后将父代样本和子代样本分别分为五个等分组。

　　研究代际收入流动性将对我国经济的发展和社会的稳定产生深远影响。从人力资本方面来看，加强对个体人力资本的投资，会提高整体国民素质，为我国创新发展提供持续动力；从社会资本来看，加强社会关系网络的建立，对社会关系进行投资和经营，很可能造成政治寻租或权力腐败，不利于社会的和谐稳定；从财富资本来看，对金融资产、房屋资产的过度投资，会引起居民储蓄的攀升，对我国宏观经济的影响不容乐观。所以我们应以正确、积极的方式对待代际收入的传递，这对我国经济的持续发展、社会的稳定和机会的公平性具有重要意义。

第二节　代际收入流动性相关研究综述

一、收入流动性研究综述

　　国外学者 Fields 等（2007）在收入流动性问题的研究上做出很大贡献，从多角度对收入流动性进行完整的定义，他认为下定义前首先要区分时间依赖方法和流动方法，时间依赖方法指的是当期的收入在多大程度上依赖于过去的收入，流动方法关注的是相同个体在不同年份的收入比较，主要的定义方式有位置移动、份额变动、非定向收入变动、定向收入流动和长期收入稳定器指数。

　　国内学者从不同的角度对收入流动性进行了分析，尹恒等（2006）利用中国社会科学院经济研究所城乡居民收入分配课题组 1995 年和 2002 年两次城镇住户调查数据，对 20 世纪 90 年代以来中国居民收入的流动性问题进行经验分析，结果显示 1998～2002 年中国城镇居民的收入流动性比 1991～1995 年显著下降，且不同特征人群的收入流动性都呈现出同步下降的趋势；孙文凯（2007）对目前国内外关于收入流动的测度、影响因素的研究进行了比较详尽的总结，关于收入流动的测度，学术界提出的方法有绝对收入流动的公理化测度、福利视角的测度、相对收入流动的测度（两期收入分布的相关关系测度、排序相关系数测度、刚性指数、收入流动指数等）。关于收入流动的影响因素，主要总结为以下几个方面：地区差距、行业差距，家庭基础状态（家庭人口、就业状态、受教育水平、资源禀赋）及其变化，国家政策（障碍性法规的设置和消除、税收政策、转移支付政策、金融政策）。王芳和周兴（2010）选取 1989 年、1991 年、1993 年、1997 年、2000 年及 2004 年六次中国健康与营养调查（China health and nutrition survey，CHNS）数据，运用相对收入流动指标和绝对收入流动指标，分析了 1989～2004 年各城镇与农村家庭的收入流动性，结果显示各时期内城镇与农村家庭的平均收入增长速度从低收入组到高收入组逐层递减；城乡居民收入流动性都处于较高的水平,农村贫穷家庭的收入向上流动性要大于城镇贫穷家庭。龙莹和张世银（2011）总结以往学者对收入流动性的概念界定，从不同角度对收入流动性进行分类，将收入流动性分为相对收入流动性和绝对收入流动性、代际收入流动性和代内收入流动性、结构流动性和交换流动性、宏观收入流动性和微观收入流动性，将测度收入流动性的方法分为公理方法和福利主义方法。罗锋和黄丽（2013）利用收入转换矩阵和惯性率两种指标维度对我国城乡居民收入流动的动态演化进行分析，研究结果表明在我国经济转轨时期，收入流动性呈现出先上升后下降再上升的波浪形趋势，高收入阶层和低收入阶层的收入流动性较弱，呈现出固化趋势，中等收入阶层的收入地位较脆弱，农村居民收入流动性高于城镇居民。

二、代际收入流动性现状研究综述

最早研究代际收入流动性的国外学者是 Becker 和 Tomes（1979），他们提出了代际收入流动性基本理论模型，将家庭经济学和人力资本投资理论纳入了该模型中。在该理论模型中，父代收入和子代收入均采用持久性收入，但选取父代某一年的收入作为持久收入的替代时，可能会产生模型解释变量的测量误差问题，从而低估了代际收入弹性；Behrman 和 Taubman（1985）利用代际收入流动性理论计算了美国居民的代际收入弹性，得出测算结果在 0.2 左右，认为美国有着较高的代际收入流动性；随后，Solon（1992）采用美国收入动态追踪调查（panel study of income dynamics，PSID）数据，通过在实际收入的分解中引入年龄的二次函数项，利用多年的平均收入数据进行最小二乘法回归，将父代与子代的年龄及年龄的平方项加入回归方程以控制年龄因素，采用两阶段工具变量法，将父代的教育水平视为持久收入的工具变量，得出美国的代际收入弹性在 0.4 与 0.5 之间，高出了以往研究的结果。此方法改善了之前使用短期持久性收入产生的计量偏误问题，为后续研究者对代际收入弹性的估计提高了准确度；Mazumder（2005）利用 Solon 的方法估计出美国的代际收入弹性在 0.5 和 0.6 之间，这种方法虽然在一定程度上提高了估计的准确度，但并不能完全消除估计偏误，尤其在父代收入调查年份比较集中的情况下，仍然存在很大偏差；Haider 和 Solon（2006）采用美国 1951～1991 年的健康与退休研究（health and retirement study，HRS）数据，对代际收入流动性研究方法进行修正，得出个人在 30～40 岁的收入最接近其一生收入的平均值，父代在 40 岁左右时的收入最接近持久收入值，子女最适合取值的年龄在 20～30 岁，在该年龄段下的测量结果更加精确。

国内对代际收入弹性的研究最早始于王海港（2005），他利用 1988 年和 1995 年中国社会科学院经济研究所城乡居民收入分配课题组的调查数据，建立加入父代与子代的年龄和年龄平方项的代际收入弹性回归方程，得出两年的代际收入弹性分别为 0.384 和 0.424，利用收入转换矩阵得出代际收入流动减弱的结论，与代际收入弹性的结果一致，这一研究开创了我国代际收入流动性问题的先河；随后，方鸣和应瑞瑶（2010a）利用双样本两阶段最小二乘法，采用 2005 年的中国综合社会调查（Chinese general social survey，CGSS）数据，进一步考察城乡居民代际收入的传递路径，通过比较城镇和农村的样本发现，城镇居民的代际收入弹性为 0.584，高于农村居民的代际收入弹性 0.546，表明城镇居民的子女收入受父代影响程度更大，代际收入流动性较农村弱；还有学者从劳动力市场的角度对代际收入弹性进行研究；汪燕敏和金静（2013）基于 CHNS 数据，采用普通最小二乘法[①]和工具变量法对结果进行估计比较，发现工具变量法的估计量是不显著的，随后修正了测量误差，得到的代际收入弹性为 0.46，表明我国的代际收入流动性在国际处于中间水平；对代际收入流动的研究进行拓展，一些研究对代际职业流动进行分析；周兴和张鹏（2014）基于 2006 年 CGSS 数据，计算出我国城乡家庭的代际收入弹性分别为 0.40 和 0.28，对城镇家庭而言，实现代际职业传承的家庭，其代际收入弹性要比其他家庭高 0.15，代际职业传承对农村家庭代际收入弹性的影响更强，得出了我国城乡各职业阶层都有较强的代际职业传承性的结论；陈琳（2016）运用 1995 年和 2002 年的中国家庭收入项目（China household income project，CHIP）调查数据，采用调查中的个人回忆性收入，对其中纯粹由收入因素导致的部分进行识别，在纠正偏误后，得出我国代际收入弹性在 1990～1995 年和 1998～2002 年分别为 0.8 和 0.4 左右，认为我国代际收入弹性较高。以上国内外学者的研究结果可以表明，在代际收入弹性高于 0.4 时，代际收入流动性较低。

三、代际收入流动性测度研究综述

（一）代际收入弹性研究综述

对代际收入弹性的研究，在上述研究代际收入流动性时大部分学者都进行了分析。本书主要从以下三个方面对代际收入弹性的研究进行细致分类：一是从时间变动趋势来估计代际收入弹性；二是从空间分布的特征来研究代际收入弹性；三是从不同人群的划分来分析代际收入弹性。

从时间变动趋势上来看，谷敏（2011）使用 ols 估计的方法对中国社会科学院经济研究所城乡居民收入分配课题组三年抽样调查的数据进行收入弹性的估计，结果发现我国代际收入弹性从 1995 年的 0.319 上升到了 2002 年的 0.373，说明父代的收入对子代收入的影响越来越大，代际收入流动性呈下降趋势；陈琳和袁志刚（2012）运用三年的 CHIP 数据和 2006 年的 CGSS 数据对代际收入流动性的趋势进行分析，结果表明我国代际收入弹性呈现大幅下降而后逐步稳定的趋势；何石军和黄桂田（2013b）利用了 CHNS 的微观数据，计算出 2000 年、2004 年、

---

① 普通最小二乘法，即 ols（ordinary least squares）。

2006 年和 2009 年的代际收入弹性分别为 0.66、0.49、0.35 和 0.46,结果发现 2000~ 2009 年代际收入弹性是先下降后上升的趋势, 也就是说代际收入流动性是先增强后减弱的趋势。

从空间分布的特征入手, 方鸣和应瑞瑶（2010b）使用 1989 年、1991 年、1993 年、1997 年、2000 年、2004 年及 2006 年的 CHNS 数据, 通过收入均值法和代际收入转置矩阵, 对中国农村居民的代际收入流动性状况进行了实证分析, 结果显示, 现阶段, 中国农村居民的代际收入流动性较差, 存在较明显的代际收入传递现象；东部和中部地区农村居民的代际收入弹性显著高于西部地区；在各地区内部, 处于收入分配两端的农村居民的代际收入流动性都较差。李小胜（2011）利用 CGSS 的微观调查数据, 运用 Atkinson 回归模型和代际收入转置矩阵对 2005 年城乡居民代际收入流动性进行分析, 结果表明城镇居民的代际收入流动性高于农村居民, 东、中、西部居民代际收入流动性逐渐递减, 代际收入从低等级转向高等级的概率较小, 不同等级间的流动性较差。严斌剑和王琪瑶（2014）利用 1988 年、1995 年、2002 年及 2007 年的 CHIP 数据, 研究了中国城乡居民代际收入流动性的变迁, 得出结论：城乡居民整体代际收入弹性呈现"U"形变化趋势, 1988~ 2002 年代际收入弹性下降, 2002~2007 年代际收入弹性上升；而城镇的代际收入弹性呈现倒"U"形趋势, 近年来, 城镇居民代际收入弹性虽有下降, 但仍然高于农村。龙翠红和王潇（2014）使用 CHNS 1989~2009 年数据, 利用对数线性回归模型, 估算父亲与长子收入的相关系数, 结果显示 2009 年中国代际收入弹性整体结果约为 0.6, 城镇和农村分别为 0.8 和 0.5。

从不同人群的划分来分析代际收入弹性, 王海港（2005）按父母收入高低进行居民分组研究, 结果显示无论哪一年, 高收入组的父母对子女收入的影响均大于低收入组。1988 年, 高收入组和低收入组差距不大；1995 年, 高收入组父母收入对子女的影响力比 1988 年有所上升, 低收入组则有所下降。同时, 根据不同的配对结果显示父亲与母亲相比, 父亲显示出对子女更大的影响；年度比较结果显示父亲的影响力上升幅度高于母亲, 尤其是对儿子的影响；对于女儿来说, 母亲的影响力上升更为显著。韩军辉和龙志和（2011）利用 CHNS 中 7 年的数据, 基于暂时性收入偏误、生命周期偏误、同住选择偏误等多重计量偏误的考虑后, 运用分位数回归的方法对农村家庭代际收入弹性进行估计, 结果表明农村代际收入弹性呈倒"U"形趋势, 处在低分位数和高分位数的代际收入弹性较小, 处在中分位数的代际收入弹性较大, 表现出较强的代际收入传递性；邸玉娜（2014）基于中国健康与养老追踪调查（China health and retirement longitudinal study, CHARLS）2011~2012 年数据, 探讨了中国代际收入流动性, 结果显示当前中国代际收入弹性在各年龄阶段人群中呈现"U"形特点, 20 世纪八九十年代出生的人群面临的代际收入弹性较高, 即代际收入流动性较低, 表明 20 世纪八九十年代出生的人群其收入受父代的影响比其他年龄层更大。

（二）代际收入相关系数研究综述

一些学者考虑到父代收入与子代收入的离散分布问题，引入代际收入相关系数来拓展代际收入流动性的测度方法。代际收入相关系数是用父代收入对数的标准差除以子代收入对数的标准差，再乘以代际收入弹性得到的数值，它与代际收入弹性的不同是考虑到了两代人收入分布的离散程度，当父代收入的离散程度与子代收入的离散程度相等时，代际收入相关系数可以替代代际收入弹性。西方国家学者最早使用代际收入相关系数来衡量代际收入的流动性，早期（20 世纪七八十年代）研究估计的代际收入相关系数普遍较小，而后期（20 世纪 90 年代后）估计的系数普遍较大。造成这种差异的原因在于，早期估计一般采用非典型的小样本数据集，利用单个年度的收入数据，或者没有控制住与父母收入无关的外生变量，导致估计结果下偏，得到的代际收入相关系数一般在 0.2 左右甚至更小。例如，Atkinson 等（1978）利用相关系数来衡量代际收入流动性，其研究样本为英格兰约克郡 307 对父子的收入，这一样本明显是不具代表性的小样本数据集，其计算结果为 0.17；而后期研究则大多采用大型代表性数据库，如 PSID（Solon，1992），避免了样本的同质性。收入数据一般采用多个年度收入的平均数来代表永久性收入，以消除特定年份较大的收入波动和测量误差在回归估计中的扰动。总之，后期的估计比前期的估计更加科学，避免了估计结果的下偏，大致的估计值在 0.4 左右，相当于前期估计值的 2 倍（Solon，1999），高的估计值达到 0.6（Mazumder，2001）。

当采用不同的收入样本时，估计的收入相关系数存在明显差异。测量的收入跨时越长，收入的传递效应越大，甚至达到短期收入传递效应的 2 倍。因为在短期，收入低的父母可以通过借贷来解决孩子的培养问题，而长期则不能（Mayer，2002）。同时，低收入家庭收入的传递效应大于高收入家庭。就不同的国家而言，美国和英国等传统发达国家的代际收入相关系数普遍较高，达到 0.4～0.5，而北欧国家如芬兰、丹麦和挪威等，则普遍较低，不到 0.2（Corak，2006）。

（三）代际收入转置矩阵研究综述

一些学者使用代际收入转置矩阵的方法对代际收入流动性进行估计，黄潇（2014）基于 2006 年的 CGSS 数据，使用代际收入弹性及代际收入转置矩阵测度了贫困群体的代际收入流动性，研究发现贫困群体的代际收入流动性较低，其代际收入弹性为非贫困群体的 1.6 倍，父代贫困导致子代贫困的概率达 60%；秦雪征（2014）基于 2006 年的 CGSS 数据，使用代际收入转置矩阵对我国城乡居民的代际收入流动性进行了比较分析，结果显示中国城乡家庭的代际收入流动性偏弱，城镇家庭代际收入向上的流动性总体而言要高于农村家庭；刘志国和范亚静（2014）基于 2008 年的 CHARLS 数据，使用回归系数法和代际收入转置矩阵测度了居民代际收入流动性，并按照父代收入的高低分组进行异质性分析，结果显示中国居民代际收入弹性为 0.476，代际收入流动性整体偏低，高收入组与低收入组流动性较低；从城乡来看，城镇比农村代际收入流动更为活跃，结合其他学者的估算结果，中国居民代际收入弹性呈先下降后上升的趋势。

第三节　代际收入弹性及相关系数分析

一、数据来源和样本选择

（一）数据来源

本书采用的数据来自北京大学中国社会科学调查中心组织调查的 CFPS 数据。CFPS 于 2008 年、2009 年两年在北京、上海、广东三地分别开展了初访与追访的测试调查，并于 2010 年正式开展访问。经 2010 年基线调查界定出来的所有基线家庭成员及其今后的血缘/领养子女将作为 CFPS 的基因成员，并成为永久追踪对象。2011 年调研对基线调查中完成访问的家庭进行了家庭层面的追访，对基线调查中的青少年基因成员进行了个人层面的追访，并将其作为 2012 年全部样本追踪调查前的预调查。2012 年该项目实施全国范围的首轮全样本追踪，2014 年开展了第三轮全样本调查。

调研样本覆盖了 25 个省区市，目标样本规模为 16 000 户，调查对象包含样本家户中的全部家庭成员，样本量较大。该数据以收入个体、家庭、社区三个层次为调研主体，调查了城乡家庭中所有成员的收入、资产、职业及教育等社会经济特征，包含父代及子代的个体特征及社会经济特征，同时数据库中包含个人编码、家庭编码及父亲在调查中的个人编码，可以在调研样本中将父代与子代进行逐一匹配，能够很好地满足本书的研究需求。除此之外，本书所使用的宏观控制变量为各地区生产总值和社会保险覆盖率，数据分别来源于《中国统计年鉴》和《中国劳动和社会保障年鉴》。

（二）样本选择

由于 CFPS 在 2011 年对样本进行的是追踪预调查，样本量较小，本项研究主要使用 2010 年、2012 年和 2014 年的调研数据进行研究，CFPS 调查问卷共有社区问卷、家庭问卷、成人问卷和少儿问卷四种类型，依据调查问卷共有少儿数据库、成人数据库、家庭关系数据库、家庭经济数据库及社区数据库五个数据库，其基本状况如表 2.1 所示。

表 2.1　CFPS 三年各数据库基本状况

数据库	2010 年		2012 年		2014 年	
	样本量	变量数	样本量	变量数	样本量	变量数
成人数据库	33 600	1 484	35 719	1 744	37 147	959
少儿数据库	8 990	726	8 620	806	8 617	719
家庭关系数据库	57 155	370	55 012	331	57 739	278
家庭经济数据库	14 798	663	13 315	622	13 946	398
社区数据库	635	229	—	—	621	230

本书的研究对象主要涉及劳动年龄人口，故本书主要使用了成人数据库、家庭经济数据库及社区数据库这三个数据库。由于 2012 年数据库中社区数据库缺失，以下研究只使用 2010 年和 2014 年两年的数据。

在进行具体的数据处理时，首先，为了便于进行年度比较，在 2010 年和 2014 年的三个数据库中选取两年数据库共有的有用变量；其次，分年度根据数据库中的家庭编码和社区编码，将两年数据库中同一个体的个人信息、家庭信息及社区信息合并到一个文件；再次，根据父代在调查中的个人编码和子代在调查中的个人编码将父代与子代的数据样本配对，进行代际连接；最后，根据研究需要，删除了个人年总收入中低于 720 元的极端异常值，以及其他所需变量中的空白项和无效数据，最终所获得的有效配对样本为 2010 年 945 对，2014 年 855 对。

二、模型构建与估计方法

（一）代际收入弹性基准模型

Becker 和 Tomes（1979）以家庭经济学和人力资本投资理论为框架，开创性地构建了代际收入流动性的经济学理论模型，此后各国学者运用不同的数据库对这一模型进行了广泛的实证分析。目前已有的计算代际收入弹性的研究大多始于下述的线性回归模型。

$$\ln(Y_1) = \alpha + \beta \ln(Y_0) + \varepsilon \qquad (2.1)$$

式中，Y_1 表示子代收入；Y_0 表示父代收入，即被解释变量为子代收入的对数，解释变量为父代收入的对数；α 表示常数项；ε 表示残差项；β 表示代际收入弹性，是经济学衡量代际收入流动性的主要指标。参数 $\beta = 0$，表示子代的收入与父代没有联系，代际收入完全流动；$\beta = 1$ 则表示子代的收入完全由父代决定，代际收入完全没有流动；β 为负表示子代收入随着父代收入的变动向相反的方向流动；若

β 大于 1，则表明父代的收入优势在子女身上被放大，这也意味着代际收入的不平等性在增加。

获得代际收入弹性的主要方法是 ols，在 $\text{cov}(Y_0, \varepsilon) = 0$ 的假设下，其 ols 估计值如式（2.2）所示：

$$\beta = \text{cov}(Y_0, Y_1) / \text{var}(Y_0) \qquad (2.2)$$

（二）基于年龄调整的修正模型

Solon（1992）为控制年龄因素对代际收入弹性估计的影响，将子代和父代的年龄及年龄平方项纳入回归模型中，以克服单年收入数据估计导致向下的偏误。

$$\ln Y_{1i} = \alpha + \beta \ln Y_{0i} + \beta_1 \text{age}_{0i} + \beta_2 \text{age}_{0i}^2 + \beta_3 \text{age}_{1i} + \beta_4 \text{age}_{1i}^2 + \varepsilon_i \qquad (2.3)$$

式（2.3）为加入了父代和子代的年龄及年龄平方项的代际收入弹性模型。式中，Y_{0i} 和 Y_{1i} 分别表示父代和子代的收入；age_{0i} 和 age_{1i} 分别表示父代和子代的年龄；age_{0i}^2 和 age_{1i}^2 分别表示父代和子代年龄的平方项；ε_i 表示随机扰动项，且 $\varepsilon_i \sim N(0, \sigma^2)$，它表示一系列不易观测的影响子代收入的随机因素；$\beta$ 表示代际收入弹性。

（三）代际收入相关系数模型

为了进一步降低估计偏误，部分学者使用代际收入相关系数来衡量父代收入与子代收入之间的代际收入流动性。

代际收入相关系数的估计式为

$$\rho = (\sigma_0 / \sigma_1) \times \beta \qquad (2.4)$$

式中，ρ 表示代际收入相关系数；σ_0 表示父代收入对数的标准差；σ_1 表示子代收入对数的标准差；β 表示代际收入弹性。ρ 与 β 的主要区别在于 ρ 的估计考虑了两代人收入分布的离散程度，只有该离散程度相等时 ρ 与 β 才会相等。

理论上，代际收入相关系数能够更精确地反映代际收入的传递程度，而代际收入弹性的精确性则会受到代际收入分布离散程度的影响。但是在实践中，代际收入弹性往往更容易估计，且不会因为子代收入的测量误差而产生估计偏误，因此在文献中被更多地使用。

（四）存在异方差的加权最小二乘法[①]

在使用传统最小二乘法估计代际收入弹性时，回归模型可能会存在异方差问

---

① 加权最小二乘法，即 wls（weighted least squares）。

题，同方差性是为了保证回归参数估计量具有良好的统计性质，经典线性回归模型的一个重要假定是：总体回归函数中的随机误差项满足同方差性，即它们都有相同的方差。如果这一假定不满足，则称线性回归模型存在异方差。若存在异方差，ols 回归得到的参数估计量不是有效估计量，甚至也不是渐进有效的估计量，此时，无法对模型参数进行显著性检验。

在实际操作中，可以使用 White test（怀特检验）进行异方差检测，在此检测中，原假设为：回归方程的随机误差满足同方差性。对立假设为：回归方程的随机误差满足异方差性。判断原则为：如果 $nR^2 > \chi^2(K-1)$，则原假设就要被否定，即回归方程的随机误差满足异方差性。针对异方差问题的处理办法是使用加权最小二乘法[①]，即对原模型进行加权，使之成为新的不存在异方差的模型，然后采用 ols 估计其参数。

本书依循大多数相关研究，采用 ols 回归及加入年龄后的修正模型计算代际收入弹性，并计算相关系数，调整由样本离散程度所造成的回归偏误。

三、变量选取

为了计算代际收入弹性，本书选取子代收入对数作为被解释变量，父代收入对数作为主要解释变量。子代和父代的年龄作为控制变量。变量具体情况如下。

（1）子代和父代。子代包括调查中的户主，即子代是指儿子或女儿。以家庭中儿子或女儿为研究对象，是代际收入传递研究的常规做法。父代只考虑父亲，一般而言，父亲在家庭收入和决策上都占据着支配地位。

（2）收入。数据库中包含个人收入及家庭年总收入，为避免父代与子代在同一家庭的情况，本书选取个人收入来衡量，个人收入指个人一年的收入总和。个人收入包括工资性收入、经营性收入、转移性收入及其他收入等所有类型收入的加总。同时，根据劳动力年龄选择了劳动力市场上的收入，剔除了在校学生样本，这就剔除了学生兼职收入；也排除了退休者样本，这部分人虽然也有收入，但其收入与工龄、工作经验无关。

（3）年龄。子代年龄按照中国劳动力合法年龄限制在 16～60 岁。父代年龄没有进行限制。

（4）其他个人特征。为了更好地分析代际收入弹性，本书还选取了性别、城乡分类、所在省区市等个体特征，以便分样本进行代际收入弹性测算。

四、描述性统计

（一）主要变量的描述性统计

基于研究模型计算代际收入弹性，需要关注的主要变量是父代与子代的收入及年龄，主要变量描述性统计结果如表 2.2 所示。

表 2.2　主要变量的描述性统计分析

年份	变量	均值	中位数	众数	标准差	偏度	峰度
2010	子代年龄	25.798	25	23	5.848	0.886	0.604
	父代年龄	52.783	52	52	7.222	0.469	0.158
	子代收入	15 781	12 000	10 000	14 613	2.649	12.329
	父代收入	17 107	10 000	10 000	31 579	16.847	402.000
	子代收入对数	9.283	9.393	9.210	0.939	−0.487	0.154
	父代收入对数	9.220	9.210	9.210	1.029	−0.119	0.039
2012	子代年龄	25.244	25	27	4.928	1.257	3.314
	父代年龄	51.455	52	52	6.055	0.099	−0.601
	子代收入	29 727	22 400	30 000	44 264	9.659	109.232
	父代收入	23 473	18 000	30 000	22 149	2.884	12.756
	子代收入对数	9.957	10.012	10.309	0.814	−0.364	2.024
	父代收入对数	9.695	9.798	10.309	0.916	−0.509	0.579
2014	子代年龄	27.138	27	27	6.045	0.442	0.662
	父代年龄	53.372	52	52	7.081	0.461	−0.131
	子代收入	32 686	30 000	30 000	26 096	2.834	18.229
	父代收入	27 905	24 000	30 000	27 611	6.572	78.141
	子代收入对数	10.071	10.309	10.309	0.904	−0.920	0.988
	父代收入对数	9.861	10.086	10.309	1.374	−1.052	1.374

　　由表 2.2 可知，2010 年子代年龄的均值为 25.798 岁，而父代年龄的均值为 52.783 岁，子代收入均值为 15 781 元，父代收入均值为 17 107 元，较子代更多，这可能是由于工资会随着年龄的增长而增长，同时，子代正处于收入不断上升的阶段，而父代的收入在此时已经达到了稳定值，处于较高水平。子代和父代年龄的均值、中位数与众数都分别较为接近，说明年龄基本呈正态分布。而从收入来看，子代收入的均值高于中位数、众数，整体分布呈现明显的右偏态，其偏度明显大于 0，也证实了这一结论。父代收入同样出现偏度远远大于 0 的情况，且比子代收入的偏度更大，说明父代收入较子代收入呈现出更为明显的右偏态。无论是子代收入还是父代收入，极大的标准差都验证了其收入数据波动极大，偏离均值的程度很大。

　　在 2012 年的统计结果中，子代年龄的均值为 25.244 岁，父代年龄的均值为

51.455 岁。与 2010 年不同的是，2012 年子代收入均值为 29 727 元，而父代收入均值为 23 473 元。子代收入超过了父代，且无论是子代还是父代，收入都较 2010 年有了很大程度的上升。与 2010 年相同，2012 年子代和父代的年龄都基本呈现正态分布，但收入具有明显的右偏态。与 2010 年不同的是，2010 年父代收入较子代偏态更为明显，数据波动更大，而 2012 年则相反，子代收入的右偏态更为明显，数据更不稳定。

2014 年，子代年龄的均值为 27.138 岁，父代年龄的均值为 53.372 岁，三年（2010 年、2012 年、2014 年）中子代与父代的年龄基本都呈正态分布。2014 年的收入同样是子代高于父代，且较 2012 年又有了一定程度的上升，三年内子代收入和父代收入都是逐年增加的。与 2010 年相同，2014 年子代收入与父代收入分布都呈现出明显的右偏态，父代收入右偏态更为明显，数据波动更大。

（二）样本量分布情况

为了进一步计算代际收入弹性，在进行分样本计算之前，对研究样本的分布情况进行了统计，具体结果如表 2.3 所示。

表 2.3　样本量分布占比统计

样本量分布	分类	2010 年	2012 年	2014 年
城乡	城镇	0.43	0.50	0.64
	农村	0.57	0.50	0.36
地区	东部	0.45	0.71	0.58
	中部	0.26	0.29	0.32
	西部	0.29	0.00	0.10
性别	男性	0.28	0.70	0.67
	女性	0.72	0.30	0.33
年龄	20 岁以下	0.11	0.08	0.09
	20～29 岁	0.66	0.78	0.61
	30～39 岁	0.21	0.13	0.26
	40 岁及以上	0.02	0.01	0.04
样本量		945	156	855

在城乡构成方面，2010 年样本中，城镇样本占总样本的 43%，农村样本占 57%，2012 年，城乡样本各占 50%，这两年样本城乡分布基本均匀。但 2014 年有 64% 的调研样本来自城镇，农村样本仅占 36%。这可能是由于城镇基础设施较好，更容易进行调研。

从东、中、西部地区划分来看,2010 年东部样本占比 45%,西部样本占比 29%,中部样本占比 26%。2012 年有超过 70% 的样本都来自东部地区,剩余的 29% 的调研样本来自中部地区,没有西部地区的样本。这可能是由于 2012 年为调研样本的追踪调查,西部地区一般环境比较恶劣,追踪难度较大。而 2014 年,有超过一半的样本都源于东部地区,仅有 10% 的样本来自西部地区。在样本的地区分布上,2010 年较其他两年分布更为均匀。

在子代性别构成方面,2010 年女性数量远高于男性,而 2012 年和 2014 年男性数量远高于女性数量。在年龄方面,三年的样本都集中在 20~29 岁。性别和年龄的分布都不太均匀,这可能会导致研究结果的样本偏误。所以在实证研究的过程中,不只就整体样本进行分析,还进一步对分样本进行分析,以减少样本分布不均所造成的计量偏误。

五、实证结果

(一)总体的代际收入弹性及相关系数分析

本项研究基于已有文献,首先使用模型(2.1)进行计算,结果如表 2.4 中弹性系数 1 所示;其次再加入子代与父代年龄及年龄的平方,如模型(2.3)所示,最后为了减小子代收入与父代收入标准差所造成的估计误差,在模型(2.3)的基础上,进一步依据相关系数公式,计算父代收入与子代收入的相关系数,如模型(2.4)所示,代际收入弹性结果如表 2.4 所示。

表 2.4　总体的代际收入弹性结果

年份	弹性系数 1	弹性系数 2	相关系数
2010	0.290*** (0.282)	0.309*** (0.276)	0.338
2012	0.219*** (0.069)	0.229*** (0.069)	0.258
2014	0.022 (0.031)	0.109*** (0.032)	0.119

注:括号中为标准差

***代表统计检验显著水平为 1%

从整体上看,无论是哪一年,加入年龄及年龄平方项的模型所计算的弹性系数都较最初的模型(2.1)要大,经过父代与子代收入标准差的调整后,相关系数比模型(2.3)所计算的弹性系数更大。这一结论印证了已有的研究成果,控制父代与子代年龄,调整父代与子代收入标准差,都能够在一定程度上降低模型的估计偏误,相关系数更能准确地衡量中国的代际收入状况。

从具体计算结果来看，对于全部样本，2010 年研究所得的代际收入弹性为 0.309，即父代收入每提高 1%，子代收入将增加 30.9%。进行相关系数调整后，系数上升至 0.338。2012 年计算的代际收入弹性为 0.229，相关系数为 0.258，2014 年的代际收入弹性系数为 0.109，相关系数为 0.119，且三年的代际收入弹性都在 1% 的水平下显著。

为了使计量结果更为准确，本项研究进一步排除了回归的异方差问题，对三年数据分别进行怀特检验，三年的检验结果分别为：2010 年 $p > \chi^2 = 0.0273$；2012 年 $p > \chi^2 = 0.0000$；2014 年 $p < \chi^2 = 0.3703$。从检验结果可知，2010 年和 2012 年 p 值较小，拒绝原假设，存在明显的异方差，2014 年不存在明显的异方差。进一步使用 wls 计算 2010 年和 2012 年的弹性系数，结果 2010 年弹性系数上升至 0.319，2012 年没有明显上升。

虽然整体代际收入弹性可能被低估，但从三年的整体趋势来看，整体样本的代际收入弹性呈逐年下降的趋势，说明近年来中国的代际收入流动性显著增强，收入阶层固化现象有所改善。

（二）分样本下的代际收入弹性分析

为了进一步研究代际收入弹性，本项研究分别从城乡、地区、性别、父代收入四个角度对整体样本进行了划分，计算了分样本代际收入弹性及相关系数。由于 2012 年整体样本较小，此处仅对 2010 年和 2014 年数据进行分样本分析。

1. 城乡分类下的代际收入弹性

我们对比农村样本和城镇样本，结果如表 2.5 所示。2010 年农村居民的代际收入弹性系数为 0.268，而城镇居民的代际收入弹性系数为 0.292。无论是城镇样本还是农村样本，弹性系数都非常显著。而 2014 年，城镇样本的代际收入弹性系数显著，弹性系数为 0.144，但农村样本的代际收入弹性系数并不显著。

表 2.5　城乡代际收入弹性对比分析

城乡地区	2010 年		2014 年	
	弹性系数	相关系数	弹性系数	相关系数
城镇	0.292*** （0.473）	0.291	0.144*** （0.041）	0.152
农村	0.268*** （0.369）	0.290	0.047 （0.052）	0.054

注：括号中为标准差
***代表统计检验显著水平为 1%

从表 2.5 的结果中可以看出,2010 年和 2014 年城镇居民的代际收入弹性均高于农村居民,说明城镇居民的子代收入受父代收入的影响程度更大。一方面,这可能是因为相较于农村居民,城镇居民在子代的人力资本投资中所面临的资本约束较小,且城镇地区的人力资本投资收益率较高,城镇居民的父代对子代进行较高的人力资本投资从而影响子代的收入,使得代际收入得以传递,且父代的高收入更容易通过其社会资本提高子代的收入。另一方面,当前劳动力市场不健全,工作机会的搜寻成本较高,城镇居民的父代所拥有的较高的社会资本能够使子代以更加低廉的成本获取相关的工作信息。相较于农村,城镇居民的父代在子代找工作的过程中还可以提供更多的融资支持,进而影响子代的就业状态和职业选择,间接影响子代的收入水平,使代际收入得以传递。

2. 地区分类下的代际收入弹性

将地区进行划分,分别计算代际收入弹性,结果见表 2.6。2010 年,东、中、西部父代收入对子代收入都具有显著的影响,但 2014 年,东部和西部地区父代收入对子代收入并没有显著的影响。其中 2010 年西部地区的代际收入弹性最大,即西部地区收入流动性最小,其弹性系数为 0.272,经过收入标准差的调整,其相关系数为 0.293。

表 2.6 东、中、西部代际收入弹性对比

地区	2010 年		2014 年	
	弹性系数	相关系数	弹性系数	相关系数
东部	0.246*** (0.424)	0.257	0.050 (0.043)	0.058
中部	0.192*** (0.059)	0.202	0.166*** (0.059)	0.173
西部	0.272*** (0.553)	0.293	−0.137 (0.124)	−0.139

注: 括号中为标准差
***代表统计检验显著水平为 1%

从东、中、西部样本来看,以往研究发现,东、中、西部的代际收入流动性依次递增,东部地区的代际收入流动性最低,父代收入的这一先赋性因素对子代收入的影响较大。越是贫困地区,其代际收入流动性越大,贫困地区子女有可能通过受教育或外出打工等增加自己的收入。

以 2010 年为例,本项研究中东部地区代际收入弹性高于中部地区,这一研究结果与以往研究相同,依靠临海优势,东部地区的经济发达程度更高,市场竞争机制更加完善,特别是资本市场更加完善。因此,父代的高人力资本、

高社会资本和高财富资本的资本优势在这里得到充分发挥，其子代在这些资本环境中，更容易获得好的教育和人力资本、高收入，其收入的高低更容易受父代影响。

而以往研究中，西部地区代际收入弹性较小，代际收入流动性大可能是由于西部地区市场经济发展不充分、资本市场不完善，内部收入差距低于东部，教育起点相对公平，只要子代有足够的人力资本和能力，通过自身努力就可以弱化甚至消除父代的一些劣势带来的影响。但在本项研究中，西部地区的子代并没有消除父代为其带来的不利影响。这可能是由于西部地区经济发展相对落后，父代对子代的人力资本投资受限，子代受教育程度可能会进一步影响子代工作的选择，继而影响子代的收入水平。而中部地区的代际收入弹性最小，代际收入流动性最大。2010 年中部地区的代际收入弹性系数为 0.192，相关系数为 0.202。东部地区较中部地区弹性系数较大，其弹性系数为 0.246，相关系数为 0.257。这可能是由于东部地区更为富裕，父代的财富资本和人力资本更容易发挥出巨大优势，为子代提供更好的资源，使子代获得更高的收入。

3. 性别差异下的代际收入弹性

对比性别差异下的代际收入弹性，结果如表 2.7 所示。分性别进行代际收入弹性计算，无论是 2010 年还是 2014 年，男性的代际收入弹性都较女性更大。2010年男性样本的代际收入弹性系数为 0.349，相关系数为 0.402。而女性样本的代际收入弹性系数为 0.223，经过收入标准差的调整，相关系数为 0.217，男性样本的代际收入传递更为明显。

表 2.7　不同性别代际收入弹性对比

性别	2010 年		2014 年	
	弹性系数	相关系数	弹性系数	相关系数
男	0.349*** （0.312）	0.402	0.153*** （0.037）	0.175
女	0.223*** （0.565）	0.217	0.016 （0.056）	0.017

注：括号中为标准差
***代表统计检验显著水平为 1%

2014 年，男性样本的代际收入弹性系数为 0.153，相关系数为 0.175，女性样本中父代收入对子代并没有明显的影响。两年的结果都证明在中国，父代传递给儿子的收入要明显多于女儿。该结论与以往学者的研究结论相同，这可能是中国传统的重男轻女思想所导致的。

4. 不同收入分组下的代际收入弹性

为了进一步研究不同收入组人群对子代收入的影响，我们对父代收入从低到高进行排序，将样本划分为低收入组、中等收入组及高收入组三部分群体，分别计算各个群体的代际收入弹性，结果如表 2.8 所示。2010 年的分组情况为低收入组收入小于 7000 元，中等收入组收入介于 7000 元与 17 000 元，高收入组收入介于 17 001 元与 800 000 元；2014 年的分组情况为低收入组收入小于 16 800 元，中等收入组收入介于 16 800 元与 30 000 元，高收入组收入介于 30 001 元与 400 000 元（统计数据的收入均为整数）。在具体计算中，删除了极端值样本。

表 2.8 不同收入分组下的代际收入弹性对比

收入组	2010 年		2014 年	
	弹性系数	相关系数	弹性系数	相关系数
低收入组	0.339*** （0.087）	0.206	−0.164 （0.063）	−0.012
中等收入组	0.539*** （0.159）	0.162	0.916*** （0.260）	0.191
高收入组	0.299*** （0.095）	0.159	0.223 （0.142）	0.087
最低收入组（10%）	−0.120 （0.087）	−0.030	0.061 （0.197）	0.036
最高收入组（10%）	2.367* （1.364）	0.174	0.592* （0.346）	0.230

注：括号中为标准差
*、***分别代表统计检验显著水平为 10%、1%

结果显示，无论是 2010 年还是 2014 年，中等收入组的代际收入弹性都显著高于其他两组，即中等收入组的代际收入流动性较低，存在明显的阶层固化现象。2010 年低收入组的弹性系数为 0.339，中等收入组的弹性系数为 0.539，高收入组的弹性系数为 0.299。2014 年仅有中等收入组的弹性系数显著，且其系数极高。中等收入阶层固化可能是由于中等收入阶层收入水平很难变得更好或更坏。但是经过收入标准差的调整后，2010 年随着收入的增加，相关系数逐渐减小，即收入越高，代际收入流动性越大。这一结论表明目前中国社会具有较强的代际收入流动性，即一个人的家庭背景对其收入状况有很大影响，可能会进一步拉大中国的收入差距。为了进一步验证这一结论，本书对父代收入进行十等分，计算了最低10% 收入人群和最高 10% 收入人群的代际收入弹性，结果表明无论是 2010 年还是 2014 年，低收入组父代收入对子代收入没有显著影响，而高收入组父代对子代收入则具有显著正向影响。

第四节　代际收入转置矩阵分析

一、度量方法

代际收入流动转置矩阵的度量方法要追溯到百分位转换矩阵，社会学家借助其分析社会阶层间的随机流动，Prais（1955）首次采用这一方法进行收入流动性的分析，此后，Atkinson 等（1992）将该方法进一步发展，将代际收入流动转置矩阵总结为一般意义的双随机矩阵，特别是 Shorrocks（1978）用百分位转换矩阵衡量了代际收入流动的时间依赖。

若定义收入是从 $Y_a \rightarrow Y_b$ 转变的转置矩阵，则有 $P(Y_a, Y_b) = P_{ij}(Y_a, Y_b) \in R^{m \times m}$，$P_{ij}(Y_a, Y_b)$ 表示初始年（$t=a$）处于第 i 等级的居民收入在终止年（$t=b$）处于第 j 等级的百分比，m 为收入等级的数量。根据定义可知，对于所有的 I 有 $\sum_{j=1}^{m} P_{ij}(Y_a, Y_b) = 100$。转置矩阵的元素 p_{ij} 表示初始年处于第 i 收入组的人，在终止年位于第 j 收入组的概率，一般根据样本估算，将收入由低到高分为 N 等分组，标出每个样本在初始年和终止年所处的位置，然后在初始年每一收入组人数中计算出其在终止年位于各收入组人数所占的比重，由此就可以得到代际收入转置矩阵。

代际收入转置矩阵是由收入转置矩阵延伸所得，代际收入转置矩阵 $P_{ij} = \left[P_{ij}(x, y) \right]$ 中的 x 和 y 分别是父代和子代的收入分布，$x \rightarrow y$ 表示收入分布从父代的 x 转变到子代的 y，矩阵中每个元素 p_{ij} 表示父代处于第 i 收入组的家庭中，子代位于第 j 收入组的概率。

代际收入转置矩阵的计算方法如下。首先，将父代群体和子代群体样本依据其收入水平分别由低到高划分为 n 个收入阶层，标出每个家庭样本中父代收入和子代收入所处的阶层。其次，以父代收入为基准，计算出每一收入阶层的家庭中，子代处于各收入阶层的家庭所占的比重。最后，将每一个收入阶层的计算结果按矩阵形式排列，就可以得到代际收入转置矩阵。在计算代际收入转置矩阵之前，首先要将样本根据收入高低划分为不同的收入阶层，一般采用收入五等分法，即对样本收入由低到高进行排列，然后将父代样本和子代样本分别分为五个等分组。

在度量代际收入流动性的指标中，我们可以选取固化指数、加权平均移动率、惯性率、亚惯性率、卡方指数和 Shorrocks 矩阵迹指数六个指标来具体衡量。

（1）固化指数。固化指数反映的是各收入组收入位置的变动程度，其计算方法是矩阵中主对角线及其相邻单元的元素之和。理想的代际收入流动应当是子代收入不受父代收入影响，也就是矩阵中每个单元的概率为 0.2，对于 5 阶代际收入转置矩阵来说，理想的固化指数应为 0.2×13=2.6。因此，如果固化指数大于 2.6，则说明不同收入群体固化现象的存在，如果固化指数小于 2.6，则说明代际收入流动性较大，子代收入受父代收入的影响不大。

（2）加权平均移动率。加权平均移动率是对不同等级的流动赋予不同权重并进行加总，以移动的幅度为权重对移动概率进行加权平均，它可以反映总体的流动程度。它与代际收入流动性成正比，加权平均移动率越大，代际收入流动性越大。公式如下：

$$加权平均移动率 = \frac{1}{m}\sum_{i=1}^{m}\sum_{j=1}^{m}P_{ij}|i-j| \qquad (2.5)$$

式中，m 表示等级数；P_{ij} 表示父代处于第 i 收入组的家庭中，子代位于第 j 收入组的概率；$|i-j|$ 表示父代处于第 i 收入组的家庭中，子代跨越了 $|i-j|$ 个收入组。

（3）惯性率。惯性率也叫不流动率，主要反映的是收入位置维持原状的个体的比例，它度量了在初期和末期收入分组不变的个体所占的比例。计算方法为主对角线上的元素之和除以收入等级数。因此，惯性率与代际收入流动性呈负相关，惯性率越大，则整体的代际收入流动性越小。公式如下：

$$惯性率 = \frac{1}{m}\sum_{i=1}^{m}P_{ii} \qquad (2.6)$$

式中，m 表示等级数；P_{ii} 表示各收入组收入位置不变的个体所占的比例。

（4）亚惯性率。亚惯性率度量的是位置相对稳定的人所占的比重，即在矩阵中，与主对角线相邻的元素，收入位置维持不动或移动（向上或向下）一层的比例。亚惯性率与代际收入流动性呈负相关，亚惯性率越大，代际收入流动性越小。公式如下：

$$亚惯性率 = \frac{1}{m}\sum_{i=1}^{m}\sum_{j=i-1}^{i+1}P_{ij} \qquad (2.7)$$

式中，m 表示等级数；P_{ij} 表示父代处于第 i 收入组的家庭中，子代位于第 j 收入组的概率；$j=i-1$ 表示父代处于第 i 收入组，子代位于低于第 i 收入组一个等级的概率；$j=i+1$ 表示父代处于第 i 收入组，子代位于高于第 i 收入组一个等级的概率。

（5）卡方指数。卡方指数度量的是代际收入转置矩阵与充分流动指数的距离，假设社会中子代收入完全不受父代收入影响，则矩阵中每一元素的概率都为 0.2，即给定父代在 t 期的收入等级，子女在 $t+1$ 期处在每一等级的概率相同。代际收入转置矩阵与充分流动的矩阵距离越近，表示子代收入对父代收入的依赖程度越小，代际收入流动性越大。因此，χ^2 指数与代际收入流动性呈负相关，χ^2 越大，则表示代际收入转置矩阵与充分流动的矩阵距离越远，即子代的收入对父代收入的依赖程度越大，代际收入流动性越小。公式如下：

$$\chi^2 = \sum_{ij} \frac{\left(P_{ij} - 0.2\right)^2}{0.2} \qquad (2.8)$$

式中，P_{ij} 表示父代处于第 i 收入组的家庭中，子代位于第 j 收入组的概率。

（6）Shorrocks 矩阵迹指数。该指标由 Shorrocks（1978）提出，表示代际收入转置矩阵 P 的迹，即代际收入转置矩阵对角线上的元素之和。Shorrocks 矩阵迹指数与代际收入流动性呈正相关。该值越大，表示代际收入流动性越大，它与惯性率之和为 1。公式如下：

$$\text{Shorrocks矩阵迹指数} = \left[m - \text{trace}(P)\right] / m \qquad (2.9)$$

式中，m 表示等级数；trace（P）表示代际收入转置矩阵 P 的迹，即矩阵中主对角线元素之和。

二、模型构建

本书使用的是代际收入转置矩阵模型，具体的模型形式如下：

$$P_{ij} = \begin{bmatrix} p_{11} & p_{12} & p_{13} & p_{14} & p_{15} \\ p_{21} & p_{22} & p_{23} & p_{24} & p_{25} \\ p_{31} & p_{32} & p_{33} & p_{34} & p_{35} \\ p_{41} & p_{42} & p_{43} & p_{44} & p_{45} \\ p_{51} & p_{52} & p_{53} & p_{54} & p_{55} \end{bmatrix} \qquad (2.10)$$

式中，将收入五等分，采用分层法，矩阵 $P_{5 \times 5}$ 中的元素 p_{ij} 表示处于第 i 收入组的父代，其子女收入位于第 j 收入组的概率，每行数据之和都等于 1。

三、变量选取

数据库中包含个人收入及家庭总收入，为避免父代与子代在同一家庭的情况，本节选取个人收入来衡量。选取的变量为 2010 年、2012 年、2014 年子代的收入和父代的收入，分别对子代收入和父代收入进行排序，然后依据各自收入进行收入五等分，将收入分为 1～5 个收入等级，最低收入等级的个体为第一组，由低至高依次排序，则最高收入等级的个体为第五组。

在选取个体的收入变量时，我们将个人收入低于 720 元的部分剔除，剔除空白项和异常值后，得到子代收入和父代收入，随后将子代收入和父代收入分别五等分，为进行代际收入转置矩阵的实证分析提供数据。

四、描述性统计

表 2.9 为 2010 年、2012 年、2014 年的代际收入转置矩阵的描述性统计，我们分别对三年的子代收入和父代收入进行描述性统计分析，随后对收入进行五等分。

表 2.9 2010 年、2012 年、2014 年代际收入转置矩阵的描述性统计

年份	收入	均值（标准差）	极大值（极小值）	中位数	四分之一位数（四分之三位数）	偏度（峰度）
2010	子代收入	15 780.64（14 613.50）	150 000（720）	12 000	6 000（20 000）	2.65（12.33）
	父代收入	17 106.75（31 579.36）	800 000（800）	10 000	5 000（20 000）	16.85（402.01）
	子代收入五等分	2.88（1.44）	5（1）	3	2（4）	0.17（−1.32）
	父代收入五等分	2.98（1.41）	5（1）	3	2（4）	0.01（−1.30）
2012	子代收入	29 727.46（44 264.72）	533 120（1 000）	22 400	14 000（34 958）	9.66（109.23）
	父代收入	23 472.72（22 149.08）	164 880（1 000）	18 000	10 000（30 000）	2.88（12.76）
	子代收入五等分	3（1.42）	5（1）	3	2（4）	−10.11（−1.31）
	父代收入五等分	3.01（1.42）	5（1）	3	2（4）	−0.01（−1.31）
2014	子代收入	32 686.97（26 096.69）	301 000（1 000）	30 000	15 450（40 000）	2.83（18.23）
	父代收入	27 904.55（27 610.57）	400 000（720）	24 000	12 483（36 000）	6.57（78.14）
	子代收入五等分	2.97（1.43）	5（1）	3	2（4）	0.06（−1.34）
	父代收入五等分	2.84（1.36）	5（1）	3	2（4）	0.22（−1.12）

从 2010 年、2012 年、2014 年代际收入转置矩阵的描述性统计分析表中可以看出，总体上看，三个年份中子代收入均值最高的年份为 2014 年，其收入均值为 32 686.97 元，子代收入均值最低的年份为 2010 年，其收入均值为 15 780.64 元；父代收入均值最高的年份是 2014 年，其收入均值为 27 904.55 元，父代收入均值最低的年份为 2010 年，其收入均值为 17 106.75 元；三个年份中子代收入极大值最高的年份为 2012 年，其极大值为 533 120 元，子代收入极大值最低的年份为 2010

年，其极大值为 150 000 元；父代收入极大值最高的年份为 2010 年，其极大值为 800 000 元，父代收入极大值最低的年份为 2012 年，其极大值为 164 880 元；逐年来看，2010 年子代收入均值低于父代收入均值，2012 年子代收入均值高于父代收入均值，2014 年子代收入均值高于父代收入均值。

五、实证结果

表 2.10 为 2010 年代际收入转置矩阵表，矩阵中行为父代收入在五等分组中所处的位置，列为子代收入在五等分组中所处的位置，具体如表 2.10 所示。

表 2.10　2010 年代际收入转置矩阵表

收入分布		子代位置				
		1	2	3	4	5
父代位置	1	0.390	0.292	0.144	0.113	0.061
	2	0.230	0.310	0.187	0.118	0.155
	3	0.165	0.250	0.229	0.218	0.138
	4	0.153	0.204	0.133	0.219	0.291
	5	0.140	0.184	0.162	0.162	0.352

从 2010 年的代际收入转置矩阵表可以看出，处于第一分组（最低阶层收入组）的人群，其子女有 39.0% 的概率仍然处于第一分组，仅有 6.1% 的概率跃至第五分组（最高阶层收入组），有 29.2% 概率上升到第二分组，有 14.4% 的概率上升到第三分组，这说明处于最低阶层收入组的人群实际上并没有跳出贫穷阶层，有三分之一以上人群的子女仍然处于最低收入阶层，进入高收入阶层的概率较低；处于第五分组的人群，其子女有 35.2% 的概率仍然留在最高收入组，继承了父代的富裕阶层，但也有一部分人跌入了低收入阶层，其子女跌落至第一分组的概率为 14.0%；处于第二分组的人群中，其子女有 31.0% 的概率仍然处于第二分组，有 23.0% 的子女跌入第一分组，46.0% 的子女跃升到较高收入阶层，因此第二分组人群的整体代际收入流动趋势是向上的，即跃向较高收入阶层；处于第三分组的人群，其子女仍在第三收入阶层的概率为 22.9%，有 41.5% 的子女跌入较低收入阶层，35.6% 的子女升至较高收入阶层，其整体代际收入流动趋势是向下的；处于第四分组的人群中，其子女有 21.9% 的概率仍然处于第四分组，跃升至最高收入阶层的子女概率为 29.1%，但有 49.0% 的人群跌入较低收入阶层，代际收入流动的整体趋势是向下的。

从总体上看，可以发现在子代的最低收入阶层群体中，出身最低收入阶层人

群的子女所占比重最高,第五分组人群的子女有 35.2%的概率继承了父代的富裕
阶层地位;在代际收入转置矩阵中,多数主对角线元素的值较每一行其他元素的
值要大一些,说明处于该收入阶层的人群,其子女仍然处于该收入阶层的概率较
大,代际收入流动性较差。

表 2.11 为 2012 年代际收入转置矩阵表,矩阵中行为父代收入在五等分组中
所处的位置,列为子代收入在五等分组中所处的位置,具体如表 2.11 所示。

表 2.11 2012 年代际收入转置矩阵表

收入分布		子代位置				
		1	2	3	4	5
父代 位置	1	0.258	0.226	0.194	0.226	0.096
	2	0.226	0.258	0.129	0.194	0.193
	3	0.226	0.194	0.194	0.194	0.192
	4	0.161	0.194	0.290	0.194	0.161
	5	0.125	0.156	0.156	0.219	0.344

从 2012 年代际收入转置矩阵表来看,处于第一分组的人群,其子女仍然处于
最低收入阶层的概率为 25.8%,跃升至第五分组的概率只有 9.6%,提升到第二、
第三和第四分组的概率有 64.6%,说明大约有四分之一的最低收入阶层的人群,
其子女没有脱离贫穷的困境,仍旧处于最低收入阶层,而且他们向第五分组提升
的概率较低,说明部分群体进入更高的收入阶层存在着天花板效应;处于第五分
组的人群,其子女仍然处于第五分组的概率为 34.4%,跌入第一分组的概率为
12.5%,滑落到第二、第三和第四分组的概率一共有 53.1%,说明大约有超过三分
之一第五分组的人群,其子女仍旧处于第五分组,从最低收入阶层和最高收入阶
层的群体来看,最低收入阶层的群体想跨升至最高收入阶层的概率要小于最高收
入阶层的群体跌入最低收入阶层的概率,也就是说穷人想使其子代脱离贫困状况
较难;处于第二分组的人群,其子女仍然处于第二分组的概率为 25.8%,滑落到
第一分组的概率为 22.6%,跃升至较高收入阶层的概率为 51.6%,说明第二分组
人群的整体代际收入流动趋势是向上的,即跃向较高收入阶层;处于第三分组的
人群,其子女仍然处于第三分组的概率为 19.4%,跌入较低收入阶层的概率为
42.0%,跃升至较高收入阶层的概率为 38.6%,说明第三分组的人群整体代际收入
流动趋势向下;处于第四分组的人群,其子女仍然处于第四分组的概率为 19.4%,
有 16.1%的群体流向了较高收入阶层,有 64.5%的群体跌入了较低的收入阶层,
整体的代际收入流动趋势向下。

从总体来看,在子代的收入阶层中,其父代是最高收入阶层,子代位于最高

收入阶层的概率最高；在代际收入转置矩阵中，多数主对角线上元素的值仍然较每一行中其他值大一些，说明固化现象存在，代际收入流动性较差，但相比于 2010年，代际收入流动性增强，说明随着经济的发展，社会的稳定性不断提高，收入流动性在增强，机会的不平等概率越来越小。

表 2.12 为 2014 年代际收入转置矩阵表，矩阵中行为父代收入在五等分组中所处的位置，列为子代收入在五等分组中所处的位置，具体如表 2.12 所示。

表 2.12　2014 年代际收入转置矩阵表

收入分布		子代位置				
		1	2	3	4	5
父代位置	1	0.212	0.259	0.194	0.147	0.188
	2	0.237	0.256	0.159	0.184	0.164
	3	0.143	0.214	0.186	0.233	0.224
	4	0.220	0.244	0.179	0.203	0.154
	5	0.200	0.179	0.124	0.228	0.269

从 2014 年代际收入转置矩阵表来看，处于第一分组的人群，其子女仍然处于第一分组的概率为 21.2%，跃升至第五分组的概率为 18.8%，然而提高到第二、第三和第四分组的概率总和为 60.0%，可以说明有近 80%的子女提升到了较高的收入阶层，只有约五分之一的贫困人群仍旧处在最低收入阶层的位置；从最高收入阶层来看，处于第五分组的人群，其子女仍然处于第五分组的概率为 26.9%，跌入最低收入阶层的概率为 20.0%，滑落到第二、第三和第四分组的概率之和为 53.1%，说明有超过四分之一的第五分组人群的子女仍旧处于第五分组；处于第二分组的人群，其子女仍旧处于第二分组的概率为 25.6%，提升至较高收入阶层的概率为 50.7%，下降至第一分组的概率为 23.7%，整体的代际收入流动性趋势是向上的；处于第三分组的人群，其子女仍旧处于第三分组的概率为 18.6%，跃升至较高收入阶层的概率为 45.7%，滑落至较低收入阶层的概率为 35.7%，整体代际收入流动性趋势也是升高的；处于第四分组的人群，其子女仍然处于第四分组的概率为 20.3%，跃升至第五分组的概率为 15.4%，下降到较低收入阶层的概率为 64.3%，整体的代际收入流动性趋势是下降的。

从总体来看，父代处于最高收入阶层，其子代仍旧延续其最高收入阶层的概率最高，为 26.9%。这说明子承父业这一现象的存在；此外，在代际收入转置矩阵中，主对角线上的元素并没有与其他位置元素的概率相差太多，这说明代际收入流动性在增强。

我们对基于代际收入转置矩阵的各项流动性指标进行计算，做出如下分析，如表 2.13 所示。

表 2.13　基于代际收入转置矩阵的流动性指标表

年份	固化指数	加权平均移动率	惯性率	亚惯性率	卡方指数	Shorrocks 矩阵迹指数
2010	3.263	1.249	0.300	0.653	0.752	0.700
2012	2.885	1.410	0.249	0.577	0.335	0.751
2014	2.789	1.514	0.225	0.558	0.181	0.775

从基于代际收入转置矩阵的流动性指标来看，可得出以下结论。

（1）固化指数从 2010 年的 3.263 下降至 2014 年的 2.789，基于理想的固化指数 2.6 来说，三年的固化指数均大于 2.6，说明不同收入群体存在固化现象，2010 年的固化现象最为严重，其次为 2012 年，固化指数最低的为 2014 年，说明 2010～2014 年代际收入流动性逐渐增强。

（2）加权平均移动率由 2010 年的 1.249 上升至 2014 年的 1.514，加权平均移动率的上升反映出总体的代际收入流动性不断增强。

（3）惯性率由 2010 年的 0.300 下降至 2014 年的 0.225，惯性率逐渐下降，表示主对角线各元素概率之和减小，也就是代际收入流动性不断增强。

（4）亚惯性率从 2010 年的 0.653 下降到了 2014 年的 0.558，表示位置相对稳定的人所占的比重逐渐减小，也就是与对角线相邻的元素，其位置维持不变或变动一层的比例减小，即代际收入流动性增强。

（5）卡方指数由 2010 年的 0.752 下降到了 2014 年的 0.181，下降幅度较大，表示代际收入转置矩阵与完全流动下的代际收入转置矩阵的距离逐渐缩小，表明代际收入转置矩阵与完全流动下的代际收入转置矩阵越来越近，即代际收入流动性增强。

（6）Shorrocks 矩阵迹指数由 2010 年的 0.700 上升到了 2014 年的 0.775，表示代际收入转置矩阵主对角线上的元素之和增大，即 Shorrocks 矩阵迹指数上升，意味着代际收入流动性增强。

第五节　代际收入流动性国内外比较及启示

一、代际收入流动性的国内比较

根据以往学者对代际收入弹性的估计，我们将国内的研究代际收入弹性的方法和数据库进行整理和分析，得到的代际收入弹性如表 2.14 所示。

表 2.14　我国代际收入弹性一览表

作者	代际收入弹性	数据来源	估计方法
王海港（2005）	0.384（1988 年） 0.424（1995 年）	中国社会科学院经济研究所城乡居民收入分配课题组抽样调查数据	ols
姚先国和赵丽秋（2006）	0.7	CHNS 数据（1989～2000 年）	ols
郭丛斌和闵维方（2007）	0.32		二元逻辑回归
魏颖（2009）	0.54～0.65	CHNS 数据（1989～2004 年）	ols
方鸣和应瑞瑶（2010a）	0.57	CGSS 与 CHNS 数据	双样本两阶段最小二乘法
韩军辉（2010）	0.446	CHNS 数据（1989～2009 年）	工具变量法
陈琳（2011）	0.23～0.49	CHIP 数据	ols
李小胜（2011）	0.309（总体） 0.18（城镇） 0.25（农村） 0.32（东部） 0.27（中部） 0.26（西部）	CGSS 数据	ols
孙三百等（2012）	0.56	CGSS 数据	ols
周波和苏佳（2012）	0.385	CHNS 数据	ols
王美今和李仲达（2012）	0.830	CHNS 数据	工具变量法
何石军和黄桂田（2013b）	0.66（2000 年） 0.49（2004 年） 0.35（2006 年） 0.46（2009 年）	CNHS 数据（1989～2009 年）	ols
汪燕敏和金静（2013a）	0.46	CHNS 数据（1989～2009 年）	工具变量法
徐俊武和易祥瑞（2014）	0.559	CHNS 数据	ols
刘志龙（2014）	0.689	CHNS 数据	ols
龙翠红和王潇（2014）	0.6（总体） 0.8（城镇） 0.5（农村）	CHNS 数据	ols
邸玉娜（2014）	0.1218	CHARLS 数据	ols
刘志国和范亚静（2014）	0.476（总体） 0.322（城镇） 0.440（农村） 0.573（高收入组） 0.172（中等收入组） 0.437（低收入组）	CHARLS 数据（2008 年）	

续表

作者	代际收入弹性	数据来源	估计方法
刘建和和胡跃峰（2014）	0.355（2008 年） 0.350（2010 年） 0.245（2012 年）	CFPS 和中国家庭金融调查 （China household finance survey，CHFS）数据	条件代际传递模型
胡洪曙和亓寿伟（2014）	0.385～0.536	CHNS 数据	ols 和工具变量法
陈杰和苏群（2015）	0.57	CHNS 数据	ols 和工具变量法
丁亭亭等（2016）	0.483	CHIP 数据（1988 年、1995 年、2002 年和 2007 年）	Jorgenson-Fraumeni 未来 终生收入法
陈琳（2016）	0.8（1990～1995 年） 0.4（1998～2002 年）	CHIP（1995 年和 2002 年）	IGE 估计
陈胜男和陈云（2016）	0.583～0.674	CHNS 数据（2000 年、2004 年、2009 年和 2011 年）	ols 和工具变量法

　　与已有学者的研究结论相比，本项研究所计算的代际收入弹性系数较小，这可能是由于数据的限制，本项研究所使用的数据为单年的横截面数据，而个体的单年收入无法准确代表其一生收入，因此引起代际收入弹性系数的低估。

　　不同研究者使用不同的数据库和研究方法，得出的代际收入弹性都不同，且差异较大。我们总结原因有以下几点：一是数据库的样本并不针对特定的代际收入流动性问题研究，所以存在样本量少和估计有偏性等问题；二是研究代际收入流动问题需要对上一代与下一代的收入进行样本匹配，而在匹配过程中可能会出现信息量少导致大量样本被剔除的情况，因此我们得出的样本量是较少的，不具有代表性；三是对代际收入弹性的估算方法在不断创新与完善，因此我们需要研究前人所提出的估算方法，并对此进行总结和改进，使代际收入弹性的估算值更为精确，进而更好地用该指标来分析我国的代际收入流动性的问题。

二、代际收入流动性的国际比较

　　为对我国的代际收入流动性的问题进行更加深入的研究，我们不仅要比较国内各学者研究的代际收入弹性估算值，还要进一步对国际上各国的代际收入弹性进行比较分析，表 2.15 为各学者研究的国际上主要发达国家的代际收入弹性。

表 2.15　主要发达国家代际收入弹性一览表

国家	作者	数据来源	代际收入弹性	基尼系数（2007 年）
日本	Ueda（2009）		0.40	0.249
瑞典	Björklund 和 Chadwick（2003）	1965～1980 年的瑞典 人口普查数据	0.24	0.250

续表

国家	作者	数据来源	代际收入弹性	基尼系数（2007年）
挪威	Nilsen 等（2008）	税收管理数据	0.25	0.258
芬兰	Osterbacka（2001）	1970～1995年的芬兰人口普查数据	0.20	0.269
德国	Vogel（2006）	德国社会经济面板（German socio-economic panel, GSOEP）数据	0.24	0.283
加拿大	Corak 和 Heisz（1999）	税收管理数据	0.23	0.326
法国	Lefranc 和 Trannoy（2005）	FQP（French education training employment, 法国教育培训就业）数据	0.32	0.327
澳大利亚	Björklund 和 Jantti（1997）	澳大利亚家庭收入和劳动力动态调查数据	0.24	0.352
英国	Dearden 等（1997）；Nicoletti 和 Ermisch（2008）	NCDS（national child development study, 国家儿童发育研究）数据	0.37	0.360
意大利	Piraino（2007）	SHIW（survey of household income and wealth, 家庭收入与财富调查）数据	0.33	0.360
美国	Solon（1992）	NLSY（national longitudinal survey of youth, 国家青年纵向调查）数据	0.41	0.408

表 2.15 为各学者研究的历年主要发达国家的代际收入弹性，表中还列出了2007 年主要发达国家的基尼系数，基尼系数是判断一个国家收入分配公平程度的指标，基尼系数的警戒线为 0.4，基尼系数大于 0.4 的国家收入分配差距较大，基尼系数小于 0.4 的国家收入相对平等，从表中我们可以看出，大部分发达国家基尼系数都小于 0.4（美国除外），也就是说，主要发达国家收入分配差距相对合理，收入差距较小；从各主要发达国家的代际收入弹性来看，基尼系数越小的国家，其代际收入弹性越小，随着基尼系数的增大，也就是收入差距的扩大，代际收入弹性也随之增大，即代际收入流动性越弱。从图 2.1 中可以更直观地看到，基尼系数与代际收入弹性呈正相关，基尼系数越大，代际收入弹性越大，即收入差距越大，代际收入流动性越弱。

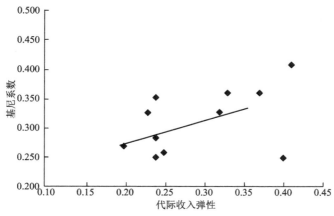

图 2.1　主要发达国家代际收入弹性与基尼系数趋势图

　　然而，我们发现作为主要发达国家之一的美国，其代际收入弹性较大，代际收入流动性较西欧的大部分发达国家（如英国、法国等）要低，而西欧一些国家的代际收入流动性要低于社会福利水平较高的北欧国家（如芬兰等），因此我们认为代际收入流动性与经济发展水平并不是简单的相关关系，这可能与各个国家的不同发展历史与文化、不同体制的经济制度与劳动力市场相关。

　　随后我们将主要发达国家与主要发展中国家的代际收入弹性进行对比研究。表 2.16 为各学者研究的国际上部分发展中国家代际收入弹性估算值。

表 2.16　部分发展中国家代际收入弹性一览表

国家	作者	数据来源	代际收入弹性	基尼系数（2007 年）
巴基斯坦	Grawe（2006）		0.24	0.306
尼泊尔	Grawe（2006）		0.32	0.472
马来西亚	Lillard 和 Kilburn（1995）	马来西亚家庭生活调查数据	0.26	0492
秘鲁	Grawe（2006）		0.67	0520
厄瓜多尔	Grawe（2006）		1.13	0.536
智利	Núñez 和 Miranda（2011）		0.57~0.74	0.549
巴西	Dunn（2007）	全国住户抽样调查数据	0.53	0.570
南非	Hertz（2001）	两项南非调查中共同生活的父代与子代数据	0.44	0.578

　　表 2.16 中列出了部分发展中国家的代际收入弹性与基尼系数的大小，总体来看，基尼系数越大的发展中国家，其代际收入弹性越大，这与主要发达国家的结

论相同。从图 2.2 中可以更清晰地看到，收入差距越大的国家，代际收入流动性越小。相比发达国家而言，发展中国家的代际收入弹性更大，代际收入流动性更小，尽管我们找到的发展中国家的代际收入弹性较少，但它们也具有一定的代表性。

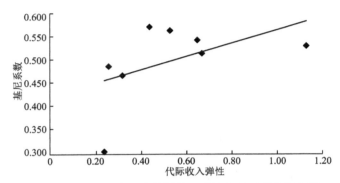

图 2.2　部分发展中国家代际收入弹性与基尼系数趋势图

造成发展中国家与发达国家代际收入流动性差距的原因，从宏观层面来说，收入分配体制、社会制度环境、人均 GDP 水平、工业技术和科学技术、社会福利、劳动力市场结构与经济发展水平等都对代际收入流动性具有重要影响；从微观层面来说，人力资本的传递、先天禀赋和后天成长环境的差异、社会资本和财富资本的传递等因素影响着代际收入流动性的大小。

因此，代际收入流动性与一个国家的经济发展水平的高低、社会环境的好坏及社会福利的完善程度有密切的联系。提高代际收入流动性，从一定意义上说，可促进经济发展、社会参与和机会均等。

三、代际收入流动性对我国的启示

通过比较国内外学者研究的代际收入弹性，并对代际收入流动性的国际经验进行分析，我们可以得出对我国如下几个方面的启示。

（1）从国内各学者对代际收入弹性的分析来看，近年来代际收入弹性的估算值并没有一个稳定的发展趋势，虽然代际收入流动性的话题被更多的学者广泛关注，但目前研究的共性是大部分学者都依赖于一些单一的数据库，因此对代际收入流动趋势的估计产生了很多的分歧，部分原因是样本量较少导致结果的不准确。因此从国内的研究来看，在现有的条件下挖掘一些更有研究价值的数据是我们目前应该关注的问题。

（2）从国际各学者对代际收入弹性的研究来看，从最早 Becker 和 Tomes（1979）提出的理论模型到近年来各学者的研究，我们可以发现国外研究数据的不同发展阶段及其所采用的校正偏误方法都在进一步完善和发展,从理论的适用性、数据结构的比较、分析方法的完善、经验证据的解读,无论是单一的横截面数据还是纵向的面板数据,都可以为以后的研究提供良好的借鉴。

（3）通过对国内外基尼系数与代际收入弹性的比较,我们可以发现收入差距较大的国家代际收入弹性较大,因此改善我国的收入分配关系,首要的不是急于缩小收入差距,而是应提高代际收入流动性,促进社会收入分配公平。因此,提高我国代际收入流动性有助于实现收入分配与经济增长的统一及社会公平与经济效率的统一。

第六节　小　　结

通过对收入差距和代际收入流动性的实证分析,本章得出如下结论。

（1）从整体上来看,我国总体的代际收入弹性呈现出逐年缩小趋势,由 2010 年的 0.309 下降到 2014 年的 0.109,说明我国整体的代际收入流动性逐渐增强,这对社会的收入分配公平与经济增长具有促进作用。

（2）从城乡二元分割体来看,2010 年城镇的代际收入弹性为 0.292,大于农村的代际收入弹性 0.268,2014 年城镇的代际收入弹性为 0.144,大于农村的代际收入弹性 0.047,但 2014 年农村的代际收入弹性不显著,说明农村的代际收入流动性要高于城镇。一方面可能是农村居民的经济条件弱导致其对人力资本投资方面的匮乏,另一方面可能是劳动力市场的不健全导致农村居民的工作机会低,因此应加大对农村居民福利保障的投入力度,健全和完善劳动力市场制度,为农村居民增加工作机会,促进社会参与和机会均等。

（3）从不同地区来看,2010 年我国西部地区的代际收入弹性最大,为 0.272,其次是东部地区,代际收入弹性为 0.246,代际收入弹性最小的是中部地区,为 0.192,2014 年只有中部地区代际收入弹性显著,且弹性系数数值最大,为 0.166,说明中部地区的代际收入流动性最小。因此,政府应加大对西部地区经济投入的同时,还应不断提高中部地区的创新水平,创造更多的就业机会,促进中部地区和西部地区人力资本大力发展,从而促进中部地区和西部地区经济快速发展。

（4）从性别上来看,2010 年我国男性的代际收入弹性为 0.349,大于女性的代际收入弹性 0.223。2014 年男性代际收入弹性为 0.153,大于女性代际收入弹性 0.016,但女性的代际收入弹性不显著,说明女性的代际收入流动性要比男性强,也就是说父代传承给儿子的收入要明显多于女儿,这可能是我国封建传统的重男轻女思想所导致的。因此在劳动力市场上,应消除性别歧视观念,使女性拥有更多的劳动参与机会,促进女性收入的提高和职业水平的发展。

（5）从不同收入分组来看，将收入分为低、中、高三个层次的收入分组时，2010 年中等收入组的代际收入弹性最高，为 0.539，其次是低收入组，代际收入弹性为 0.339，最低的为高收入组，代际收入弹性为 0.299。2014 年只有中等收入组的代际收入弹性显著，为 0.916。这说明处于高收入组的人们代际收入流动性最强，其次是处于低收入组的人群，代际收入流动性最弱的是处于中等收入组的人群，也就是说中等收入群体代际收入固化现象严重，这对我国的收入分配公平具有促进作用，高收入组和低收入组的流动性增强会带来收入阶层的流动，促进社会公平与财富流动，因此我们应加强高收入组和低收入组的代际收入流动性，使贫困的人有更多发展的机会和空间，使富有的人有更多的发展方向，谋求更好的机遇和挑战。

（6）从各年的代际收入转置矩阵及基于代际收入转置矩阵的各项流动性指标来看，我国的代际收入存在较为明显的固化现象，各年的代际收入转置矩阵中多数主对角线元素相较每一行元素偏大，且每一年的固化指数都大于 2.6，但 2010～2014 年的固化现象有明显缓解，代际收入流动性呈现逐年上升趋势，这说明政府采取的措施对提高代际收入流动性具有明显改善作用。因此政府应更加重视代际收入流动性的提高，通过提高人力资本水平、促进教育与创新、完善劳动力市场制度等一系列措施来促进收入分配的公平、就业机会的均等、社会和谐的稳定及发展。

第三章 收入差距的代际传递机制

第一节 相关文献综述

一、人力资本因素

从人力资本角度研究代际收入流动性的经济学家以 Becker 和 Tomes（1979）为代表，他们认为子女的收入水平会随着父母对子女的人力资本投资的增加而有所提升，这可以用来进一步研究代际收入传递。Becker 和 Mulligan（1997）还强调，子女能够接收到来自父母的人力资本，即父母的人力资本状况很容易影响代际收入流动性，父代之间具有不同的人力资本，彼此间收入水平存在差异。因此，无论是子代的人力资本投资程度还是收入等级都会出现很大的差异，而且由于父母的个性等情况都存在一定的区别，每个子女都生活在不同的家庭，无论是受到基因还是后天培训的影响，父母的人力资本都会传递给自己的下一代。所以，子女的收入水平很容易受到父代人力资本因素的影响。Becker 等（1979）学者经过研究分析，构建了代际转移的基本理论框架，此后更多的学者开始将人力资本运用到研究代际收入流动的过程中。国内学者陈琳（2011）、孙三百等（2012）在实践过程中发现中国在进行代际收入流动研究时，人力资本的影响至关重要。王宇（2016）还选择了可持续的收入代际传递机制分解方法对城镇代际收入传递机制进行分析，发现代际收入传递的重要因素包括人力资本。

（一）教育因素对代际收入流动性的影响

在人力资本的各个方面中，教育因素被国内外学者证实为相对重要的因素。Eide 和 Showalter（1999）利用分位数回归法对代际收入流动进行分析，观察到教育因素起到的作用至关重要。Restuccia 和 Urrutia（2004）、Dustmann 和 van Soest（2004）、Pekkarinen 等（2006）等对发达国家的代际收入流动性进行了研究，而且十分看重教育因素。对发展中国家而言，教育水平也可以推动代际收入的流动。谢勇（2006）认为如今受教育程度是中国代际收入流动与收入差距之间潜藏的最关键因素。郭丛斌和闵维方（2009）从教育学的角度分析了中国构建科学的代际收入流动机制产生的巨大影响。

近年来，对代际收入流动的研究引起学者们更多的关注。徐俊武和张月（2015）

设计出了有关人力资本配置和代际收入流动性的动态一般均衡模型,对收入差距、代际收入流动性还有产出之间的关系进行了分析,观察到经济水平越高,收入差距越小,越会增强代际收入流动性,而且教育在这一阶段起到很大的作用,受教育的人越来越多,收入差距会逐渐缩小,代际收入流动性也会提升。卢盛峰和潘星宇(2016)在评估居民受教育水平时参考了学校布局区位,认为同非学校布局区位相比,生活在学校布局区位的居民受教育水平更高,同时学校布局地区家庭的代际收入流动性也更强。杨娟和张绘(2015)分析了各个收入组的代际收入流动性布局和发展状况,提出收入差距还有代际收入流动性很容易受到义务教育水平的影响;和低收入组相比,高收入组代际收入流动性要低一点,高收入组的子女可以凭借父代的优势继续获得较高的收入。亓寿伟(2016)专门研究了教育对代际收入传递的影响,研究发现接受高等教育者不太容易受到父代收入的影响,代际收入更容易流动。

另外,在对教育影响代际收入流动性的研究过程中,学者们发现子代的受教育程度和父代的受教育程度都对代际收入流动有显著影响。

1. 子代的受教育程度

Blanden 等(2007)把非认知能力及认知能力等作为中间变量进行有关的研究,最终得知,在说明父代收入与子代收入关系时,受教育程度起到超过30%的作用。魏颖(2009)对子代受教育年限进行了控制,从城镇父代与子代角度出发,发现受教育程度对低收入群体具有更大的作用。

还有一些学者对父代的收入与子代受教育程度之间的关系进行了测算。汪燕敏和金静(2013b)经过研究分析,最终发现父亲收入和子代受教育年限两者之间有关的系数大小是 0.47。对代际收入而言,教育传递的贡献率达到了 0.081,与其他一些途径创造的效果相比,此数据明显较大。刘志国和范亚静(2014)对国内养老及健康方面的数据资料进行了分析,观察到受教育程度对中下收入水平的子女而言,能够推动他们的代际传递,而对收入水平比较高的家庭而言,优势更为明显。陈杰等(2016)进一步分析了代际收入弹性系数,提出农村代际收入很难持续性地流动,子代收入很容易受到父代收入的影响,不过如果相应地增加子代受教育年限等方面的人力资本投资,可以促进农村居民代际收入的流通。

从城乡差异角度看,严斌剑和王琪瑶(2014)按照城乡的不同,从整体收入出发进行了研究,发现子女的收入与自身受教育程度之间的关系显著,且受教育程度的影响力不断提高。城镇子女受教育水平越高,其收入就会越高,城镇子女收入不会出现太大的差距,但对农村子女而言却存在较大差异,1995 年农村子女收入出现下降的趋势,而后受教育水平的影响力越来越大,农村子女的收入也开始变得稳定。周兴和张鹏(2014)对国内城乡家庭进行了研究,分析了影响代际收入流动的主要因素，在各个要素当中，最为关键的就是受教育程度，但是由于刚刚步入就业生涯，很多应届毕业生的学历并不高，大多数是高中，部分接受的是大学教育，他们与具有一定工作经验的人群相比，工作经验十分缺乏，开始的工资并没有同龄人高，从这方面讲，受教育程度并没有对代际收入向上流动起到太大的作用。然而随着工作经验的积累，工作年限的不断延长，代际收入流动受到教育因素的影响不断增强。徐舒和李江（2015）在研究过程中，选择通过分位数回归的方式进行分析，提出子代获得收入的一种重要途径即为教育，同时政府需要制定相关的政策及补助措施用于支持低收入家庭子女的教育，缓解低收入家庭的贫困状态，帮助促进低收入家庭代际收入的流动，合理分配社会资源。

徐俊武和张月（2015）在研究中观察到，对代际收入流动贡献最大的是大学教育，最小的是高中教育，初中排在第二位。林莞娟和张戈（2015）研究时发现，底层劳动者最容易受到基础教育的影响，如果投入大量的资金用于基础教育，能够推动代际收入的流动，稳定社会秩序。王学龙和袁易明（2015）认为教育的影响至关重要，对职业阶层而言，教育公平是最不容忽视的，教育不公平很容易影响代际收入的流动性，而且会对不同年龄群组产生不同的影响，很容易降低特别是 20 世纪 70 年代出生人群的代际收入流动性。

2. 父代的受教育程度

Becker 等（1990）、Galor 和 Tsiddon（1997b）将研究视角逐渐转移到家庭，特别是父母的人力资本是如何影响子女人力资本的。林南和边燕杰（2002）提出在基础性回归方程中添加父代的受教育年限和教育质量等变量，受教育程度能够反映出大量的代际收入之间的联系。郭丛斌和闵维方（2007）提出受教育程度对代际收入流动而言起到了至关重要的作用，构建二元 LR（logistic regression，逻辑回归）模型，将包括父代收入和父代的受教育程度在内的家庭背景因素作为解释变量，发现随着子代受教育年限的不断增加，子代进入最高收入组的可能性也会有所提升，同时也证明了子代教育对代际收入流动的影响程度会因城乡差异而有所区别。胥艳花（2016）研究时提出父代人力资本的状况会影响子代的收入水平，父代受教育程度越高，越重视子代的人力资本投资，继而会提高子代的收入水平。杨亚平和施正政（2016）参考 2010 年 CFPS 的父代与子代收入匹配后的样本资料，认为父亲永久收入的工具变量主要包括父亲受教育年限和职业等级等诸多要素，研究了父代收入和人力资本对代际收入传递的重要影响。赵白歌（2017）提出，父代收入对子代收入的影响更多地表现为直接影响，即父代收入直接决定子代收入，而教育因素对代际收入流动的影响相对较小。然而相比农村而言，城镇居民的代际收入流动受教育的影响程度大得多，父代收入最容易影响对女儿的人力资本投资，而父代收入更容易让儿子直接继承获得。

（二）健康因素对代际收入流动性的影响

健康因素在近几年也成为研究人力资本对代际收入流动性影响的一个重要方面。姚先国和赵丽秋（2006）计算了影响中国代际收入流动性的因素，如教育、健康和职业的贡献。李勇辉和李小琴（2016）认为人力资本投资不仅会提升迁移群体的代际收入流动性，也会提升未迁移群体的代际收入流动性，对未迁移群体的子代收入起到积极作用的是性别、家庭人口数量、健康状况、城乡差距及父亲政治面貌等相关因素。

（三）其他人力资本因素对代际收入流动性的影响

人力资本因素对代际收入流动性的影响还表现在其他方面。Björklund 等（2007）研究发现由于遗传因素，父代的受教育水平会直接影响子代的受教育水平，也会给代际收入流动带来很大的影响。Björklund 和 Jäntti（1997）提出需要将遗传因素纳入代际收入流动的考量范畴，他们认为代际收入流动性既受到出生前遗传因素的影响，又会受到后天教育培训的影响，但是对亲生父代与子代而言，基因因素起到更明显的作用，养父母的子女更容易受到后天教育培训的影响。

陈杰（2015）以代际收入传递机制及子代收入受到父代收入的影响为基础，进行了深入的研究，发现最容易影响代际收入流动的因素在于职业等一些社会资本投资，在农村代际收入流动过程中，子代教育等人力资本投资低于职业等社会投资。而教育投资表现出性别差异，给女儿带来的影响要比儿子更高；分地区来看，东、中部地区带来的教育效益要比西部地区更高。蒋兴凡（2016）利用分位数回归方法划分了 1988 年、1995 年、2002 年、2007 年和 2012 年城镇居民的收入水平，那些处于高分段的收入家庭中，孩子的性别最容易影响代际收入传递程度。Chadwick 和 Solon（2002）研究了 1968 年出生的子代及 1992 年父亲与子代都有收入的样本资料。计算出父亲收入与儿子收入的回归系数是 0.5，而同一家庭样本中女儿的回归系数是 0.429，认为父亲收入更容易影响儿子的收入。吕之望和李翔（2017）认为收入代际传递具有性别差异，尽管收入传递大多受到职业类型和教育程度的影响，但是女儿的收入水平更容易受到父亲收入的影响，而儿子的收入水平更容易受到父亲人力资本水平的影响。

二、社会资本因素

Atkinson（1983）认为社会资本是代际收入传递的主要途径。边燕杰（2004）的研究发现如果相应地提升一个标准分的社会资本，就会增加 8%的个人收入及15%的家庭收入。由于经济地位决定了社会地位，要想确保自己家庭的社会地位，积累更多的财富，父代会把几乎所有的社会资本直接传递给子代。Mare（2011）提出父代会通过自身受教育程度及自身职业的优势，来增加子代的人力资本，让子代不断累积财富。

（一）总体社会资本对代际收入流动性的影响

国内学者对社会资本因素的重要性进行了较多研究。姚先国和赵丽秋（2006）选择模型对各个路径的贡献率进行推算，观察到贡献率最大的是社会资本，并且最常被运用到代际传递中。国外学者也提出了类似研究结论，Anderberg 和Andersson（2007）提出家庭社会资本很容易影响子代的职业类型，如果父代社会资本较多，子代职业地位也会提升，收入水平也会较高。金久仁（2009）研究发现，父母的社会资本很容易影响子女受教育的学校水平、层次及专业等各方面的内容。方鸣和应瑞瑶（2010a）首先估算了城乡居民代际收入流动性，提出我国最常通过两代人之间的职业及教育水平来推动居民代际收入的传递。陈琳和袁志刚（2012）全方位研究了我国代际收入流动的内在传递机制，针对人力资本、财富资本及社会资本给代际收入传递带来的贡献进行计算，调查结果显示人力资本、财富资本及社会资本为中国代际收入传递提供了超过60%的贡献率。

一些学者对社会资本与子代收入之间的相关系数进行了测算。孙三百等（2012）分析了我国家庭文化资本和社会资本及教育资本对子代收入的影响，家庭文化资本与子代收入之间的相关系数大小是 0.42，社会资本与子代收入之间的相关系数大小是 0.44，教育资本和子代收入之间的相关系数大小是 0.58。何勤英等（2017）把父亲职业类型的边际效应系数用来评估父代的人力资本和社会资本对子代收入级别的影响，检验不同收入群体中父代的人力资本和社会资本给子代收入级别带来影响的区别，调查结果发现，子代处于不同的收入级别，虽然父代人力资本相同，资本回报却不同，父代社会资本带来的机会也有所区别，父代的人力资本和社会资本这两种要素正逐渐显著影响着代际收入差距。

Chetty 等（2014）对美国各地区的代际收入流动性进行了对比，提出那些流动性高的地区收入更加公平，这些地区的子女不仅受到的基础教育更加优秀，家庭背景比较富裕，而且社会资本足够多。方静（2016）提出财富继承、教育因素和就业因素是最容易影响代际收入传递的因素，就业因素代表的是父代的社会资本。吕炜等（2016）提出社会经济条件、人力资本、先天优势及后天培育的区别共同决定了代际收入流动的生成机制。王会娟（2016）提出父母收入在影响子女收入时，更多的是从社会资本、父母性格、家庭文化及人力资本等四个层面来发挥作用。陈琳和沈馨（2016）认为父代给予子代的教育对代际收入流动有促进作用。杨新铭和邓曲恒（2016）对 Blanden 等（2007）提出的代际收入弹性分解方法进行了更深入的研究，文中研究父代收入对子代收入的传播渠道时，参考了2008 年天津市城镇住户的数据资料，认为父代收入会通过影响子代的行业及职业种类来影响子代收入。曹皎皎（2017）认为城乡之间的代际收入流动有所区别，调查发现父代的人力资本及社会资本等都会增加子代的收入，和城镇相比，农村的社会资本回报率更高。吕之望和李翔（2017）提出社会资本更多地影响女儿的收入水平。

赵丹（2017）研究了1989～2011年CHNS调查数据，将样本数据按照代际收入不平等测度指标划分成四组，包括变异组、温和组、缩小组和放大组，社会资本和人力资本最容易影响各组的代际收入不平等传递，比起人力资本的差异，父代社会资本差异起到的作用更大，放大组要比缩小组更有影响力。何勤英等（2017）在评估父代社会资本对子代收入水平的影响时参考了父亲职业类型的边际效应系数，研究不同收入群体父代的人力资本和社会资本对子代收入地位变化的影响，因为收入地位的差异，不仅人力资本回报不同，社会资本在相同机会前提下，其回报也不同，这两个因素正不断影响代际收入差距。

（二）父代政治身份对代际收入流动性的影响

Liu（2003）认为个人政治身份与其自身收入之间呈正相关关系。从代际收入流动性研究角度出发，杨瑞龙等（2010）基于2005年的CGSS数据，对父代的党员身份进行了研究，观察到父代党员身份很容易影响子女收入。他们提出政治身份是个人能力水平的体现。何石军和黄桂田（2013a）认为劳动力市场会出现行政权效应，特别是在家庭代际传递过程中，这会造成市场不协调，不利于代际收入的流通，因此必须对其进行合理约束。

（三）父代职业类型对代际收入流动性的影响

陆学艺（2004）提出环境惯性最强的阶层为优势阶层和中下阶层，如技术人员、社会管理者等，这部分从业者有典型代际继承性的特点。Gong等（2012）对收入在代际收入流动性的渠道进行了研究，研究表明我国城镇居民父代职业类型通常很容易影响子代。李力行和周广肃（2014）采用实证研究的方法展开相关研究，提出学历层次和政治地位较高的父代能够为子代提供更多的社会资本，使得子代职业等级和地位与父代呈趋同现象，且这一现象在近20年来逐渐凸显。

除职业地位之外，职业和行业类型也影响代际收入流动性。严斌剑和王琪瑶（2014）通过统计1998～2007年的数据分析调查样本，比较父代与子代在从事行业和收入等方面的异同，最终得出结论，代际收入弹性系数最小的是父亲从事第三产业的样本，而弹性最大的则是父代在第二产业的样本。另外，由于我国受传统文化及观念的影响，"子承父业"现象十分普遍，很多家庭都是子代从事父代职业，在这种背景下，父代职业也会直接影响子代收入水平。周兴和张鹏（2014）提出城镇家庭子女职业有着明显向父代职业回归的倾向，不仅如此，家庭成员的社会关系和社会地位也会在子女职业生涯的中后期起到积极的作用。王磊（2016）主要研究了体制内父代与子代的代际收入关系，经过分析与研究得出结论，当子女职业与父代职业类型相同，或者处在同类型单位时，子女在职场中的机会更多，并将这种现象称为"代际再生产"。

（四）父代社会关系网络对代际收入流动性的影响

Anderberg 和 Andersson（2007）经过数据对比发现，大部分收入较高的父代会将居住范围确定在高收入者集中的社区，这是因为具有高收入的父代在社会关系中所接触和交往的也是以高收入个体为主的群体，这样的环境和背景会影响父代高收入群体在居住范围上的选择，不仅如此，如果父代为高收入群体，那么今后其子女也会受到积极的直接影响，但如果父代收入较低，那么其社会关系网络也以低收入个体为主，而子代未来的收入水平也偏低。何石军和黄桂田（2013b）提出父代社会关系网络更容易传递给子代，并且广泛的社会关系网络对子代的收入具有正向影响，但是父代的社会关系及社会地位对子代中女儿的影响微乎其微。

（五）家庭背景对代际收入流动性的影响

Peters（1992）认为家庭背景可以直接影响代际收入流动性，将家庭背景引入代际收入流动模型之后，模型具有良好的回归拟合优度。郭丛斌和闵维方（2009）通过研究提出共有四个测量变量影响家庭背景，第一个变量为父代政治面貌，第二个变量为父代所在行业，第三个变量为父代收入，第四个变量为父代职业。另外，从不同维度看，子代的社会地位可用职业、收入、政治面貌及所在行业这四个指标来衡量，经过数据分析发现家庭背景对子代社会地位有着直接的影响。胡永远（2011）提出父代收入主要依靠三个渠道影响子代收入，除了父母个性特征和对子代人力资本投资之外，还有家庭文化资本。

（六）户籍对代际收入流动性的影响

陈钊等（2009）提出对劳动者而言，能够使他们进入高收入行业的主要影响因素是户籍、社会地位及政治面貌等。黄林峰（2013）进一步将城镇收入流动与农村收入流动之间的差异进行对比，结果显示城镇与农村之间产生的代际收入差距呈现明显的阶层固化状态。

近年来，一些学者对代际收入流动性中的城乡差异进行了研究。杨穗和李实（2016）通过实证检验法，分别挑选了 1995 年、2002 年、2007 年、2009 年及 2013 年这五个年份的样本，研究家庭收入、人口结构和省份特征等因素对收入流动的影响，研究结果表明个体所拥有的户籍对收入流动具有影响。孙涛（2016）针对农村不同收入群体展开相关研究与分析，深入研究不同收入群体的代际收入流动性并找出其中存在的差异性，最终得出结论，农村的父代职业类型及文化程度会直接影响子代的收入。蒋兴凡（2016）将城镇居民的收入水平进行分层，通过研究发现高分位点上的父代政治面貌和学历对子代收入影响更为直接和深远。刘欢（2017）认为不仅家庭经济情况、父母健康情况及受教育水平和社会网络等因素会影响子代收入，户口迁移也会在无形中影响子代收入，并且逐渐呈正向显著的趋势，在此基础上还提出，影响代际收入传递的重要因素是户口迁移因素及各因素与户口迁移的交互项，包括教育、健康及社会网络等。

三、其他因素

（一）家庭财富对代际收入流动的影响

陈琳和袁志刚（2012）证明人力资本、社会资本和家庭财富可以解释中国代际收入传递的60%以上。陈敏（2015）提出如果市场环境不够完善，那么家庭条件会严重制约父代对子代的人力资本投资，但如果在此期间，家庭财富呈增加趋势，那么父母就会增加对子女的人力资本投资，继而会影响子代收入水平，与此同时，如果家庭财富始终呈上升趋势，那么父母会希望子女减少劳动时间，继而产生子代收入降低的结果，所以从这一角度来看，生活在家庭比较富裕的子女会得到家庭较多的人力资本投资，使他们以更有效率的方式增加自身收入。方静（2016）认为能够对代际收入传递产生影响的主要因素有三个，包括就业、财富继承及受教育程度因素。隆兴荣（2016）运用回归分析法分别考察了影响子代收入的主要因素，包括人力资本投资、家庭财富分解变量和家庭总财富变量，经过分析与验证，上述影响因素与子代收入呈明显的正相关关系。

郭汝元（2016）主要针对中老年家庭展开调查和相关研究，通过研究与分析，描述了当前社会家庭养老的现状及问题，并尝试从中挖掘这部分家庭父代与子女间的财富交流动机，探索子女、父母特征变量及其与物品、经济交流之间的密切关系，继而得出可以影响中老年父母代际财富转移的因素，找出之间的关联度和影响程度。袁磊（2016）提出环境惯性、财富转移及人力资本投资是代际收入的三条传递路径，在这三条路径中，人力资本投资又包括公共教育支出和家庭人力资本投资这两方面，而环境惯性则又包括权利、职业、人脉等方面。隆兴荣（2016）还针对各类家庭财务对子代收入的影响进行了研究。彭蕊（2016）从不同角度分析了城乡代际收入传递路径，经过实证分析发现，影响城乡代际收入传递路径的主要因素是家庭财富资本，家庭财富资本的影响大于其他因素，其他影响因素按照影响大小依次为人力资本、家庭规模及社会资本因素。

刘建和等（2016）对代际收入弹性进行测算，主要借助的调查数据是 CHIP

和 CGSS，通过相关测算与分析，结果显示，家庭房地产作为家庭财富会影响代际收入传递，同时还指出了社会资本、金融资产及人力资本这三个影响因素对代际收入流动影响程度的差异性。徐佳和谭娅（2016）、魏先华等（2014）主要从家庭金融资产配置展开相关研究与论证。

Wolff（2016）从 1962 年开始调查取样，分析了近现代美国家庭财富变化，最终数据样本的研究结果显示，中产阶级在经历经济危机以后，家庭财富出现显著变化。刘盼盼（2016）经过研究得出，子代收入主要受到父母三个方面的影响，包括遗产、社会地位和父代收入水平。谢绵陛（2017）认为工作年龄家庭和退休年龄家庭在家庭财富上存在明显差异，家庭成员的学历因素是所有影响因素中对代际收入流动性影响最为显著的，对两类家庭都呈现正向影响，家庭财富有利于年轻家庭购房，对代际收入流动性的影响显著。

（二）家庭规模对代际收入流动的影响

Nguyen 和 Getinet（2003）主要通过 LR 模型考察代际收入流动性问题，分别从职业维度和教育维度进行考察，研究结果显示家庭规模会影响子女的受教育程度和职业状况，且当家庭规模进一步扩大并达到一定程度时，其可能会对子女的这两方面产生负面影响。刘小鸽（2016）具有创新性地从计划生育政策这一角度展开相关研究，分析家庭规模对代际收入流动的影响，与此同时，地区差异和收入水平差异也会在不同程度上影响代际收入流动性，研究结果显示对农村地区和低收入家庭而言，缩小家庭规模对促进代际收入流动有积极的影响。刘小鸽和司海平（2017）从社会资本和人力资本两个层面展开分析，认为家庭规模的缩小对多子女家庭的影响具有不确定性，但有利于个体代际收入向上流动。此时，对于多子女家庭来说，家庭中的兄弟姐妹表现为一种保险机制，其对整个家庭的收入水平能够带来正面积极的作用。

（三）地区环境对代际收入流动性的影响

魏颖（2009）从国内实际情况着手，经过分析显示我国东部地区代际收入流动性最高，而西部地区的代际收入流动性最低，中部地区的代际收入流动性为居中位置。韩军辉（2010）认为在农村地区，子女收入对家庭和父代的依赖性较强。严斌剑和王琪瑶（2014）从代际收入弹性的角度分析，结果表明中部地区收入弹性较为平稳，而东部地区弹性最大，西部地区弹性最小。周兴和张鹏（2014）认为子代中男性代际收入的向上流动性比女性强，且东部地区的家庭代际收入向上流动的概率要比中、西部地区高。徐晓红（2015）认为在农村地区，高收入群体子代和低收入群体子代的收入下降概率不同，其中前者下降概率更大，但代际固化现象在城乡居民中已经出现较大幅度的改善。

（四）公共教育支出对代际收入流动的影响

韩军辉（2010）认为我国公共教育支出对代际收入流动性有重要的作用，但这种作用不会受地区经济发展水平的影响。周波和苏佳（2012）针对 1997 年和 2002 年的调查数据展开研究，从健康与营养两个层面出发，借助非线性模型研究代际收入与公共教育支出的关系。陈琳（2015）通过调查与分析得出，代际收入流动性会明显被受教育程度影响，同时借助回归分析等方法分析平均教育经费支出，并对子代就业阶段的师生比进行研究，最终结果显示高等教育投入的提高并不能有效缓解收入差距，但是如果增加幼托和初中阶段的教育投入可以有效缓解收入差距。

第二节　收入差距代际传递影响机制的逻辑分析

收入作为劳动者最主要并且最重要的经济资源，其代际收入流动性能更加具象地反映代际经济福利的传递程度（Nguyen and Getinet，2003）和社会的公平程度（朱荃和吴顿，2011）。早期关于代际收入流动问题的研究主要侧重于对代际收入弹性的估算，而在代际收入传递机制的研究方面，已有文献大多关注人力资本这一传递路径（杨新铭和邓曲恒，2016）。本书将代际收入传递的影响因素划分为个人因素、家庭经济因素和宏观因素三类，各个影响因素作用的依托路径集中在子代人力资本和社会资本的投资与积累及子代成长期和父代养老期的经济约束四个方面（图 3.1）。

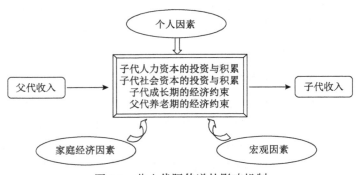

图 3.1　收入代际传递的影响机制

一、个人因素

（一）父代的教育水平

父代对子代的人力资本投资是希望通过人力资本投资使子代终生收益最大

化。书中自有黄金屋，正是体现出了父代通过对当前人力资本投资而获得更高的未来劳动力市场回报的期许。因此，父代对子代人力资本投资决策，实质上就是对子代直接进入劳动力市场所获得的即期收入和子代接受教育增加人力资本而获得的未来收入的现值进行比较，若即期收入大于未来收入现值，则减少人力资本投资，反之则增加人力资本投资，可以看出，父代对子代的人力资本投资决策取决于其对子代教育贴现率的估计。本书认为，父亲的受教育年限会影响其对子代人力资本回报贴现率的预估，从而影响子代的收入。具体来说，父代学历水平越高，受教育年限越长，其对子代人力资本投资回报的预期会相对更高，即受教育年限越长的父代对子代教育贴现率的估计越低，认为由增加人力资本投资而获得的未来收入的现值要远高于即期劳动收入，而受教育年限较短的父代更看重当前的消费和即期收入所得，对子代贴现率的估计更高，具体如图 3.2 所示。

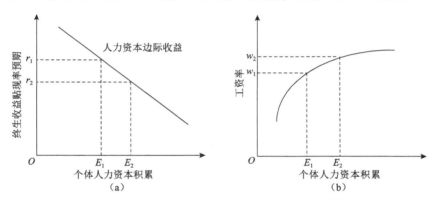

图 3.2　终生收益贴现率的预期所导致的收入差异

图 3.2 给出两个家庭的父代与子代，父亲 1 的受教育年限低于父亲 2，根据上述推导，可以得出父亲 1 对其子代终生收益贴现率预期会比父亲 2 更高（即 $r_1>r_2$），故父亲 1 对子代的人力资本投资会小于父亲 2，这将使子代的人力资本积累形成差异，子代 2 的人力资本会高于子代 1（$E_2>E_1$），而这种人力资本差异最终会导致子代间工资水平的差距（$w_2>w_1$）。综上，父亲的受教育年限会正向地影响收入的代际传递，父亲受教育年限越长，子代收入受到父代影响就越大。

（二）父代城乡户籍分类

由户籍分割而带来的城乡差异问题是中国在特殊发展时期所产生的特有现象，劳动力市场中城乡户籍差异问题一直突出存在。父代户籍特征对子代收入的影响，一方面体现在父亲户籍状况所映射出的"出身"差异，这使得子代由于家庭背景不同，而在劳动力市场中面临不同待遇，并在就业机会和工资获得上形成直接差别；另一方面表现在由于受父代的户籍限制，子代在公共教育资源方面受到差别待遇。这类公共教育资源的差别分配会使得子代的人力资本也同样存在户籍分割，进而形成子代劳动收入的差异。然而，这种"出身"差异问题是可以通过子代更高的人力资本积累而缓解的，农村家庭的子代通过接受高等教育来提高其人力资本水平，从而获得城镇户籍身份，这种情况下子代收入受父代户籍特征的影响就会减弱，而父代收入的代际传承也会被弱化。因此，本书认为相比于农村家庭来说，城镇家庭的代际收入传递性更强，子代收入受到父代收入的影响更大。

（三）父代健康状况

作为人力资本的另一重要因素，营养健康对个体劳动生产率和工资水平的影响得到广泛的证实（Haddad and Bouis，1991；Foster and Rosenzweig，1992，1994）。父代较差的健康状况一方面增加了家庭医疗消费支出，另一方面较低的劳动生产率会导致家庭整体收入水平偏低，这两方面的影响都使家庭生活压力加大，不仅会阻碍子代的教育发展，也会限制子代社会资本的获得（Mayer，2002）。因此，父亲的健康状况会正向地强化收入的代际传递机制，父亲越健康，父代收入对子代收入的影响就会越明显。但从家庭异质性来看，不同收入家庭的父代对子代收入的预期及子代对未来承担赡养压力的预期都是有差异的。高收入家庭父代无论健康状况如何，其本身的收入就可以承担其医疗消费支出，不会给子女带来很大的未来养老压力。而低收入家庭则不同，健康水平较差的父代会给家庭带来繁重的负担，并促使其对子代收入的预期增大，而子代由于预期到未来赡养父母的压力，会对自身收入水平的提升更加看重。从这个角度来说，父代健康状况反而促使低收入家庭的子女努力获得更高水平的收入，摆脱父代收入的影响，使得代际收入流动性增强。

（四）父代婚姻状况

社会学家 Richardson（1986）认为代际收入流动中，文化资本因素的影响不容忽视，其中家庭的稳定性是衡量家庭文化资本的一个重要标准。父代家庭婚姻的持久稳定能够给子代提供一个更加健康的成长环境，从而更易使子代形成积极主动、阳光向上的个性特征。而"个性"是能够获得劳动力市场收益的要素，经济学家 Bowles 等（2001）结合社会学和心理学相关理论进行研究，研究表明，由于现实劳动力市场中具有熊彼特式的非均衡与科斯式的不完全合同两大特征，个体具有主动积极、阳光健康的"激励加强型"的个性特征，更有助于其抓住非均衡租金和减少执行合同成本，从而获得更高的工资。因此，父代婚姻持久稳定能够在收入的代际传承中产生一定的正向积极作用，父代婚姻越稳定、越持久，会越有助于父代收入向子代收入传递，增强父代收入对子代收入的影响。

（五）父代职业

职业是个体长期收入水平和社会经济地位的体现，父代的职业层级对子代而言是一种社会资本。父代与子代的职业是存在代际传承效应的（Blau and Duncan，1967），现今社会中的"农民工二代"现象都是职业代际传递的现实反映。代际职业的路径依赖会显著地影响子代就业的风险偏好，如果父代的职业相对较稳定，那么子代选择职业时也会更倾向于能够规避风险的稳定性职业，若父代的职业不稳定，子代在职业选择上也会拒绝循规蹈矩，更具冒险精神。子代职业生涯发展向父代职业回归，使子代职业层级流动不畅，导致社会阶层固化，代际收入流动性减弱。从家庭异质性来看，高收入家庭意味着父代的职业回报高，子代在职业选择时会更倾向于选择与父代趋同的职业等级，且父代的社会资本能够促进子代人力资本的累积，进而产生子代的工资溢价。对低收入家庭特别是农村家庭而言，父代对子代收入有更高的期望，且子代逃离父代职业等级的愿望更加强烈，子代可以通过接受教育来实现人力资本积累，从而形成代际职业的向上流动，这种情况下，代际职业流动增强，代际收入传递会减弱。

（六）父代的社会保障参保情况

影响代际收入传递的父代社会保障参保情况主要包括养老保险和医疗保险的参保情况。父代的养老保险参保情况决定了父代未来养老方式的选择，如果父代参保了养老保险，就意味着其子代未来赡养父母的经济负担会相对较轻，父代对子代未来收入及收入稳定性的预期都会比未参加养老保险的父代要低，从而影响代际收入流动。反之，如果父代未参保养老保险，子代未来赡养老人的经济压力就会相对较大，在这种情况下，子代会提高对自身的收入期望，并努力提高收入水平以期缓解未来的经济负担，而此时子代更容易形成收入层级的向上流动，子代收入受父代收入的约束小，代际收入的流动性更强。

父代的医疗保险参保情况会影响父代家庭消费结构和子代未来赡养父母的医疗消费压力。一方面，相对于未参保医疗保险的父代，参保父代的家庭医疗支出相对较少，在相同预算约束条件下对子代人力资本的投资约束较小，子代人力资本积累及其收入回报也会更可观。另一方面，参保医疗保险的父代会相对减轻子代未来赡养老人的医疗支出负担，对子代未来收入依赖较弱，从而间接地影响代际收入的传递作用。

二、家庭经济因素

（一）父代家庭收入

父代家庭收入是影响代际收入传递的一个重要的经济指标。从总量上看，父代家庭收入越高，子代成长环境会相对越好，子代获得的人力资本投资水平也会越高。从家庭消费倾向上来看，陈漫雪等（2016）认为相较于低收入家庭，高收入家庭中的父代倾向于给子代更多的人力资本投资，不同收入家庭的人力资本投资差异会使子代人力资本积累存在差异，而人力资本是个体收入水平最重要的影响因素之一（Mincer，1958），因此，父代家庭收入会正向影响代际收入的传递。同时，统计年鉴中按收入等级分城镇居民家庭教育文化娱乐支出（简称文教支出）占家庭消费支出的比重数据显示（图 3.3），不同收入等级家庭文教支出比重存在差异，随着收入等级的增加，家庭文教支出的比重也在增大，而家庭消费支出的分类中，文教支出间接地反映了家庭的人力资本投资情况，故文教支出可以近似等同于家庭人力资本投入水平。

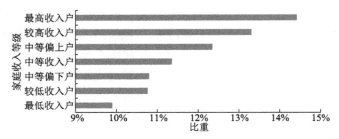

图 3.3　按收入等级分城镇居民家庭教育文化娱乐占家庭消费支出的比重
资料来源：由《中国统计年鉴》数据计算所得

从文化资本的角度来说，Anderberg 和 Andersson（2007）指出父代给其子代的社会关系网络资本投资会对子代的收入水平产生影响，高收入家庭的父代生活环境会为其子代带来一个高收入群体聚集的社会关系网络，这使得子代在未来更容易进入高收入行业工作，而低收入家庭则反之。

因此，无论从人力资本投资角度还是社会资本积累角度看，父代家庭收入都会显著地正向影响代际收入传递，即父代的家庭收入越高，父代收入水平对子代的影响越大，代际收入差距的传递就越明显。

（二）父代家庭资产

父代的家庭资产既是子代成长期家庭文化资本和社会资本的反映，又是父代未来传承给子代的财富资本的体现。一方面，父代家庭资产越多，则子代享有的人力资本投资和社会关系网络资本投资就相对越多，子代收入水平也会更高。另一方面，父代家庭资产作为未来子代将继承的财富资本，相当于子代的非劳动收入，如图 3.4 所示，若父代家庭资产从 0 变为 F，子代的收入预算线就会向上移动（A_1B_1 移动到 A_2B_2），在子代偏好不变的情况下，父代家庭资产作为子代的非劳动收入会形成收入效应，子代的效用水平和整体收入水平都有所提高。而当 E_1 和 E_2 分别代表两个家庭子代效用最大化决策点时，可以明显看出拥有财富资本的子代 2 无论在效用水平上还是在总收入水平上都要高于父代无家庭资产的子代 1，财富资本对子代收入产生正向的影响，并且财富资本越多影响越强。

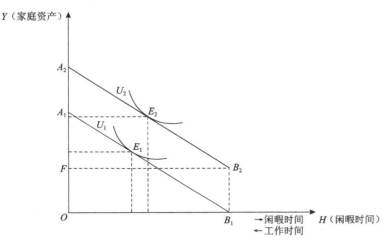

图 3.4 父代财富资本与子代收入差距

图 3.4 所体现的不同家庭子代由于财富资本不同而形成的收入差异是有前提的，这个前提就是两个家庭的子代偏好是相同的。然而现实生活中子代偏好是存在异质性的，这里将父代拥有家庭资产的子代划分为好逸恶劳型和二代精英型两类。如果子代 2 为好逸恶劳型，那么其更加偏好闲暇，其无差异曲线更加陡峭，如图 3.5（a）中点 E_2' 所在的无差异曲线，父代家庭资产使其非劳动所得增加，从而产生较大的负向收入效应，好逸恶劳型子代会减少工作时间，增加闲暇时间，这反而会缩小有父代财富资本的子代和无父代财富资本的子代之间的收入差距，甚至在父代家庭资产有限的约束下，会形成有父代财富资本的子代收入水平低于无父代财富资本的子代。这种情况下，父代财富资本会减弱代际收入差距的传递，使得代际收入流动性增强。

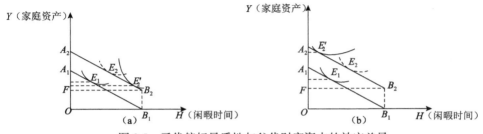

图 3.5 子代偏好异质性与父代财富资本的效应差异

另一种情况是，父代家庭资产多一方面代表着父代能够给子代提供更优越的成长环境、更优质的教育资源，使得子代通过优质的人力资本积累成为高收入回报的精英型人才，另一方面父代的高家庭资产也是父代自身能力的体现，Kohn 和 Schooler（1969）认为富裕家庭的父代可能具有更强的未来意识，时间贴现率更低，效率意识更强，其子代更容易形成与精英文化相符合的价值观。在这种情况下拥有父代财富资本的子代 2 为二代精英型，这类子代更加倾向于工作而非闲暇，其无差异曲线相对更加平缓，如图 3.5（b）中点 E_2' 所在的无差异曲线，父代传承的财富资本会对其收入形成正向的促进作用，代际收入传递性更强。

父代的家庭资产可以划分为住房资产、金融资产、经营资产和土地资产四类。不同类别的家庭资产对代际收入传递的影响存在着差异性。

住房资产是一种兼具稳定性与投资性双重功能的资产类型。父代的住房资产多代表父代的生活相对更稳定，子代未来赡养父母的经济负担会减小，父代对子代未来收入的期待较小。同时，作为一种稳定收益的投资性产品，住房资产的出租和出售都能在未来给子代带来更多的非劳动收入，使代际收入差距增大。

金融资产代表着父代家庭的风险偏好，金融资产并不像住房资产一样收益稳定，它存在着较高的投资风险，但同时也可能会带来较高的收入回报，拥有金融资产的父代大多属于风险追求者，从遗传学的角度来说，其子代也会有很大可能继承这种主动追求风险的个性，因此子代获得高收入的概率更大。此外，拥有金融资产的父代一般都是具有高收入和高学历的人群，根据前文的分析，父代的高收入和高学历都会使代际收入的传递性更强。

经营资产一方面意味着父代家庭的高收入，另一方面也体现出父代的职业选择倾向于相对不稳定的职业，因此父代拥有经营资产对子代人力资本积累水平及子代职业选择倾向都有着重要的影响。

土地资产一般是针对农村家庭而言，如果父代拥有土地资产，其子代会在固守家业和进入城镇之间面临选择，即将土地资产作为劳动收入还是非劳动收入的问题。因此，土地资产对代际收入传递的作用不容忽视。

三、宏观因素

（一）父代所在地区的人均地区生产总值

地区经济发展差异会形成父代整体收入水平的差异。一方面从人力资本积累的角度来说，图 3.6 对比了各地区经济发展程度（人均地区生产总值）与人均收入之间的关系，可以看出经济发达地区的父代平均收入水平要相对更高，这就意味着子代成长过程中，家庭人力资本投资的预算约束相对较小，子代更有可能形成较高的人力资本积累，进而获得较高的收入回报。而从公共教育投资的角度来说，如图 3.7 所示，从整体上看经济越发达地区人均公共教育投资就越多，这说明经济发达地区家庭的子代会享有更多的教育资源，高的教育投入会形成相对较高的人力资本，进而使子代收入水平高于经济欠发达地区的子代。

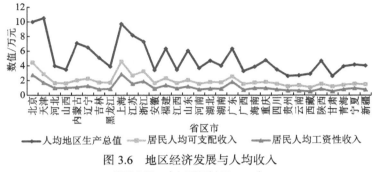

图 3.6　地区经济发展与人均收入

资料来源：《中国统计年鉴2015》

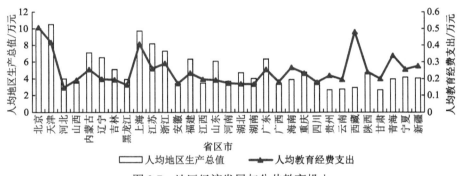

图 3.7　地区经济发展与公共教育投入

资料来源：由《中国统计年鉴2015》和《中国教育统计年鉴2015》数据计算得出

从图 3.8 和图 3.9 可以看出，大多数地区的经济发展与该地区社会服务和医疗

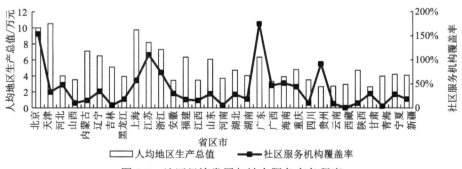

图 3.8　地区经济发展与社会服务完备程度

资料来源：《中国统计年鉴2015》

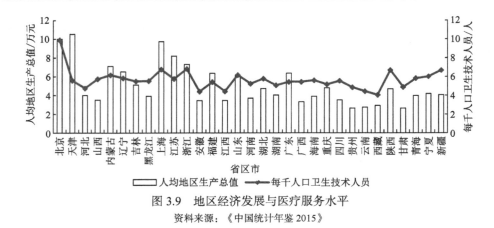

图 3.9　地区经济发展与医疗服务水平

资料来源：《中国统计年鉴 2015》

服务水平密切正相关。父代所在地区经济越发达，社会服务和医疗服务就越完备，父代未来生活与养老更加依托于完备的社会服务和医疗服务体系，父代更倾向于子代在职业的选择上以个人兴趣为导向；而欠发达地区的家庭父代由于考虑到未来经济压力和养老压力，会对其子代的收入期望更高，且对子代的收入层级更加看重。他们会更倾向于子代选择相对稳定型的职业以获得稳定持续的收入。

（二）父代所在地区的基本社会保险覆盖率

父代所在地区的基本社会保险覆盖率对未来父代养老模式的选择有重要的影响，目前老年人的养老模式主要包括社会养老和家庭养老两种。社会保险覆盖率高的地区，老年人养老模式一般以社会养老为主以家庭养老为辅，这种养老模式减轻了子代未来的负担，父代对子代收入的依赖性相对较弱。反之，如果父代所在地区的社会保险覆盖率低，父代未来养老的经济负担和医疗压力都会使其对子代收入的预期增强，从而间接地影响代际收入传递。

第三节　数据来源及描述性统计

一、数据来源

本章所使用的数据沿用第二章的数据样本，与第二章有所不同的是，由于 2012 年 CFPS 最终配对的有效样本仅有 156 对，总体样本量较小，故本章的实证分析仅使用了 2010 年和 2014 年的 CFPS 数据。

除此之外，第二章主要计算了代际收入弹性、相关系数及代际收入转置矩阵，在计算中仅涉及了父代和子代的收入、年龄，以及子代的性别、城乡分类、所属区域等一些可以反映样本分布状况的个体特征变量，而本章的主要内容是对父代与子代代际收入传递影响机制进行分析，故除了第二章所使用的变量外，本章还关注其他一些可能会影响代际收入传递机制的变量，主要包括父代受教育程度、职业类型、婚姻状况、健康状况、养老保险及医疗保险的参保状况等个体特征变量；父代家庭收入、家庭资产等家庭经济特征变量；父代所在地区经济发展状况及社会保障状况等宏观控制变量。

父代所在地区的经济发展状况通过地区人均地区生产总值来进行衡量，数据来源于《中国统计年鉴2015》，社会保障状况通过父代所在地区的基本社会保险覆盖率来进行衡量，数据主要来源于《中国人力资源和社会保障年鉴2015》。在进行具体的数据分析之前，本章对原始配对样本中的一些缺失数据及异常值进行了处理。

二、描述性统计

为了准确构建计量分析模型，在进行回归分析之前，本节首先对研究样本进行了描述性统计分析，通过分类统计、图表描述、概括与分析等描述性统计方法，对研究样本中主要变量的分布情况，以及这些变量和父代与子代代际收入传承之间的关系进行了分析，初步探究代际收入传递可能存在的影响机制。在具体分析过程中，结合代际收入传递影响机制的理论分析，从个体特征、家庭经济特征、宏观经济特征这三个方面进行分析。

（一）个体特征

在个体特征方面，先对研究所关注的最主要的变量——父代与子代的收入分布情况进行描述，然后结合理论分析，分别对父代不同收入等级的代际收入传承、人力资本代际传承、社会资本代际传承、农村家庭子代城镇化现象、父代健康状况及参保状况与代际收入传承之间的关系进行具体分析。

1. 研究样本的收入分布状况

在第二章计算代际收入弹性之前，本书对父代与子代个人收入的基本统计量进行了描述，2010年子代的收入均值为15 781元，父代的收入均值为17 107元。2014年子代的收入均值上升至32 686元，父代的收入均值为27 905元。但是2010年和2014年子代与父代收入的标准差都很大，说明研究样本中大部分样本的收入都较平均收入有较大程度的差异，数据波动较大。从峰度和偏度来看，2010年子代收入的偏度为2.649，峰度为12.329，父代收入的偏度为16.847，峰度为402.000；2014年子代收入的偏度为2.834，峰度为18.229；父代收入的偏度为6.572，峰度为78.141。整体来看，无论子代还是父代，2010年和2014年的收入数据偏度都远大于0，并不服从正态分布，呈现出明显的右偏态；峰度系数也都很大，较标准正态分布更为陡峭。因为收入数据分布不太均匀，在分析中对收入数据进行取对数处理，在一定程度上使数据趋于稳定，更服从正态分布。图 3.10 为 2010 年子代及父代收入对数核密度图，图 3.11 为 2014 年子代及父代收入对数核密度图。

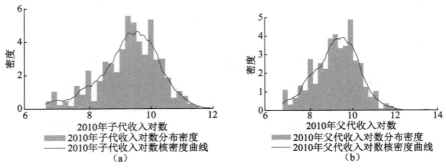

图 3.10　2010 年子代及父代收入对数核密度图

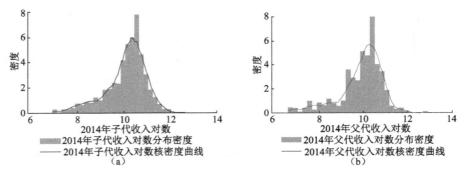

图 3.11　2014 年子代及父代收入对数核密度图

图 3.10（a）为 2010 年子代收入对数的核密度图，图 3.10（b）为 2010 年父代收入对数的核密度图。由图 3.10 可知，对收入进行对数处理后，2010 年子代和父代的收入对数都基本服从正态分布，从统计数值上来看，子代收入对数的偏度为-0.487，峰度系数为 0.154；父代收入对数的偏度为-0.119，峰度系数为 0.039，父代与子代收入对数的偏度都非常接近 0，整体上是很接近正态分布的，相比较而言，父代收入对数的偏度更接近 0，分布更为均匀。

图 3.11 为 2014 年子代及父代收入对数核密度图，图 3.11（a）反映了子代收入对数的分布状况，图 3.11（b）反映父代收入对数的分布情况，从图 3.11 可以发现，2014 年子代和父代的收入对数也基本服从正态分布，从数值上看，2014 年子代收入对数的偏度为-0.920，峰度系数为 0.988；父代收入对数的偏度为-1.052，峰度系数为 1.374。与 2010 年相比，2014 年的核密度曲线呈现出的左偏更加明显，收入高的样本量较多，存在极少部分的较小样本变量值，将曲线左侧的尾部拖得较长。2014 年收入对数的核密度图比标准正态分布更为陡峭一些，峰

度系数更大，说明 2014 年收入分布中可能会有更多的极端值。整体上与收入分布
情况进行比较，收入对数基本是服从正态分布的，对收入数据进行取对数处理达
到了使数据趋于稳定，分布更为合理的目的，与标准正态分布之间存在些许误差，
说明研究样本更加符合随机抽样原则，分布情况更具有普遍性。

2. 父代不同收入等级的代际收入传承

在对父代与子代收入分布的合理性进行说明后，基于研究主题，本节对父代
处于不同收入等级时，父代与子代代际收入传承情况进行比较，结果如图 3.12 及
图 3.13 所示。

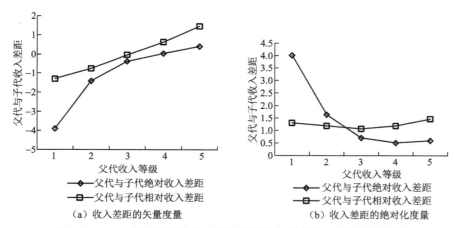

　（a）收入差距的矢量度量　　　　　　（b）收入差距的绝对化度量

图 3.12　2010 年不同父代收入等级下父代与子代收入差距的传递性

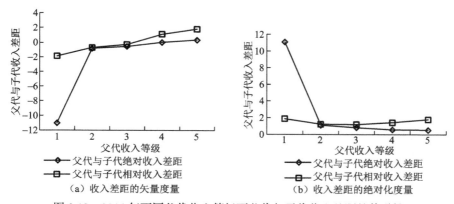

　（a）收入差距的矢量度量　　　　　　（b）收入差距的绝对化度量

图 3.13　2014 年不同父代收入等级下父代与子代收入差距的传递性

图 3.12 反映了 2010 年父代处于不同收入等级情况下，父代与子代代际收入
传承的状况，图中横坐标为父代收入等级，将父代收入全体样本划分为 5 个等级，
其中最高收入等级为 5，最低收入等级为 1。纵坐标为父代与子代的收入差距，我

们分别从绝对收入差距和相对收入差距两个角度进行衡量，绝对收入差距为父代与子代间的收入差比，即父代收入与子代收入之间的差除以父代的收入；相对收入差距可通过父代与子代间的收入等级差来进行衡量，即父代的收入等级减去子代的收入等级。图 3.12（a）为未加绝对值的收入差距，图 3.12（b）为计算数值加过绝对值之后的收入差距。

由图 3.12（a）可知，2010 年随着父代收入等级的上升，父代与子代绝对收入差距及父代与子代相对收入差距的数值都呈变大的趋势。在父代收入处于第一等级时，父代与子代绝对收入差距为负值，且数值极小，说明在父代收入为第一等级的人群中，子代的收入水平极大地超过了父代收入水平。这可能是由于当父代收入很低时，贫困会使子代获取高收入的意愿更强，想要通过更高的收入改变自身及家庭的命运，相较于其他收入群体而言，低收入群体的父代与子代绝对收入差距更大。随着父代收入等级的不断上升，子代收入超过父代收入的可能性越来越小，父代收入到最高等级时，甚至会无法超越。如图 3.12（a）所示，父代与子代绝对收入差距越接近 0，说明父代与子代代际收入差距越小，即父代与子代之间的收入传承性更强。2010 年父代收入处于第四等级时，父代与子代间绝对收入差距最接近 0，即父代收入处于第四等级时，父代与子代绝对收入差距最小，收入传承性最强。

结合图 3.12（b）加过绝对值的父代与子代收入差距可以得出相同的结论，随着父代收入等级的不断上升，父代与子代之间的绝对收入差距呈下降的趋势，直至第四等级，绝对收入差距达到最低点，即父代收入等级越高，父代与子代绝对收入差距的绝对值会逐渐缩小。第五等级稍有上升，说明父代收入处于第五等级时，父代收入水平很高，子代很难超越父代。这可能是由于当父代收入极高时，子代可能不会选择通过自身劳动来获取收入，其更多的收入来源于父代收入资产的传承，故很难超越父代。

从相对收入差距来看，在图 3.12（a）中，随着父代收入等级的不断上升，父代与子代之间相对收入差距呈现出不断上升的趋势，具体来看，在父代收入为第一、第二等级时，父代与子代之间的相对收入差距为负值，即子代的收入等级要高于父代；在第三等级时，父代与子代之间相对收入差距接近 0，在第四、第五等级时，父代与子代之间相对收入差距为正值，即父代收入处于较高等级时，子代收入等级难以超越父代的收入等级，中等收入阶层父代和子代之间的相对收入差距最小，中产阶级比较稳定，代际收入流动性较差。

图 3.13 为 2014 年不同父代收入等级下父代与子代收入差距的传递状况，与 2010 年的趋势基本相同，而 2014 年父代收入为第一等级的子代收入流动性比 2010 年流动性更强，贫困群体在朝着更好的方向发展。综上所述，无论是从绝对收入差距的角度还是相对收入差距的角度，父代收入处于中等收入阶层的群体代际收入流动性更差，收入阶层比较固化。低收入群体的代际收入流动性较强，贫困群

体的子代想要通过增加收入来改变自身收入状况的意愿更强，一方面，他们会通过增加自身人力资本来提高收入，另一方面，子代可能会通过外出务工等途径来改变自身收入现状。高收入群体相较于其他收入群体，收入传承较强，且子代收入水平很难超越父代。

3. 人力资本的代际传承

在代际收入传递影响机制的分析中，父代与子代人力资本的代际传承是一个非常重要的因素，父代与子代受教育程度的转置矩阵描述了父代与子代人力资本的代际传承。受教育程度转置矩阵表中行代表父代的受教育程度，列代表子代的受教育程度，其中，"1"代表"文盲/半文盲"水平，"2"代表"小学"水平，"3"代表"初中"水平，"4"代表"高中"水平，"5"代表"大专"水平，"6"代表"大学本科"水平，"7"代表"硕士"水平。表中数据表示在父代某一学历水平下，子代在各个学历水平的样本量在父代这一学历水平样本量中所占的比重。除转置矩阵外，还计算了固化指数、加权平均移动率、惯性率、亚惯性率、卡方指数、Shorrocks 矩阵迹指数等流动性指标，进一步详尽地说明父代与子代人力资本的代际传承情况。表 3.1 和表 3.2 分别为 2010 年及 2014 年的受教育程度转置矩阵表，表 3.3 为各项流动性指标统计表。

表 3.1 2010 年受教育程度转置矩阵表

受教育程度		子代位置						
		1	2	3	4	5	6	7
父代位置	1	0.1830	0.2500	0.4152	0.0848	0.0402	0.0268	0.0000
	2	0.0404	0.2377	0.4260	0.1973	0.0807	0.0135	0.0044
	3	0.0132	0.1250	0.4112	0.2434	0.1316	0.0658	0.0098
	4	0.0126	0.0440	0.2830	0.3019	0.1761	0.1761	0.0063
	5	0.0000	0.0000	0.1154	0.1923	0.3462	0.3461	0.0000
	6	0.0000	0.0000	0.0000	0.2222	0.2222	0.5556	0.0000
	7	0.0000	0.0000	0.0000	0.0000	0.0000	0.0000	0.0000

表 3.2 2014 年受教育程度转置矩阵表

受教育程度		子代位置						
		1	2	3	4	5	6	7
父代位置	1	0.0133	0.2000	0.4200	0.2333	0.0867	0.0400	0.0067
	2	0.0313	0.1742	0.4196	0.1696	0.1518	0.0446	0.0089
	3	0.0035	0.1163	0.2676	0.2746	0.1866	0.1408	0.0106
	4	0.0066	0.0658	0.2566	0.2303	0.2500	0.1842	0.0065

续表

受教育程度		子代位置						
		1	2	3	4	5	6	7
父代位置	5	0.0000	0.0357	0.1429	0.1071	0.2857	0.4286	0.0000
	6	0.0000	0.0000	0.0588	0.0000	0.3529	0.5294	0.0589
	7	0.0000	0.0000	0.0000	0.0000	0.0000	0.0000	0.0000

表 3.3　基于受教育程度转置矩阵的流动性指标表

年份	固化指数	加权平均移动率	惯性率	亚惯性率	卡方指数	Shorrocks 矩阵迹指数
2010	4.3401	0.8708	0.2908	0.6200	6.6088	0.7092
2014	3.9962	1.0849	0.2143	0.5709	6.2336	0.7857

从表 3.1 的 2010 年受教育程度转置矩阵表来看，在初中及以下学历水平中，当父代处于文盲/半文盲的水平时，子代仍然处于文盲/半文盲水平的概率为 18.30%，子代跃升至初中水平的概率最大，为 41.52%，子代跃升至最高的学历水平为大学本科，概率为 2.68%，这说明在父代低水平的人力资本下，子代通过自身的努力及环境的影响，有超过 80% 的机会可以跃升至较父代更高的学历水平，但仍有近 20% 的子代停留在与父代相同的学历水平上，没有跳出父代的低水平人力资本；当父代处于小学水平的文化程度时，有 23.77% 的子代仍然处于小学水平，有 42.60% 的子代跃升至比父代高一层的初中水平，有近 72% 的子代跃升至较父代更高的学历水平，但有 4.04% 的子代跌入了文盲/半文盲的水平，说明整体的受教育程度趋势是向上的，大部分子代都比其父代拥有更高的人力资本水平；当父代处于初中水平的文化程度时，有 41.12% 的子代仍然处于初中水平，这说明当父代处于中等人力资本水平下，其对子代的人力资本投资并不高，但有 45.06% 的父代期望子代拥有较其更高的人力资本水平，有 0.98% 的子代跃升至了硕士水平，说明当其父代处于初中水平时，子代想努力跃升至更高的学历水平，但由于外部条件的限制，只有 45.06% 的人达到了这一点。

当父代学历水平较高时，在父代学历处于高中水平的样本量中，有 30.19% 的子代仍然处于高中水平，有 35.85% 的子代跃升至较父代更高的学历水平，但有 33.96% 的子代跌入了较父代更低的学历水平，这说明当父代处于高中水平的文化程度时，其对子代的人力资本投资重视度不够，子代跌至较低水平的人力资本与升至较高水平的人力资本水平相当，因此当父代处于高中学历水平时，应重视对其子女的教育投入；当父代处于大专水平的文化程度时，有 34.62% 的子代仍然处于大专水平，有 34.61% 的子代跳出了大专水平，跃升至大学本科水平，但有 30.77% 的子代跌至初中及高中水平，这说明当父代处于大专学历水平时，其对子代的教育投入有限，代际收入流动性不高，存在受教育程度固化现象；当父代处于大学本科水平的文化程度时，有55.56%的子代仍然处于大学本科的水平，有22.22%的子代跌至了高中水平，有22.22%的子代跌至了大专水平，整体的流动趋势是向下的，这说明当父代处于大学本科学历水平时，其对子女的人力资本投资重视度低。

从总体上看，该7×7矩阵中除"文盲/半文盲"水平和"小学"水平外，其余主对角线元素都不小于每一行上其他元素，因此可以说明受教育程度存在固化现象，代际收入流动性较弱。整体上本科与初中学历水平的传承度较高，结合中国教育体制改革的发展背景，子代在20世纪80年代初期或中期出生的人，正好赶上人口大爆炸，高考竞争十分激烈，农村教育并没有完全普及，故大多数样本都集中在初中学历水平。需要注意的是，父代并没有达到硕士学历水平的样本，子代整体上学历水平上升，出现了硕士学历，这是由于父代出生年代多为20世纪60年代，刚刚恢复高考，上过大学的人极少，而这部分群体对子代教育会特别重视，子代的受教育程度基本都超过了父代。

从表3.2中2014年受教育程度转置矩阵表来看，当父代的受教育程度处于文盲/半文盲水平时，子代仍处于文盲/半文盲水平的概率仅有1.33%，跃升概率最高的为初中水平，有42.00%的子代跃升至初中水平，有0.67%的子代跃升至硕士水平，这说明当父代受教育程度较低时，子代想通过自身的努力脱离低人力资本水平，跃向更高的人力资本水平；当父代的受教育程度处于小学水平时，有17.42%的子代仍然处于小学水平，有41.96%的子代跃升至初中水平，但有3.13%的子代跌入了文盲/半文盲的水平，整体的代际收入流动性趋势是向上的，有近79.45%的子代跃升至较其父代更高的受教育水平，这说明当父代处于小学水平时，会加大对其子代的人力资本投资，希望子代拥有较其更高的人力资本；当父代的受教育程度处于初中水平时，有26.76%的子代仍处于初中水平，有27.46%的子代跃升至高中水平，有1.06%的子代跃升至最高的硕士水平，但有11.98%的子代跌至初中水平以下的文盲/半文盲和小学水平，整体的代际收入流动性是上升的，子代有近61.26%的概率跃升至较其父代受教育程度更高的水平，这说明处于初中水平的父代较重视其子代的人力资本投资。

当父代的受教育程度处于高中水平时，有23.03%的子代仍处于高中水平，有44.07%的子代跃升至高中以上的学历水平，有0.65%的子代跃升至硕士水平，但有32.90%的概率跌至高中以下的学历水平，这说明处于高中水平的父代对人力资本投资较少，对子代的教育程度重视度不高，导致其子代跌至其学历水平以下的概率比处于自身学历水平的概率要高；当父代处于大专水平时，有28.57%的子代仍处于大专水平，有42.86%的子代跃升至大学本科水平，其余28.57%的子代跌落至大专以下的学历水平，这说明当父代的受教育程度较高时，其对子代的人力资本投资较重视，对子代的受教育程度期望更高，使子代的人力资本高于其自身人力资本，整体的教育流动趋势是上升的；当父代处于大学本科学历水平时，有52.94%的子代仍处于大学本科，有 5.89%的子代跃升至硕士水平，有 35.29%的子代下降至大专水平，有 5.88%的子代跌落至初中水平，这说明当父代人力资本较高时，其对子代的教育投入较大，少数子代跃升至更高的学历水平，大部分子代传承了其父代的学历水平，但也有近四成的子代跌落至较低层次的学历水平；父代没有处于硕士水平的文化程度的样本，这可能是由当时的社会背景导致的，因此我们无法分析高人力资本水平下代际收入流动性的高低。

从总体上看，2014 年的受教育程度 7×7 矩阵中主对角线元素较 2010 年矩阵中主对角线元素小，因此，2014 年的受教育程度代际流动性增强。

从基于受教育程度转置矩阵的流动性指标上来看，如表 3.3 所示，①固化指数由 2010 年的 4.3401 下降至 2014 年的 3.9962，由于理想的固化指数为 2.6，即子代受教育程度完全不受父代受教育程度影响时，固化指数为 2.6，因此当固化指数比 2.6 大得多时，我们认为父代与子代受教育程度之间存在固化现象，且较为严重，固化指数的下降意味着代际流动性的增强，因此 2014 年较 2010 年受教育程度的代际流动性增强；②加权平均移动率反映了不同等级之间的流动状况，由2010 年的 0.8708 增加到 2014 年的 1.0849，加权平均移动率越大表示代际流动性越强；③惯性率反映了个体受教育程度维持原状的比例，因此惯性率越大表示固化程度越严重，惯性率由 2010 年的 0.2908 下降到了 2014 年的 0.2143，惯性率的减小说明代际流动性的增强；④亚惯性率与惯性率相似，度量的是位置相对稳定的人所占的比重，可以衡量受教育程度维持不动或移动一层的比例，亚惯性率由2010 年的 0.6200 下降到了 2014 年的 0.5709，亚惯性率的减小说明代际流动性的增强；⑤卡方指数衡量了转置矩阵与充分流动指数的距离，因此卡方指数越大表明代际流动性越低，卡方指数由 2010 年的 6.6088 下降到了 2014 年的 6.2336，说明受教育程度的代际流动性在增强；⑥Shorrocks 矩阵迹指数反映了转置矩阵的流动轨迹，该指标越大代表流动性越强，该指标由 2010 年的 0.7092 增加到 2014 年的 0.7857，说明受教育程度的代际流动性在增强。

4. 社会资本的代际传承

除人力资本外，社会资本同样是影响代际收入传递的重要因素，而职业便是一个极为重要的社会资本的积累途径，同受教育程度一样，通过父代与子代职业的转置矩阵来反映父代与子代社会资本的代际传承，职业类型转置矩阵表中行代表父代的职业类型，列代表子代的职业类型，其中"1"表示非常稳定型职业，"5"表示非常不稳定型职业。如表 3.4 所示，职业的五大类是依据职业的稳定性程度对职业的划分，由"1"至"5"分别表示安全型、管理型、技术型、创造型和自由独立型，职业的稳定性依次减弱，安全型为非常稳定型的职业，自由独立型为非常不稳定型的职业。

表 3.4　2010 年职业类型转置矩阵表

职业类型		子代位置				
		1	2	3	4	5
父代位置	1	0.0476	0.0953	0.8571	0.0000	0.0000
	2	0.0333	0.1667	0.8000	0.0000	0.0000
	3	0.0035	0.0327	0.9428	0.0035	0.0175
	4	0.0000	0.0000	1.0000	0.0000	0.0000
	5	0.0000	0.0572	0.8571	0.0286	0.0571

由表 3.4 可以看出：①当父代的职业类型处于安全型时，其子代有 4.76% 的概率仍然处于安全型的职业类型，有 9.53% 的概率转变为管理型，85.71% 的概率转变为技术型的职业，说明大部分子代更倾向于技术型的职业；②当父代的职业类型为管理型时，其子代有 16.67% 的概率仍然处于管理型，有 80.00% 的概率转变为技术型，3.33% 的概率转变为安全型，这说明当父代处于管理型的职业时，其子代除了向技术型转变，更多的还是愿意转变到更为稳定的职业类型中；③当父代的职业类型为技术型时，子代有 94.28% 的概率仍然处于技术型，有 0.35% 和 1.75% 的概率分别转变为创造型和自由独立型，0.35% 和 3.27% 的概率分别转变为安全型和管理型，说明整体的转变趋势是趋向更为稳定的职业类型；④当父代的职业类型为创造型时，所有的子代样本概率都落在了技术型上，可能是由于当前劳动力市场上技术型人才较多，大家普遍更趋向于稳定性一般的职业；⑤当父代的职业类型为自由独立型时，其子代的职业类型仍为自由独立型的概率为 5.72%，转变为创造型的概率为 2.86%，大部分都转变为技术型，概率为 85.71%，还有 5.72% 的概率转变为管理型，这说明当父代的职业类型不稳定时，他们更希望其子代改变现状，拥有更加稳定的职业类型，一份稳定的职业可以使其拥有稳定的收入和安稳的生活。

2014 年职业类型转置矩阵如表 3.5 所示，①当父代处于安全型的职业类型时，其子代转变为管理型的概率为 11.76%，大部分子代都转变为技术型，概率为 88.24%；②当父代的职业类型为管理型时，其子代有 11.11% 的概率仍然处于管理型，有 81.48% 的概率转变为技术型，有 7.41% 的概率转变为自由独立型，这说明当父代为管理型人才时，子代除了转变为技术型之外，有部分群体倾向于独立创业，当父代拥有一份稳定工作时，其子代并非传承其稳定的职业，而是根据自身偏好来自主创业；③当父代处于技术型的职业时，其子代有 92.88% 的概率仍然处于技术型,有 1.00%和 0.63%的概率转变为创造型和自由独立型,有 0.37%和 5.12%的概率转变为安全型和管理型,整体的转变趋势是向更稳定型职业转变,这说明当父代处于技术型的职业时,他们更倾向使其子代拥有更为稳定的职业类型;④当父代处于创造型的职业时,子代的所有样本都转变为技术型的职业;⑤当父代的职业类型为自由独立型时,其子代有 100%的概率都转变为技术型。

表 3.5　2014 年职业类型转置矩阵表

职业类型		子代位置				
		1	2	3	4	5
父代位置	1	0.0000	0.1176	0.8824	0.0000	0.0000
	2	0.0000	0.1111	0.8148	0.0000	0.0741
	3	0.0037	0.0512	0.9288	0.0100	0.0063
	4	0.0000	0.0000	1.0000	0.0000	0.0000
	5	0.0000	0.0000	1.0000	0.0000	0.0000

通过 2010 年和 2014 年职业转置矩阵表,我们可以发现,从总体上看,职业认知在两代人之间没有太大转变。父亲选择稳定职业时子代更倾向于选择稳定职业。在大多数父代的认知体系中,更倾向于选择稳定职业,这一偏好对子代选择稳定职业具有一定影响。

从基于职业转置矩阵的流动性指标表中来看,如表 3.6 所示,①固化指数由 2010 年的 3.2076 降低至 2014 年的 3.0336,两年的固化指数都较理想的固化指数 2.6 大得多,说明两年的职业代际存在固化现象且较为严重,固化指数的下降表明 2014 年职业的固化现象有一定程度的减弱,职业的代际流动性增强;②加权平均移动率由 2010 年的 1.1271 上升到了 2014 年的 1.2001,说明总体的流动程度在不断增强,体现出 2014 年的职业代际流动性比 2010 年的强;③惯性率由 2010 年的 0.2429 下降到了 2014 年的 0.2080,说明职业位置维持原状的比例在缩小,也就是固化程度在缩小,职业的代际流动性在增强;④亚惯性率由 2010 年的 0.6415 下降到了 2014 年的 0.6067,它与惯性率有些相似,衡量了职业位置不变或变动一层(向上或向下)的比例,亚惯性率的降低表示固化程度的降低,说明 2014 年职业的代际流动性比 2010 年强;⑤卡方指数由 2010 年的 2.8804 下降到 2014 年的 2.6953,这说明职业转置矩阵与充分流动指数的距离在缩小,也就是职业的代际流动性在增强;⑥Shorrocks 矩阵迹指数由 2010 年的 0.7571 上升到了 2014 年的 0.7920,该指数衡量了职业转置矩阵的流动轨迹,轨迹指数越大代表流动性越强,因此 2014 年的职业的代际流动性较 2010 年在逐渐增强。

表 3.6　基于职业类型转置矩阵的流动性指标表

年份	固化指数	加权平均移动率	惯性率	亚惯性率	卡方指数	Shorrocks 矩阵迹指数
2010	3.2076	1.1271	0.2429	0.6415	2.8804	0.7571
2014	3.0336	1.2001	0.2080	0.6067	2.6953	0.7920

5. 农村家庭子代城镇化状况

子代的城乡流动状况是影响农村家庭代际收入的重要因素，在分析了主要影响因素之间的代际传承之后，针对农村样本，本节统计了农村家庭子代城镇化的情况（表 3.7）。

表 3.7　农村家庭子代城镇化情况统计

项目	2010 年		2014 年	
	子代农村	子代城镇	子代农村	子代城镇
父代农村	534（100%）	0（0）	301（81%）	71（19%）
父代城镇	0（0）	411（100%）	8（2%）	475（98%）

表 3.7 为 2010 年及 2014 年父代与子代研究样本的城乡分布情况统计表，表中行表示父代样本的城乡分布，列表示子代样本的城乡分布，表中第 2～3 列的交叉数据分别表示父代为农村的样本中子代也是农村的样本量为 534 个，父代是城镇的样本中子代同为城镇的样本量为 411 个，2010 年父代与子代样本的城乡分布完全一致，即 2010 年不存在农村家庭子代城镇化的现象。第 4～5 列为 2014 年父代与子代的城乡样本分布状况，由表 3.7 可知，2014 年，父代为农村的样本中，子代同样为农村的样本量为 301 个，占父代农村样本的 81%；父代为农村而子代为城镇的样本量为 71 个，占父代农村样本的 19%。在父代城镇样本中，子代为农村的样本数量为 8 个，子代同样为城镇的样本量为 475 个，在父代城镇样本中占到 98% 的比例。说明 2014 年农村家庭中有部分子代从农村迁移到城镇，子代存在一定程度的城镇化现象，但反向流动的比例极小。

根据国家统计局调查数据可知，近些年我国的城镇化率呈不断上升的发展态势，2010 年我国的城镇化率为 49.90%，2014 年城镇化率高达 57.77%。结合研究样本农村子代城镇化现状可以发现，即使农村的子代从农村流动到城镇，也仅限于区域的人口迁移，如进城打工，其户籍状态并没有发生改变，说明我国的城镇化进程并没有改变户籍结构。另外，2014 年有少数子代样本从城镇流向农村，可能是由于 2014 年我国已经基本解决了三农问题，政府开始取消农业税，增加农业补贴，吸引部分子代返回农村。

6. 父代健康状况对代际收入传承的影响

除收入的影响因素外，身体健康状况作为收入的重要约束条件，同样会影响到父代与子代收入的代际传承。图 3.14 描述了在父代不同健康水平下，父代与子代的收入状况。

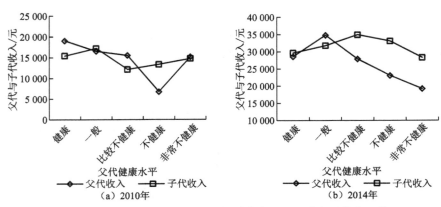

图 3.14　2010 年、2014 年父代不同健康水平下父代与子代收入状况

如图 3.14（a）为 2010 年父代不同健康水平下父代与子代的收入水平，图 3.14（b）为 2014 年样本量的统计情况，图中横坐标为父代的自评健康水平，分为健康、一般、比较不健康、不健康、非常不健康五个等级，纵坐标为个人收入水平。如图 3.14（a）所示，2010 年，随着父代健康水平的恶化，父代收入水平整体呈现出下降的趋势，一方面，健康水平会直接影响到劳动者的劳动时间及闲暇时间的分配，继而会影响到劳动者的收入水平。父代的健康状况逐渐恶化会直接导致劳动能力的下降甚至丧失，最终退出劳动力市场。另一方面，健康水平恶化可能会导致医疗支出的增加，进而导致父代整体预算收入下移。如图 3.14（a）所示，父代收入在不健康的地方下滑到最低点，非常不健康的群体收入反而开始上升，结合具体数据，自评健康水平为非常不健康的样本量极少，仅有 9 个，可能是由于此处健康标准为自评健康，或者收入比较高的群体的健康意识较强，这些都可能会导致研究样本低估自己的健康水平。图 3.14（b）为 2014 年父代不同健康水平下父代与子代的收入状况，观察父代收入曲线可以发现，与 2010 年大致相同，2014 年父代的收入水平随着父代健康水平的恶化，总体上呈下降的趋势。

从 2010 年子代的收入变化曲线可以发现，父代处于一般、比较不健康之间时，子代的收入水平随着父代健康水平的恶化有一定程度的下降，但在比较不健康处出现了一个明显的拐点，父代身体不断恶化时，子代收入开始呈现上升的趋势，这可能是当父代的身体状况逐渐恶化时,由于父代收入水平的下降及医疗支出的增加,子代有明显的危机感,从而想要通过不断的努力工作来增加收入,改善父代身体状况,提升自身生活水平。但2014年随着父代健康水平的变化,子代的收入变化曲线与2010年呈现出相反的态势。2014年,当父代的身体状况比较健康时,父代健康状况由健康到一般,子代的收入水平逐渐增加,但父代身体状况较不健康时,随着父代健康水平的恶化,子代的收入逐渐降低。这可能是由于父代的身体健康水平不断下降时,父代的收入水平下降,继而会影响到子代的人力资本投资水平,子代由于人力资本投资的约束,无法获得较高的收入水平。

7. 父代社会保障状况对代际收入传承的影响

1)父代参保状况对父代与子代收入的影响

社会保险最基本的功能便是保障劳动者的基本生活,当劳动者处于年老、患病、负伤,或者是下岗、失业等状态时,参加了社会保险,劳动者便可以靠社会保险基金的积累,及时得到生活保障,减轻家庭的负担;参加社会保险还可以促进劳动者的再生产,在劳动过程中,劳动者的劳动能力受到了一定的损伤,若其参加了社会保险(特别是医疗保险),就可以按照医疗保险有关规定,得到及时必要的治疗,使劳动者的劳动能力得以更快更好的恢复。故父代是否参加社会保险一方面可能会直接影响到自身的劳动参与及收入的获得,另一方面也会对子代产生一定的经济保障或者是经济约束,无论哪一种情形都会对父代与子代收入的代际传承产生一定的影响。由于数据样本的限制,本节仅选择了父代养老保险及医疗保险的参保状况来进行分析。

图3.15显示了在父代不同的参保条件下,父代与子代的收入水平状况。图3.15中横坐标为样本的分类,纵坐标为父代与子代的收入水平。图3.15(a)为2010

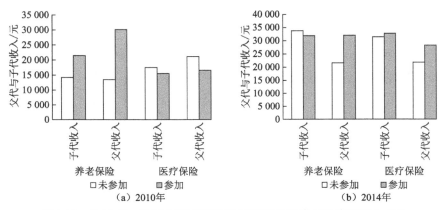

图3.15 2010年、2014年父代不同参保状况下父代与子代的收入水平

年的统计结果，图 3.15（b）为 2014 年的统计结果。由图 3.15 可知，2010 年从养老保险的参保状况来看，无论是父代收入还是子代收入，都是父代参加养老保险的收入比未参加养老保险的收入要高。一般而言，父代自身收入越高，越容易参加养老保险，由于养老保险基数较大，工作期间收入越高，退休后可以领取的养老金就越多。父代收入高一方面可以使父代有更多的财富积累直接传给子代，或者用于子代的人力资本投资，从而提高子代的收入；另一方面父代参加养老保险，可以减轻子代赡养父母的负担，使子代不需要为父母提供更多的经济支持。

而从医疗保险参保状况来看，其结果与养老保险正好相反，2010 年，与父代未参加医疗保险的群体相比，父代参加医疗保险的子代和父代的收入都较低。这可能是由于参加医疗保险的父代身体健康状况不是很好，身体不太健康的父代可能会倾向于参加医疗保险，以便在身体出现状况时可以更好地获得治疗，结合健康状况对父代与子代收入的影响，父代身体不健康会使得自身劳动能力下降，收入水平降低，同时会给子代带来一定的经济负担。

从 2014 年的统计结果来看，与 2010 年相同，参加养老保险的父代群体收入要高于未参加养老保险的父代群体，但是子代的情况出现了一些变化，父代参加养老保险，其子代的收入反而低于未参加养老保险群体子代的收入，这可能是由于父代未参加养老保险，给子代带来了一定的经济压力，子代会更有动力去努力工作，改善家庭生活条件。但是与 2010 年相比，2014 年子代的收入差异并不是很显著。从医疗保险参保状况来看，2014 年的结论与 2010 年正好相反，若父代参加医疗保险，其子代的收入要高于未参加医疗保险子代的收入。这可能是由于父代收入较高的话，更加倾向于缴纳医疗保险，同时父代参加医疗保险，可以在一定程度上减少子代在医疗费用方面的开支，减轻子代的生活负担。总体来看，父代是否参加社会保险对代际收入流动性的影响是不固定的，是因人而异的。

2）不同健康水平下父代参保状况对父代与子代收入的影响

由于父代的参保意愿可能会受到父代健康水平的影响，在分析了参保状况的影响后，本节进一步按照父代的健康水平将样本进行分类，统计父代参保状况对父代与子代收入的影响，由于样本的限制，未将父代健康水平进行细分，仅将其划分为健康和不健康两大类，其中健康包括"健康"和"一般"；不健康包括"比较不健康"、"不健康"及"非常不健康"。图 3.16（a）和图 3.16（b）分别为 2010 年、2014 年父代不同健康水平下，是否参加养老保险对父代与子代收入的影响，图 3.17 为父代不同健康水平下，是否参加医疗保险对父代与子代收入的影响。其中，图 3.17（a）为 2010 年的结果，图 3.17（b）为 2014 年的结果。

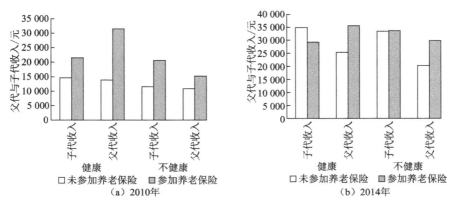

图 3.16 2010 年、2014 年不同健康水平下父代参加养老保险对父代与子代收入的影响

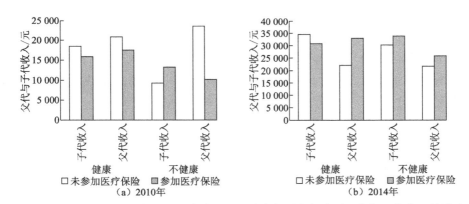

图 3.17 2010 年、2014 年不同健康水平下父代参加医疗保险对父代与子代收入的影响

由图 3.16 可知，2010 年无论父代的身体为健康水平还是不健康水平，对父代和子代来说，都是父代参加养老保险群体的收入要高于未参加养老保险的群体的收入，与未进行健康分类的结果相同。2014 年父代收入状况呈现出与 2010 年相同的状态，但子代收入状况与 2010 年不太一样，在健康群体中，未参加养老保险群体的子代收入高于参加养老保险群体的子代收入，父代身体不健康时，是否参加养老保险子代收入之间并没有明显的差异。在 2010 年中，对比健康群体与不健康群体可以发现，父代身体处于健康状态时，父代参加养老保险与未参加养老保险时，父代与子代的收入差异比不健康状态下两者之间的差异要大，尤其是父代的收入水平。总体而言，父代的身体健康水平并没有对养老保险参保状况的代际传承效应产生很大的影响。

图 3.17 显示了父代身体处于不同的健康状况时，父代参加医疗保险是否会对父代与子代收入产生一定的影响。图 3.17（a）为 2010 年的统计结果，无论父代处于健康状况还是不健康状况，对父代收入而言，都是未参加医疗保险的群体收

入要高于参加医疗保险收入的群体，与未进行健康样本分类的结果相同。但就子代而言，同样是父代未参加医疗保险时健康群体的子代收入较高，但父代身体处于不健康状态时，父代参加医疗保险的子代收入高于未参加医疗保险的子代收入。说明父代是否参加医疗保险对子代造成的约束与父代的健康状况具有很大的关系，当父代身体不健康时，若父代未参加医疗保险，则会给子代提供极大的经济压力，父代的医疗费用的支出可能会形成子代的经济约束，加重其经济负担。2014年的结果进行分样本统计与未进行健康划分的统计结果基本相同。与养老保险相比，父代是否参加医疗保险对代际传承的影响与父代的身体健康状态之间还是有一定关系的。若父代身体不健康时，不参加医疗保险会在很大程度上加重子代经济负担，对子代收入产生一定的负面影响。

（二）家庭经济特征

在个体特征的分析中可以发现，人力资本及社会资本是影响代际收入流动的重要因素，除了父代与子代人力资本与社会资本代际传承外，子代所处的家庭环境也同样会对子代人力资本及社会资本的积累产生重要影响。针对家庭经济特征主要从父代家庭收入及父代家庭资产两方面来进行衡量。

1. 父代家庭收入对子代人力资本投资的影响

人力资本会很大程度影响代际收入流动，而人力资本主要是通过人力资本投资来提升，需要付出一定的成本，子代上学期间的家庭收入水平便是子代教育支出的主要来源。图 3.18 反映了父代家庭收入等级与子代受教育年限之间的关系，图 3.18（a）为 2010 年的数据描述，图 3.18（b）为 2014 年的数据描述。

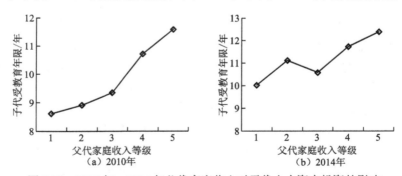

图 3.18　2010 年、2014 年父代家庭收入对子代人力资本投资的影响

图 3.18 为父代的家庭收入对子代人力资本投资的影响，图中横坐标为父代家庭收入的等级，根据父代样本收入进行直方五等分，收入越高，等级越高，第 1 等级为最低收入，第 5 等级为最高收入，图中纵坐标为子代的受教育年限。从图 3.18（a）中可以非常直观地看出，随着父代家庭收入等级的上升，子代的

受教育年限呈现出明显的上升趋势。父代家庭收入的增加可以使得父代拥有更多的财富资本并将其用于子代的教育培训，对子代进行人力资本投资；父代家庭收入不高，子代的教育支出就会受到一定程度的预算约束，子代也因此无法获得更多的人力资本投资。

图 3.18（b）为 2014 年父代的家庭收入等级对子代教育年限的影响，与 2010 年相比，2014 年家庭收入在第二等级之后出现了一个轻微的转折，家庭收入为第三等级子代的受教育年限低于家庭收入为第二等级子代的受教育年限，这可能是由于第二等级与第一等级相比，其人力资本投资约束较小，有一定能力可以为子代提供更多的教育投资。与第三等级父代相比，第二等级的父代想要通过增加子代人力资本投资，让子代收入阶层向上流动的意愿更强。从整体上来看，仍然呈现出子代受教育年限随父代家庭收入的增加呈不断上升的趋势。

2. 父代家庭资产对子代职业选择倾向的影响

除家庭收入外，父代家庭资产同样是一项反映家庭经济特征的重要变量，其会对子代的职业选择倾向产生一定的影响。表 3.8 和表 3.9 分别为 2010 年及 2014 年父代家庭资产处于不同等级时，子代的职业类型分布。

表 3.8　2010 年父代家庭资产五等分子代职业分布表

父代资产等级	子代职业				
	1	2	3	4	5
1	0.0053	0.0426	0.9415	0.0053	0.0053
2	0.0053	0.0423	0.9259	0.0053	0.0212
3	0.0053	0.0315	0.9421	0.0000	0.0211
4	0.0000	0.0426	0.9255	0.0106	0.0213
5	0.0053	0.0370	0.9365	0.0000	0.0212

表 3.9　2014 年父代家庭资产五等分子代职业分布表

父代资产等级	子代职业				
	1	2	3	4	5
1	0.0117	0.0526	0.9182	0.0117	0.0058
2	0.0000	0.0702	0.9182	0.0058	0.0058
3	0.0000	0.0405	0.9538	0.0000	0.0057
4	0.0000	0.0355	0.9527	0.0000	0.0118
5	0.0058	0.0702	0.8830	0.0292	0.0118

表 3.8 为 2010 年父代家庭资产五等分情况下，子代的职业分布情况，表中行

代表父代家庭资产的五个等级，同样是根据父代样本量对家庭资产进行五等分，其中第 1 等级为最低等级，第 5 等级为最高等级；列表示子代职业的分布状况，其中"1"为最稳定型职业，"2"为较稳定型职业，"3"为一般稳定型职业，"4"为较不稳定型职业，"5"为最不稳定型职业。"1"与"2"为稳定型职业，"4"与"5"为不稳定：型职业。表中数据表示在各等级家庭中，子代各类型职业所占的比例。由表 3.8 可知，2010 年，从整体上看，无论父代家庭资产处于哪一等级，子代职业都是一般稳定型所占的比重更大，而且子代职业处于第一类和第二类职业所占的比重要大于第四类和第五类职业，所以整体上，无论家庭资产多少，子代还是倾向于选择稳定型的职业。表 3.9 为 2014 年父代不同资产等级下子代的职业分布，其分布状况与 2010 年基本相同。

父代家庭资产等级对子代的职业选择倾向并没有十分显著的影响，进一步对家庭资产进行划分，划分为住房资产、金融资产、经营资产及土地资产，探究各类资产是否会对子代职业选择倾向产生影响，表 3.10 及表 3.11 分别显示了 2010年及 2014 年在父代是否拥有各项资产的情况下，子代的各类型职业的分布情况。

表 3.10　2010 年父代资产拥有情况与子代职业分布表

资产类型	是否拥有	子代职业				
		1	2	3	4	5
住房资产	否	0.0063	0.0438	0.9375	0.0000	0.0124
	是	0.0051	0.0382	0.9325	0.0051	0.0191
金融资产	否	0.0035	0.0411	0.9321	0.0054	0.0179
	是	0.0078	0.0364	0.9351	0.0026	0.0181
经营资产	否	0.0070	0.0490	0.9207	0.0047	0.0186
	是	0.0039	0.0310	0.9438	0.0039	0.0174
土地资产	否	0.0074	0.0469	0.9259	0.0025	0.0173
	是	0.0037	0.0333	0.9389	0.0056	0.0185

表 3.11　2014 年父代资产拥有情况与子代职业分布表

资产类型	是否拥有	子代职业				
		1	2	3	4	5
住房资产	否	0.0000	0.0222	0.9778	0.0000	0.0000
	是	0.0037	0.0556	0.9222	0.0099	0.0086
金融资产	否	0.0034	0.0338	0.9493	0.0135	0.0000

续表

资产类型	是否拥有	子代职业				
		1	2	3	4	5
金融资产	是	0.0036	0.0644	0.9123	0.0072	0.0125
经营资产	否	0.0037	0.0532	0.9258	0.0099	0.0074
	是	0.0000	0.0652	0.9130	0.0000	0.0218
土地资产	否	0.0050	0.0622	0.9129	0.0124	0.0075
	是	0.0022	0.0464	0.9360	0.0066	0.0088

由表 3.10 可知，无论父代是否拥有各项资产，子代都更倾向于选择一般稳定型及稳定型的职业，具体来看，父代拥有住房资产的子代选择不稳定型职业的比例较没有住房资产的稍大一些。是否拥有金融资产对其子代职业倾向并没有太明显的影响，没有经营资产和土地资产的选择稳定型职业的比例都比拥有这两项资产的要大。表 3.11 显示 2014 年分布情况与 2010 年类似，无论是否拥有某项资产，总体上子代都更倾向于选择稳定型职业。具体来看，拥有住房资产比没有住房资产的群体选择不稳定型职业的比例要大，说明住房、经营资产在一定程度上会影响到子代的职业选择倾向。没有这些资产，子代更倾向于选择更具有安全感的较稳定的职业。

（三）宏观经济特征

在宏观经济特征方面，主要从父代所在地区经济发展状况和社会保险覆盖率两个方面来进行分析。具体分析时划分了东、中、西部样本和各省区市样本，描述了地区经济发展状况及社会保险覆盖率对父代与子代收入及父代与子代间收入差距可能产生的影响。

1. 父代所在地区经济发展状况的影响

在经济学中，衡量一个地区经济发展状况的指标有地区生产总值、人均地区生产总值、人均收入、进出口外贸总额等，一般学者都会采用人均地区生产总值这一宏观经济指标来衡量地区的经济发展状况，此处同样用父代所在地区人均地区生产总值来衡量父代所在地区的经济发展状况。

1）父代所在地区人均地区生产总值对父代与子代收入的影响

在进行代际收入分析之前，本节通过柱状图描述父代所在地区人均地区生产总值与父代收入及子代收入之间的关系。首先根据《中国统计年鉴》的区域划分，将父代所在区域进行东、中、西部划分，研究样本中 2010 年东部地区有北京、天津、河北、辽宁、上海、江苏、浙江、福建、山东、广东 10 个省市，中部地区包括山西、吉林、黑龙江、安徽、江西、河南、湖北、湖南 8 个省，西部地区包括四川、重庆、贵州、云南、陕西、甘肃、广西 7 个省区市，共有 25 个省区市，而 2014 年样本中包含 24 个省区市，与 2010 年相比，没有甘肃省。

　　图 3.19（a）及图 3.19（b）分别反映了 2010 年及 2014 年父代所在地区人均地区生产总值与各地区父代收入及子代收入之间的关系。很明显，无论哪一年，东部地区的人均地区生产总值都远高于中部地区和西部地区，中部地区人均地区生产总值略高于西部地区。与人均地区生产总值趋势相同，从东部地区到西部地区，父代收入和子代收入都是逐渐降低的，东部地区的收入水平最高，西部地区的收入水平最低。说明地区经济发展水平高，当地居民的收入水平一般也较高。对比 2010 年及 2014 年可以发现，2014 年各地区人均地区生产总值及个人收入都分别比 2010 年的高，且对比每年各地区的人均地区生产总值数值及收入数值，2014 年东部地区与中、西部地区之间的地区差异比 2010 年要大，说明我国地区间的收入差距在不断扩大。对比父代收入及子代收入，2010 年，东部地区的父代收入高于子代收入，中部地区的父代收入与子代收入基本持平，2014 年整体上子代收入都超过了父代收入。

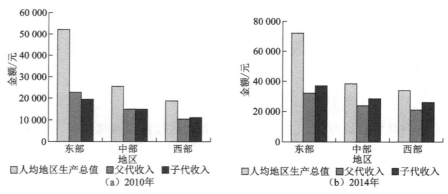

图 3.19　2010 年、2014 年父代所在地区人均地区生产总值对父代与子代收入的影响

　　进一步，对具体的省区市进行分析，由于省区市较多，为了更清晰地展现各省区市人均地区生产总值与父代收入及子代收入的关系，首先以人均地区生产总值为标准进行升序排序，如图 3.20 所示，2010 年上海市人均地区生产总值最高，其次是北京市、天津市；贵州省人均地区生产总值最低，云南、甘肃等省份人均地区生产总值也较低。整体上人均地区生产总值比较高的仍然是东部地区，其次是中部地区，西部地区普遍较低。对人均地区生产总值进行排序后，进一步观察各省区市父代收入及子代收入，可以发现，随着人均地区生产总值的上升，父代与子代收入整体上也是呈向上变化的趋势。

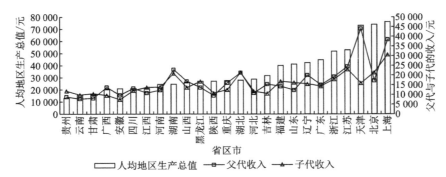

图 3.20　2010 年父代所在省区市人均地区生产总值对父代与子代收入的影响

除此之外，图 3.20 中有几个明显的转折，如湖南省、湖北省、天津市、北京市。天津市尤其明显，人均地区生产总值很高，但子代收入很低。天津市的这种结果可能是产业结构不合理所导致的，目前天津产业结构多以第二产业为主，第二产业能够创造很高的地区生产总值，但并不能提升居民的普遍收入，大型工厂多依赖国家工业投资，不能提供更多的就业机会，而收入较高的金融、互联网行业在天津占比较少。图 3.21 为 2014 年父代所在省区市人均地区生产总值及父代与子代收入之间的关系，其整体趋势仍是随着地区人均地区生产总值的增加，父代与子代收入整体呈上升的趋势。

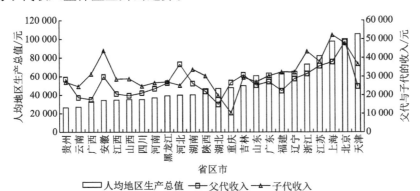

图 3.21　2014 年父代所在省区市人均地区生产总值对父代与子代收入的影响

2）父代所在地区人均地区生产总值对父代与子代收入差距的影响

本节研究了地区人均地区生产总值和父代与子代收入之间的关系，进一步分析地区人均地区生产总值对代际收入传承的影响，主要描述地区人均地区生产总值与父代与子代绝对收入差距及父代与子代相对收入差距之间的关系。图 3.22 为分地区的数据描述，图 3.23 及图 3.24 分别为 2010 年和 2014 年父代所在省区市人均地区生产总值与父代与子代收入差距的关系。

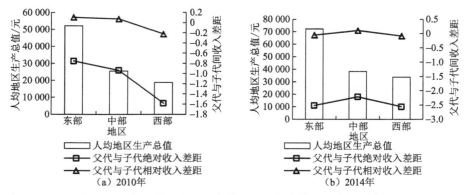

图 3.22　2010 年、2014 年父代所在地区人均地区生产总值对父代与子代收入差距的影响

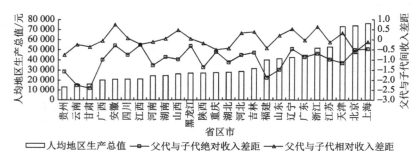

图 3.23　2010 年父代所在省区市人均地区生产总值对父代与子代收入差距的影响

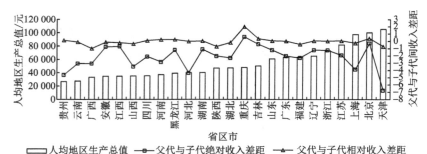

图 3.24　2014 年父代所在省区市人均地区生产总值对父代与子代收入差距的影响

如图 3.22 所示,横坐标为地区划分,左侧纵坐标轴为各地区人均地区生产总值,右侧为父代与子代间收入差距,收入差距用绝对收入差距及相对收入差距来进行衡量,与前文相同,绝对收入差距是用父代与子代之间的收入差比上父代的收入,相对收入差距指父代与子代之间的收入等级差。此处的收入差距采用的都是未加绝对值的数值。图 3.22（a）为 2010 年的数据描述,图 3.22（b）为 2014 年的数据描述。

由图 3.22 可知,2010 年,从东部地区至中部地区,再至西部地区,人均地区生产总值逐渐下降，而父代与子代之间的绝对收入差距及相对收入差距在数值上也呈现出逐渐下降的趋势。从绝对收入差距来看，无论哪个地区，其绝对收入差距都为负值，即父代收入都小于子代收入，数值越来越小，说明东部地区父代与子代之间的绝对收入差距最小，其次是中部地区，最后是西部地区。东部地区父代与子代绝对收入差距最接近 0，说明东部地区父代与子代收入比较接近，父代与子代收入的传承性较强。而西部地区父代与子代之间绝对收入差距数值特别小，说明子代的收入极大地超过了父代收入。这是由于东部沿海地区经济较为发达，父代收入较高，能为子代提供的财富资本及社会资本较多，一方面有利于子代自身人力资本及社会资本的积累，获得更高的收入，另一方面，父代能够直接传承给子代的财富较多。而西部地区父代收入较低，子代无法获得更多的资本积累，便会有更大的动力去通过自身努力增加收入，改变自身生活条件。

从相对收入差距来看，2010 年东部地区的相对收入差距为正值，中部地区接近 0，西部地区相对收入差距为负值，说明东部地区父代的收入等级要高于子代，中部地区父代与子代收入等级基本相同，西部地区子代收入等级超过了父代。从相对收入差距数值来看，东部地区父代与子代之间收入等级差最大，收入流动性最强，西部地区父代与子代间收入等级差较小，收入流动性较差，说明西部地区子代收入虽然在向上流动，但时其流动性并不是很大。而 2014 年的趋势则与 2010 年存在一些差别，2014 年的人均地区生产总值仍然是东部地区最高，其次是中部地区，西部地区最低，但是从父代与子代绝对收入差距来看，三个地区绝对收入差距都为负值，但是东、西部地区数值都较小，中部地区的绝对收入差距最接近 0，说明在 2014 年，中部地区父代与子代之间的收入差距最小，收入传承性更强。

进一步分析各省区市人均地区生产总值对父代与子代收入差距的影响，图 3.23 为 2010 年父代所在省区市人均地区生产总值对父代与子代收入差距的影响，图 3.24 为 2014 年的数据描述。由图 3.23 可知父代与子代绝对收入差距数值最小的是甘肃省，其次是云南省，说明甘肃省父代与子代之间的收入差距最大，子代的收入极大地超过了父代。如图 3.24 所示，天津市出现了明显的异常，其人均地区生产总值很高，但是父代与子代绝对收入差距数值极小，即子代的收入水平在很大程度上超越了父代。这可能是由天津市产业结构的不合理导致父代收入水平较低，而近年来，在京津冀协同发展的大背景下，天津市开始进行产业结构性改革，着重提高发展的质量和效益，同时建设天津自贸试验区，不断重视创新型企业、金融产业发展，子代收入水平获得很大的提升。总体来说，地区的经济发展状况对父代与子代代际收入传承会产生很大的影响，是不容忽略的重要因素。

2. 父代所在地区社会保险覆盖率的影响

社会保障制度是经济发展的调节器、社会发展的稳定器，社会保障制度可以在一定程度上保障居民最基本的生活需求，改善居民的生活状况，并通过再分配来缓解收入差距，在代际收入传承问题中，地区的社会保障状况是不可忽略的因素，本书主要通过地区社会保险覆盖率来衡量社会保障状况。

1）父代所在地区社会保险覆盖率对父代与子代收入的影响

对父代所在地区的社会保险覆盖率及父代与子代收入之间的关系进行描述，图 3.25 显示了父代所在地区社会保险覆盖率对父代与子代收入的影响，图 3.25（a）为 2010 年的数据描述，图 3.25（b）描述了 2014 年的情况。图中横坐标表示地区划分，左侧纵坐标为父代所在地区的社会保险覆盖率，右侧为父代与子代的收入。由图 3.25 可知，无论是 2010 年还是 2014 年，都是东部地区的社会保险覆盖率较高，其次是中部地区，西部地区的社会保险覆盖率最低。结合父代与子代的收入状况来看，社会保险覆盖率越高的地区，父代与子代的收入也越高。具体划分省区市进行分析，如图 3.26 及图 3.27 所示，无论是 2010 年还是 2014 年，随着地区社会保险覆盖率的不断上升，整体上父代与子代收入都基本呈现上升的趋势。

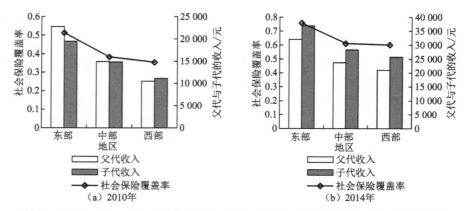

图 3.25　2010 年、2014 年父代所在地区社会保险覆盖率对父代与子代收入的影响

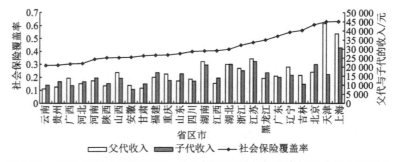

图 3.26　2010 年父代所在省区市社会保险覆盖率对父代与子代收入的影响

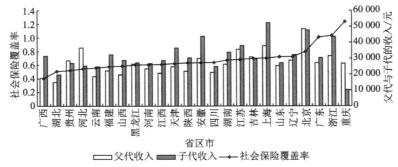

图 3.27　2014 年父代所在省区市社会保险覆盖率对父代与子代收入的影响

2）父代所在地区社会保险覆盖率对父代与子代收入差距的影响

进一步，分析父代所在地区社会保险覆盖率对父代与子代收入差距的影响，父代与子代收入差距同样从绝对收入差距和相对收入差距两个角度来进行衡量。图 3.28 描述了父代所在地区社会保险覆盖率对父代与子代收入差距的影响。其中图 3.28（a）为 2010 年的情况，图 3.28（b）为 2014 年的数据描述。图中横坐标为父代所在地区划分，左侧纵坐标为社会保险覆盖率，右侧纵坐标为父代与子代收入差距。

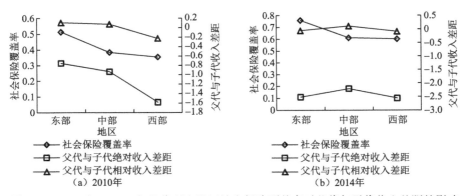

图 3.28　2010 年、2014 年父代所在地区社会保险覆盖率对父代与子代收入差距的影响

由图 3.28 可知，2010 年东部地区的社会保险覆盖率最高，其次是中部地区，西部地区最低，从父代与子代绝对收入差距来看，三个地区的收入差距都为负值，即父代的收入都低于子代的收入，三个地区进行比较，东部地区最接近 0，说明东部地区的父代与子代之间的绝对收入差距最小，东部地区父代与子代收入传承性较强，西部地区数值最小，说明西部地区子代的收入远远超过了父代的收入，西部地区子代超越父代的可能性更大。从相对收入差距来看，东部地区的相对收入差距大于 0，中部地区最接近 0，而西部地区相对收入差距则小于 0，说明中部

地区父代与子代之间的收入等级差距很小，等级流动性不强，西部地区子代的收入等级高于父代，而东部地区子代的收入等级则没有超过父代。

2014 年，东、中、西部的社会保险覆盖率呈现出依次下降的趋势，从父代与子代间绝对收入差距来看，东、中、西部地区的绝对收入差距都小于 0，父代的收入差距都小于子代的收入，但与 2010 年有所不同的是，2014 年东部地区和西部地区的绝对收入差距数值都比较小，相对而言，中部地区父代与子代之间的绝对收入差距更接近 0，2014 年中部地区父代与子代之间的收入传承性更强。

由于 2010 年和 2014 年的结论出现一些偏差，进一步进行具体省区市的划分来分析，图 3.29 为 2010 年父代所在省区市社会保险覆盖率对父代与子代收入差距的影响，图 3.30 为 2014 年的数据描述。在分省区市进行分析时，同样将各省区市的社会保险覆盖率按照升序进行排列，比对父代与子代绝对收入差距及相对收入差距的变化。图中左侧纵坐标为社会保险覆盖率，右侧纵坐标为父代与子代间收入差距。由图 3.29 可知，各省区市之间随着社会保险覆盖率的逐渐增加，其绝对收入差距整体上也呈现出上升的趋势，且基本都小于 0，即从整体上看，地区社会保险覆盖率越高，其绝对收入差距越接近 0，即父代与子代之间收入传承性更强。

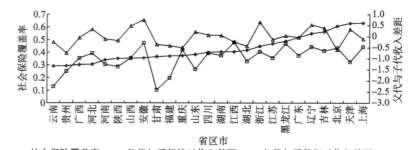

图 3.29　2010 年父代所在省区市社会保险覆盖率对父代与子代收入差距的影响

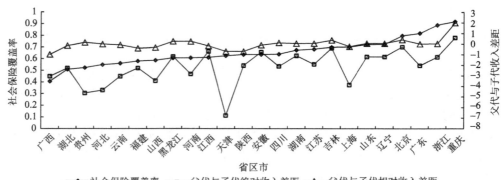

图 3.30　2014 年父代所在省区市社会保险覆盖率对父代与子代收入差距的影响

在绝对收入差距曲线中，出现了明显的异常值，即甘肃省，甘肃省社会保险覆盖率并不是最低的，超过了其他 8 个省区，但其绝对收入差距数值最小，即子代收入远超过父代，结合甘肃省经济发展状况可以发现，甘肃省 2010 年的人均地区生产总值排名倒数第三，经济发展水平比较落后，父代没有更多的资本积累可以传承给子代，在这种条件下，子代想要赚钱改变自身状况的意愿会更加强烈，其超过父代收入的可能性也就更大。

从相对收入差距来看，整体上并没有很明显的变化趋势，但是从图 3.30 可以发现，2014 年父代与子代间相对收入差距与社会保险覆盖率曲线走向基本一致，即社会保险覆盖率越高，父代与子代之间收入等级差距越大，在社会保险覆盖率比较低的省区市，相对收入差距基本小于 0，说明父代收入等级低于子代的收入等级，但在社会保险覆盖率较高的省区市，相对收入差距基本大于 0，说明子代收入等级难以超越父代。从绝对收入差距来看，2014 年整体趋势与 2010 年相同，但出现了明显的异常值天津，在 2014 年中，天津的社会保险覆盖率基本处于中等水平，但其绝对收入差距数值最小，即天津市父代与子代之间的收入差距很大，子代收入极大地超越了父代。这一异常点可能是导致 2014 年东部地区绝对收入差距值变小的原因。总体上来看，地区社会保险覆盖率会在一定程度上影响该地区父代与子代代际收入传承。

第四节　小　　结

在第二章中，本书采用代际收入弹性、相关系数、父代与子代代际收入转置矩阵等方法考察了中国居民代际收入的流动性问题，计算结果表明中国居民代际收入流动性存在着一定的城乡差异、性别差异、区域差异及收入等级差异，但是这些结果仅仅说明了我国居民代际收入流动性目前面临的现状，并不能显示出其内在的传递机制。本章主要通过对已有研究文献的阅读梳理，总结出国内外学者所证实的中国居民代际收入传递背后的影响路径，着重从经济学角度推导出这一过程中可能存在的内在影响机理。通过简单的数据描述性分析，初步探究数据库中存在的可能会影响代际收入传递的变量，为后文进行代际收入传递机制的实证分析找到事实依据，打好理论基础，做好数据准备。

本章共有三节主要内容，第一节分别从人力资本特征、社会资本特征、财富资本特征等其他特征方面，综述了目前国内外学者针对代际收入流动影响机制问题进行的研究；第二节分别从个体特征、家庭经济特征及宏观经济特征这三个角度，对其作为传递机制影响代际收入流动性的内在机理进行了经济学理论推导；第三节对本书所使用的数据来源进行了介绍，通过数据统计、图表描述等方法，对研究样本变量的分布情况及变量之间的相关关系进行了描述性分析，为下一步构建具体的理论模型，进行实证分析做好充分的准备。通过描述性统计分析，主要可以得到以下结论。

（1）父代与子代收入对数基本都呈现正态分布，样本数据分布较为合理。

（2）当父代处于不同收入等级时，代际收入传承存在着一定的差异。父代收入等级较低时，子代收入向上流动的可能性更大；父代收入等级越高，子代收入水平越难以超越父代收入水平；一般中产阶级的收入传承性较强。

（3）父代与子代的教育程度存在着较强的代际传承。一般父代的教育水平越高，子代的教育水平同样较高，且无论父代处于哪个教育水平，子代的教育水平基本都要高于父代，即子代教育程度整体上是向上流动的。

（4）父代与子代职业代际传承呈现出很强的黏性。从职业稳定性来看，整体上，绝大多数样本都倾向于选择稳定程度一般的职业；若父代从事稳定性较高的职业，子代同样会选择稳定的职业，子代的职业选择一定程度上会受到父代思想的影响。

（5）父代的健康状况会对代际收入传承产生一定的影响。父代健康状况恶化，会降低父代的收入水平，同时会给子代带来一定的经济约束或者是工作动力，在一定程度上影响子代收入，健康状况对代际收入传承的影响方向并不固定。

（6）父代的参保状况同样会影响到代际收入传承。父代参加养老保险或医疗保险，可以在一定程度上减轻子代的经济压力，或者增强其工作意愿，继而影响到代际收入传承。

（7）父代家庭收入的增加会提高子代的人力资本水平。子代的人力资本是获得收入的一项重要能力，而人力资本的提升需要人力资本投资的不断增加，而这主要取决于父代的家庭收入水平。

（8）父代家庭资产会在一定程度上影响到子代的职业选择。父代没有住房资产、金融资产、土地资产，子代更倾向于选择稳定型职业。

（9）由于地区经济发展状况及社会保险覆盖率的不同，代际收入传承存在着一定的地区差异。西部地区经济发展比较落后，社会保险覆盖率较低，子代收入超过父代的可能性极大；而东部地区经济发展水平较高，社会保障制度完善，子代收入很难超过父代。

第四章 绝对收入差距代际传递影响机制的实证研究

本书第三章研究收入差距的代际传递机制,主要是对影响收入差距代际传递的一些因素进行了综述、描述性统计、逻辑分析,目的在于从理论上分析代际收入差距流动传递机制。为了进一步分析收入差距代际传递的影响机制,本章构建绝对收入差距代际传递影响机制的实证研究模型,以考察各个因素具体影响收入差距代际传递过程。本章内容一共分为六节,第一节为模型与变量,第二节为基本模型的实证分析,第三节为考虑个人因素的实证分析,第四节为考虑家庭经济因素的实证分析,第五节为考虑宏观因素的实证分析,第六节为小结。

第一节 模型与变量

本章构建的实证模型分别是基本模型、考虑个人因素的实证模型、考虑家庭经济因素的实证模型、考虑宏观因素的实证模型,并分别从绝对化和矢量化角度测度父代与子代间的绝对收入差距。具体模型如下。

(1)基本模型为

$$GAP = \alpha + \beta_1 FY + \beta_2 FX + \varepsilon \tag{4.1}$$

(2)考虑个人因素的实证模型为

$$GAP = \alpha + \beta_1 FY + \beta_2 FX + \beta_3 FP + \varepsilon \tag{4.2}$$

(3)考虑家庭经济因素的实证模型为

$$GAP = \alpha + \beta_1 FY + \beta_2 FX + \beta_4 FE + \varepsilon \tag{4.3}$$

(4)考虑宏观因素的实证模型为

$$GAP = \alpha + \beta_1 FY + \beta_2 FX + \beta_5 FM + \varepsilon \tag{4.4}$$

式中,GAP 表示父代与子代收入差距;FY 表示父亲收入衡量指标;FX 表示控制变量(父亲的人口学特征);FP 表示影响父代与子代收入差距的父亲个人因素;FE 表示影响父代与子代收入差距的父亲家庭经济因素;FM 表示影响父代与子代收入差距的宏观因素；ε 表示随机干扰项。具体变量及解释见表 4.1。

表 4.1　绝对收入差距代际传递影响机制的模型变量

变量类型	变量名称	变量英文名称	变量解释	变量内容
被解释变量	父代与子代收入差距（GAP）	diffsf	父代与子代间的收入差比	$\text{diffsf} = \dfrac{\text{fincome} - \text{sincome}}{\text{fincome}}$
		diffsfabs	父代与子代间收入差比的绝对值	$\text{diffsfabs} = \left\| \dfrac{\text{fincome} - \text{sincome}}{\text{fincome}} \right\|$
解释变量	父亲收入衡量指标（FY）	lnfincome	父亲年总收入的对数	$\text{lnfincome} = \ln(\text{fincome})$
	父亲个人因素（FP）	feduy	父亲受教育年限	
		furban	父亲户籍城乡分类	1.城镇；0.农村
		fhealthy	父亲健康状况	1.健康；2.一般；3.比较不健康；4.不健康；5.非常不健康
		fcouple1	父亲婚姻是否持久稳定	1.是；0.否
		foccup5	父亲职业类型（五大类）	1.非常稳定型职业；2.较稳定型职业；3.一般稳定型职业；4.较不稳定型职业；5.非常不稳定型职业
		finendowment	父亲是否参加养老保险	1.是；0.否
		finmedical	父亲是否参加医疗保险	1.是；0.否
	父亲家庭经济因素（FE）	fhincome	父亲家庭总收入/元	
		fasset	父亲家庭总资产/元	
		fifhouseasset	父亲家庭是否有住房资产	1.是；0.否
		fiffinanceasset	父亲家庭是否有金融资产	1.是；0.否
		fifoperateasset	父亲家庭是否有经营资产	1.是；0.否
		fiflandasset	父亲家庭是否有土地资产	1.是；0.否
	宏观因素（FM）	fpergdp	父亲所在地区的人均地区生产总值/元	
		finsurance	父亲所在地区的基本社会保险覆盖率	
控制变量	父亲人口学特征（FX）	fage	父亲年龄	
		sfage	父亲年龄的平方	$\text{sfage} = \text{fage}^2$
		fcentral	父亲所在地区是否属于中部	1.是；0.否
		fwest	父亲所在地区是否属于西部	1.是；0.否

　　模型中所涉及的被解释变量包括衡量父代与子代间绝对化收入差距（父代与子代间收入差比的绝对值）和矢量化收入差距（父代与子代间的收入差比）的两个变量，其中用父代与子代间收入差比的绝对值来测度父代与子代间的绝对收入差距，但该值不能体现出不同收入和特征的父亲对应的儿子收入超越父亲收入的难易程度如何，基于此为进一步考察各个因素对父代与子代间绝对收入差距变动方向的具体影响，本书同时运用绝对收入差距的矢量化度量计量模型进行实证检验，用父代与子代间的收入差比不加绝对值作为被解释变量来考察子代在收入上超越其父代的能力。因此，本章的第二节至第五节的实证研究中，先后分析了绝对收入差距的绝对化度量和绝对收入差距的矢量度量的影响机制。

第二节　基本模型的实证分析

一、绝对收入差距的绝对化度量

　　本书对绝对收入差距绝对化度量的基本模型进行 ols 回归，考虑到本书所选取的样本数据为截面数据，ols 回归结果的残差项可能存在异方差，因此为保证所构建的基本模型（4.1）能够合理地估计所需要的参数，本书又进一步选择怀特检验对绝对收入差距绝对化度量基本模型的异方差进行检验，检验结果如表 4.2 所示。

表 4.2　绝对收入差距绝对化度量基本模型的异方差检验

原假设 H_0：不存在异方差；备择假设 H_1：存在异方差

检验指标	2010 年	2014 年
χ^2	52.69	60.51
df	16	16
$p(x > \chi^2)$	0.0000	0.0000

　　从表 4.2 怀特检验的结果中可以看出，2010 年的 χ^2 值为 52.69，df 值为 16，伴随的 p 值为 0.0000，表明在 1%的显著性水平上拒绝"H_0：不存在异方差"的原假设，2014 年的 χ^2 值为 60.51，df 值为 16，p 值是 0.0000，远小于 0.01，在 1%的显著性水平上拒绝原假设（H_0：不存在异方差），说明模型存在异方差，因此本书进一步采用 wls 方法进行异方差调整，同时又与 2010 年和 2014 年模型的 ols 回归结果进行比较，如表 4.3 所示。

表 4.3 绝对收入差距绝对化度量基本模型的回归

变量	2010 年 ols 父代与子代间收入差比的绝对值	2010 年 wls 父代与子代间收入差比的绝对值	2014 年 ols 父代与子代间收入差比的绝对值	2014 年 wls 父代与子代间收入差比的绝对值
父亲年总收入的对数	−1.342***	−0.434***	−4.743***	−1.199***
	（0.109）	（0.044）	（0.288）	（0.074）
父亲年龄	0.083	−0.073	−1.146***	−0.121
	（0.150）	（0.060）	（0.442）	（0.102）
父亲年龄的平方	−0.001	0.001	0.012***	0.001
	（0.001）	（0.001）	（0.004）	（0.001）
父亲所在地区是否属于中部	−0.251	−0.124	−1.223**	−0.331***
	（0.247）	（0.094）	（0.555）	（0.118）
父亲所在地区是否属于西部	−0.414*	−0.217**	−1.652*	−0.380**
	（0.248）	（0.096）	（0.858）	（0.183）
常数项	11.120***	6.356***	77.590***	15.820***
	（4.081）	（1.616）	（12.010）	（2.774）
观测值	945	945	855	855
可决系数	0.177	0.143	0.338	0.279

注：括号内表示标准误差项
*、**和***分别代表系数在 10%、5%和 1%水平上显著

表 4.3 显示了 2010 年和 2014 年绝对收入差距绝对化度量基本模型的回归分析结果。考虑到模型 ols 回归的残差项存在异方差，本书进一步采用 wls 调整异方差，根据父亲年总收入的对数指标对父代与子代绝对收入差距的异方差调整前后对比结果来看，父亲年总收入的对数变量在 2010 年和 2014 年的异方差调整前后的结果对父代与子代间绝对收入差比的绝对值影响在方向上没有变化，而且回归系数都在 1%的显著水平上显著为负，因此异方差对该变量在模型中的影响不大，说明父亲的收入越高，对其子代的收入影响越大，代际收入流动性越弱。从父亲收入的年度动态变化来看，父亲年总收入的对数的 ols 回归系数从 2010 年−1.342下降到 2014 年的−4.743，wls 回归系数从 2010 年的−0.434 下降到 2014 年的−1.199，说明父代收入对子代收入的负向影响是逐年增强的。

从控制变量回归结果来看，2010 年的父亲年龄变量的回归系数在异方差调整之前是为正，调整之后是为负，但均不显著，说明异方差对 2010 年的父亲年龄项回归结果有影响。2014 年父亲年龄变量的回归系数在异方差调整之前是显著为负，但在调整之后的负影响不显著，则异方差的存在对该变量在回归过程中有显

著影响。2010 年父亲年龄的平方项系数在异方差调整之前为负，调整之后为正，并且均不显著，表明异方差在调整前后的回归方向上是有影响的，但影响较弱。2014 年父亲年龄的平方项系数在异方差调整之前显著为正，回归系数为 0.012，调整之后的正向影响不显著，因此异方差的影响不明显。

从地区哑变量的实证结果来看，中部地区哑变量的回归系数在 2010 年和 2014 年异方差调整前后均为负。2010 年的异方差调整前后的回归系数均不显著，2014 年异方差调整前后中部地区哑变量的回归系数均显著为负，但在数值上有所变化，2014 年 ols 回归系数为 -1.223，wls 回归系数为 -0.331。西部地区哑变量的回归系数在 2010 年和 2014 年异方差调整前后都显著为负，2010 年的 ols 回归系数为 -0.414，wls 回归系数为 -0.217，2014 年的 ols 回归系数为 -1.652，wls 回归系数为 -0.380。从年度动态变化来看，中部地区的 wls 回归系数从 2010 年的 -0.124 下降到 2014 年的 -0.331，西部地区的 wls 回归系数从 2010 年的 -0.217 下降到 2014 年的 -0.380，而且在数值上都小于中部地区，因此相对于东部地区来说，中部地区和西部地区的父亲收入对父代与子代绝对收入差距的影响都在减弱，西部地区父代与子代间收入绝对化差距最小，也即从代际收入地位传承来看，西部地区代际传承最为明显，其次是中部地区，东部地区代际传承最弱，这意味着相较于经济不发达地区而言，经济发达地区的代际收入流动性更强，阶层固化现象更弱，社会公平性更好。

二、绝对收入差距的矢量度量

为保证本书所构建的绝对收入差距矢量度量基本模型（4.1）能够合理地估计所需参数，从所选取的研究样本数据为横截面数据角度来考虑，模型的残差可能会存在异方差，本书选择怀特检验方法对模型的 ols 回归结果进行了异方差检验，检验结果如表 4.4 所示。

表 4.4 绝对收入差距矢量度量基本模型的异方差检验

原假设 H_0：不存在异方差；备择假设 H_1：存在异方差

检验指标	2010 年	2014 年
χ^2	52.92	52.92
df	16	16
$p(x > \chi^2)$	0.0000	0.0000

表 4.4 显示了绝对收入差距矢量度量基本模型的异方差检验结果，从表中的数据可以看出，2010 年和 2014 年的检验结果相同，χ^2 值都是 52.92，df 值也都是 16，p 值都为 0.0000，在 1% 的显著性水平上拒绝原假设（H_0：不存在异方差），表明模型存在异方差，需要进一步调整。因此本书运用 wls 方法对模型所选用的

截面数据的异方差进行处理，进一步分别比较当年的 ols 回归结果，如表 4.5 所示。

表 4.5　绝对收入差距矢量度量基本模型的回归

变量	2010 年 ols 父代与子代间的收入差比	2010 年 wls 父代与子代间的收入差比	2014 年 ols 父代与子代间的收入差比	2014 年 wls 父代与子代间的收入差比
父亲年总收入的对数	1.646*** （0.109）	0.665*** （0.043）	4.976*** （0.287）	1.480*** （0.076）
父亲年龄	−0.259* （0.151）	−0.099* （0.059）	0.958** （0.439）	−0.036 （0.104）
父亲年龄的平方	0.002 （0.001）	0.001 （0.001）	−0.010** （0.004）	−0.000 （0.001）
父亲所在地区是否属于中部	0.303 （0.248）	0.161* （0.091）	1.307** （0.552）	0.440*** （0.121）
父亲所在地区是否属于西部	0.594** （0.249）	0.368*** （0.093）	1.727** （0.853）	0.490*** （0.187）
常数项	−8.438** （4.104）	−3.042* （1.574）	−73.980*** （11.930）	−13.460*** （2.839）
观测值	945	945	855	855
可决系数	0.245	0.286	0.363	0.375

注：括号内表示标准误差项

*、**和***分别代表系数在 10%、5%和 1%水平上显著

　　表 4.5 为绝对收入差距矢量度量基本模型 2010 年和 2014 年异方差调整（wls 回归）前后的回归结果。从衡量父亲收入指标父亲年总收入的对数的回归系数结果来看，2010 年和 2014 年异方差处理前后，即 ols 和 wls 的回归系数均在 1%的显著性水平上显著正向影响父代与子代间的收入差距。从回归系数结果来看，2010 年 wls 回归系数和 2014 年 wls 的回归系数都表明，父亲收入水平越高会显著地增大父代与子代间的绝对收入差距，这也就说明了父亲的年总收入越高，子代想要超越其父亲年总收入的难度就越大，但相反如果是父亲的年总收入越低，那么子代超越父亲年总收入就越容易，也即其代际收入流动性越强。通过年度动态回归数据比较可以看出，相较于 2010 年 wls 回归系数 0.665 而言，2014 年父亲年总收入的对数的 wls 回归系数为 1.480，比 2010 年的 wls 回归系数提高了 0.815，这种变化说明高收入父亲的子代实现年总收入超越父亲年总收入会变得更加困难，相反低收入父亲的子代超越父亲年总收入会变得更加容易，因此父代与子代间的绝对收入差距是在逐年缩小，代际传承减弱，代际收入流动性增强。

　　从控制变量的 2010 年和 2014 年的计量结果可以看出，2010 年的父亲年龄和父亲年龄的平方变量及 2014 年的父亲年龄的平方变量异方差处理后的回归结果在对父代与子代间的绝对收入差距影响方向上均保持不变，说明样本模型残差项的异方差对这些变量在绝对收入差距矢量度量基本模型的回归中影响不大。根据 2010 年

和 2014 年的 wls 回归系数来看，父亲年龄的平方变量对父代与子代间的绝对收入差距的影响在 2010 年为正，在 2014 年为负，但均不显著，而且系数非常小。因此，随着时间推移，父亲年龄对父代与子代间绝对收入差距的影响呈减弱趋势。

从地区哑变量的计量结果来看，2010 年和 2014 年中部地区哑变量和西部地区哑变量的 ols 回归系数均为正，并且经过异方差处理后，中部地区哑变量和西部地区哑变量的 wls 回归系数显著为正，表明虽然样本研究数据存在异方差，但对地区哑变量的回归结果影响不大。进一步分析回归结果发现，西部地区哑变量的回归系数要大于中部地区哑变量的回归，因此相比于东部地区而言，中部地区和西部地区父代收入高于子代收入的情况更加明显，说明子代收入实现代际超越的难易程度存在着地域性差别，东部地区最容易，其次是中部地区，西部地区最难。从年度变动来看，中部地区哑变量系数从 2010 年 wls 回归的 0.161 增加到 2014 年 wls 回归的 0.440，西部地区哑变量系数从 2010 年 wls 回归的 0.368 增加到 2014 年 wls 回归的 0.490，可以明显看出中、西部地区哑变量的回归系数随时间变化都增大了，在地域上表现出相较于东部，中、西部地区子代在绝对收入上超越父亲的难度在逐年增大。

第三节　考虑个人因素的实证分析

一、绝对收入差距的绝对化度量

本书对考虑个人因素的实证模型进行 ols 回归，同时考虑到样本选择的数据类型，进而又选择怀特检验方法对所构建绝对收入差距绝对化度量考虑个人因素的模型（4.2）进行异方差检验，以保证模型能够更加合理地估计所需参数，检验结果如表 4.6 所示。

表 4.6　绝对收入差距绝对化度量考虑个人因素的异方差检验

原假设 H_0：不存在异方差；备择假设 H_1：存在异方差

检验指标	2010 年	2014 年
χ^2	63.70	108.48
df	71	75
$p(x > \chi^2)$	0.7185	0.0069

从表 4.6 绝对收入差距绝对化度量考虑个人因素的异方差检验结果中可以看出，2010 年的 χ^2 值为 63.70，df 值是 71，p 值是 0.7185，在大于 10% 的显著性水平上不能拒绝"H_0：不存在异方差"的原假设，即该模型不存在异方差，但是 2014 年的 χ^2 值为 108.48，df 值是 75，p 值是 0.0069，远小于 0.01，在 1% 的显著性水

平上拒绝原假设（H₀：不存在异方差），说明模型存在异方差，因此本书进一步对 2014 年绝对收入差距绝对化度量考虑个人因素的模型采用 wls 方法进行异方差调整，并与 2014 年模型的 ols 结果进行了对比，详细结果见表 4.7。

表 4.7　绝对收入差距绝对化度量考虑个人因素的回归

变量	2010 年 ols 父代与子代间收入差比的绝对值	2014 年 ols 父代与子代间收入差比的绝对值	2014 年 wls 父代与子代间收入差比的绝对值
父亲年总收入的对数	−1.418***	−4.941***	−1.217***
	（0.117）	（0.298）	（0.076）
父亲受教育年限	0.005	0.221***	0.026*
	（0.025）	（0.063）	（0.013）
父亲户籍城乡分类	−0.088	0.339	0.028
	（0.220）	（0.519）	（0.110）
父亲健康状况	0.011	−0.468**	−0.001
	（0.113）	（0.234）	（0.049）
父亲婚姻是否持久稳定	−1.935	−0.163	−0.014
	（3.044）	（3.302）	（0.663）
父亲职业类型（五大类）	−0.002	0.422	0.012
	（0.193）	（0.665）	（0.147）
父亲是否参加养老保险	0.718***	−1.011*	−0.074
	（0.261）	（0.592）	（0.123）
父亲是否参加医疗保险	−0.368	2.200**	0.405*
	（0.309）	（1.119）	（0.231）
常数项	14.740***	77.900***	15.730***
	（5.142）	（13.080）	（3.003）
父亲年龄	控制	控制	控制
父亲年龄的平方	控制	控制	控制
父亲所在地区是否属于中部	控制	控制	控制
父亲所在地区是否属于西部	控制	控制	控制
观测值	945	855	855
可决系数	0.185	0.355	0.283

注：括号内表示标准误差项

*、**和***分别代表系数在 10%、5%和 1%水平上显著

表 4.7 显示出了绝对收入差距绝对化度量考虑个人因素的回归结果，父亲收入的衡量指标父亲年总收入的对数在 2010 年和 2014 年的回归系数均在 1%的显著性水平上显著为负，父亲年总收入的对数在 2010 年模型的 ols 回归系数为−1.418，其

中 2014 年的回归模型存在异方差，父亲年总收入的对数变量在 2014 年异方差调整前的回归系数为−4.941，调整后的回归系数在方向上没有变化，在数值上变为−1.217。从 2010 年和 2014 年的总体回归结果来看，父亲的年总收入的对数对父代与子代间绝对收入差距的显著负向影响表明，父亲年总收入越高，父代与子代间的收入差距越小，父代与子代间代际传承越强，代际收入流动性越小，父代与子代间收入在一定程度上存在固化现象，需要进一步采取政策措施来改善。

从父亲个人因素的衡量指标来看，第一，父亲的受教育年限变量在 ols 回归中的系数虽然不显著但也为正值，在 2014 年异方差处理后显著正向影响父代与子代间绝对收入差距，也就是说，父代受教育年限越长，父代与子代间收入差距越大，代际收入流动性越强。第二，父亲户籍城乡分类变量在 2010 年的 ols 回归系数为负，但 2014 年异方差调整前后的回归系数均为正，表明异方差的存在对父亲户籍城乡分类变量影响较小。从年度回归结果来看，随着父亲户籍的城镇化程度增加，父代与子代间的绝对收入差距增大，代际传承也会减弱，代际收入流动性增大。第三，从父代健康状况回归结果来分析，2010 年父亲健康状况的 ols 回归结果为正，但不显著，2014 年异方差处理前的 ols 回归系数−0.468，在 5% 的显著性水平上显著负相关，但经过异方差处理后的 wls 回归系数变为负向不显著，异方差的影响在方向上没有变化，因此对变量的回归结果影响不大。父亲的健康状况对父代与子代间绝对收入差距的影响在年度变化上表现出由正向的影响变为负向的影响，说明父亲的健康状况越差，父代与子代间绝对收入差距越小，父代与子代代际传承越强。第四，从表 4.7 中可以看出，父亲婚姻是否持久稳定变量在 2010 年和 2014 年都负向地影响父代与子代间收入差距，进一步表明了父代婚姻状况越是稳定持久的家庭，父代与子代间的绝对收入差距越小。第五，父亲职业类型变量在 2010 年的 ols 回归结果中，对父代与子代收入差距有负的影响倾向，但 2014 年经过异方差调整的 wls 回归结果在影响方向上与 2010 年刚好相反，因此 2014 年的 wls 回归结果说明父亲的职业类型越不稳定，父代与子代间的绝对收入差距越大，代际传承程度越弱，代际收入流动性越强。第六，从父代社会保障参保状态来看，2014 年研究样本经异方差处理后父亲是否参加养老保险和父亲是否参加医疗保险变量的回归系数在方向上均没有变化，说明模型残差项的异方差对父代社会保障参保影响较小，父亲是否参加养老保险在 2010 年模型回归中与父亲收入差比的绝对值显著正相关，但 2014 年变为负向影响。父亲是否参加医疗保险变量在 2010 年模型回归中负向影响父代与子代间绝对收入差距，但不显著，在 2014 年的回归模型中对父代与子代间绝对收入差距的影响变为正的显著影响。从年度总体变化上看，父亲参加养老保险会减小父代与子代间绝对收入差距，但父亲参加医疗保险会增加父代与子代间绝对收入差距。

为了检验绝对收入差距绝对化度量考虑个人因素模型中所选取的变量之间是否存在相关性，本书首先运用变量相关系数矩阵来判断，检验结果如表 4.8 和表 4.9 所示。

表 4.8　绝对收入差距绝对化度量考虑个人因素模型的变量相关系数矩阵（2010 年）

变量	父亲年总收入的对数	父亲年龄	父亲年龄的平方	父亲所在地区是否属于中部	父亲所在地区是否属于西部	父亲受教育年限	父亲户籍城乡分类	父亲健康状况	父亲婚姻是否持久稳定	父亲职业类型（五大类）	父亲是否参加养老保险	父亲是否参加医疗保险
父亲年总收入的对数	1											
父亲年龄	-0.318***	1										
父亲年龄的平方	-0.332***	0.996***	1									
父亲所在地区是否属于中部	0.012	-0.051	-0.050	1								
父亲所在地区是否属于西部	-0.321***	0.111***	0.116***	-0.381***	1							
父亲受教育年限	0.357***	-0.211***	-0.228***	0.105***	-0.236***	1						
父亲户籍城乡分类	0.327***	-0.058*	-0.068**	0.016	-0.281***	0.213***	1					
父亲健康状况	-0.153***	0.167***	0.168***	0.024	0.039	-0.107***	-0.038	1				
父亲婚姻是否持久稳定	-0.044	0.040	0.037	0.019	0.021	-0.015	-0.037	-0.010	1			
父亲职业类型（五大类）	-0.079**	0.008	0.012	0.000	-0.071**	-0.126***	-0.004	0.064**	0.000	1		
父亲是否参加养老保险	0.308***	-0.024	-0.036	0.044	-0.265***	0.195***	0.266***	-0.040	0.017	-0.069***	1	
父亲是否参加医疗保险	-0.119***	0.070***	0.069***	-0.033	0.166***	0.014	-0.140***	0.050	0.087***	-0.037	-0.006	1

*、**和***分别表示系数在 10%、5% 和 1% 水平上显著

表 4.9 绝对收入差距绝对化度量考虑个人因素模型的变量相关系数矩阵（2014 年）

变量	父亲年总收入的对数	父亲年龄	父亲年龄的平方	父亲所在地区是否属于中部	父亲所在地区是否属于西部	父亲受教育年限	父亲户籍城乡分类	父亲健康状况	父亲婚姻是否持久稳定	父亲职业类型（五大类）	父亲是否参加养老保险	父亲是否参加医疗保险
父亲年总收入的对数	1											
父亲年龄	-0.388***	1										
父亲年龄的平方	-0.402***	0.997***	1									
父亲所在地区是否属于中部	-0.081**	-0.041	-0.043	1								
父亲所在地区是否属于西部	-0.086**	-0.049	-0.041	-0.257***	1							
父亲受教育年限	0.207***	-0.077**	-0.091***	0.113***	-0.106***	1						
父亲户籍城乡分类	0.101***	0.058*	0.054	0.027	-0.053	0.152***	1					
父亲健康状况	-0.175***	0.151***	0.150***	-0.086**	0.045	-0.069**	0.036	1				
父亲婚姻是否持久稳定	-0.038	0.030	0.032	0.025	-0.023	-0.027	-0.005	0.019	1			
父亲职业类型（五大类）	-0.098***	-0.019	-0.013	0.084**	0.006	-0.134***	-0.053	-0.032	-0.010	1		
父亲是否参加养老保险	0.304***	-0.370***	-0.382***	0.082**	-0.064*	0.167***	-0.016	-0.160***	0.000	-0.032	1	
父亲是否参加医疗保险	0.010	-0.011	-0.006	0.024	0.037	0.009	-0.074**	-0.034	-0.019	-0.019	0.210***	1

*、**和***分别表示在 10%、5%和 1%水平上显著

　　表 4.8 为 2010 年绝对收入差距绝对化度量考虑个人因素的变量相关系数矩阵，从父亲收入水平与个人因素之间相关系数结果来看，父亲年总收入的对数与父亲受教育年限、父亲户籍城乡分类、父亲是否参加养老保险的相关系数分别为 0.357、0.327、0.308，并且均在 1% 的显著性水平上显著正相关。父亲年总收入的对数与父亲健康状况、父亲职业类型、父亲是否参加医疗保险存在显著的负相关关系，相关系数分别为 -0.153、-0.079、-0.119，父亲年总收入的对数与父亲婚姻是否持久稳定的负相关趋势不显著。

　　从衡量个人因素的各个变量之间相关系数结果来看，父亲受教育年限与父亲户籍城乡分类的相关系数为 0.213，并在 1% 的显著性水平上显著正相关，与父亲是否参加养老保险也是在 1% 的显著性水平上正相关，显著相关系数为 0.195，与父亲是否参加医疗保险虽然也呈正相关关系，但是不显著。除此之外，父亲受教育年限与父亲健康状况、父亲婚姻是否持久稳定、父亲职业类型这三个变量之间都是存在负的相关性，但是只和父亲健康状况及父亲职业类型在 1% 的显著性水平上显著相关。父亲户籍城乡分类和父亲是否参加养老保险、父亲是否参加医疗保险均在 1% 的显著性水平上显著相关，其相关系数分别为 0.266、-0.140，与父亲健康状况、父亲婚姻是否持久稳定、父亲职业类型之间存在负向相关性，但在统计结果上是不显著的。父亲健康状况与父亲职业类型的相关关系数为 0.064，在 5% 的显著性水平上正相关，与父亲婚姻是否持久稳定、父亲是否参加养老保险、父亲是否参加医疗保险的相关性均不显著。父亲婚姻是否持久稳定与父亲职业类型是完全不相关的，但与父亲是否参加养老保险、父亲是否参加医疗保险均有正的相关性。父亲职业类型与父亲是否参加养老保险的相关系数为 -0.069，在 5% 的显著性水平上显著负相关，与父亲是否参加医疗保险的负相关性不显著，同时父亲是否参加养老保险与父亲是否参加医疗保险的负相关性也是不显著的。

　　如表 4.9 所示，父亲年总收入的对数与衡量个人因素变量中的父亲受教育年限、父亲户籍城乡分类、父亲是否参加养老保险均在 1% 的显著性水平上显著正相关，其相关系数分别为 0.207、0.101、0.304，同时与父亲是否参加医疗保险呈现正相关性，但不显著。还可以看出父亲年总收入的对数与父亲健康状况、父亲职业类型之间呈显著的负相关性，其相关系数分别为 -0.175、-0.098，与父亲婚姻是否持久稳定之间呈不显著的负相关关系。

　　2014 年的衡量个人因素的各个变量间相关系数矩阵表明，父亲受教育年限与父亲户籍城乡分类、父亲是否参加养老保险均在 1% 的显著性水平上呈现正相关，相关系数分别为 0.152、0.167，与父亲健康状况、父亲职业类型分别在 5%、1% 的显著性水平上负相关，其相关系数分别为 -0.069、-0.134，同时也可以看出，父亲受教育年限与父亲婚姻是否持久稳定的负相关性和它与父亲是否参加医疗保险的正相关性均不显著。父亲户籍城乡分类与父亲婚姻是否持久稳定、父亲职业类型、父亲是否参加医疗保险、父亲是否参加养老保险都呈负相关性，但只有与父亲是否参加医疗保险的关系是显著的，相关系数为–0.074。父亲健康状况与父亲是否参加养老保险的相关系数为–0.160，在 1%的显著性水平上显著相关，但父亲健康状况与父亲婚姻是否持久稳定的正相关性及与父亲职业类型、父亲是否参加医疗保险的负相关性都在统计结果上不显著。父亲婚姻是否持久稳定与父亲是否参加养老保险是完全不相关的，而与父亲职业类型、父亲是否参加医疗保险的负相关性在统计上也是不显著的。父亲职业类型与父亲是否参加养老保险、父亲是否参加医疗保险的相关性也都是不显著的，但有负的相关倾向。另外，父亲是否参加养老保险与父亲是否参加医疗保险的相关系数为 0.210，在 1%的显著性水平上显著正相关。

考虑到绝对收入差距绝对化度量考虑个人因素模型的变量相关系数矩阵中某些变量之间存在多重共线性问题，本书采用方差膨胀因子（variance inflation factor，VIF）分析来进一步分析验证，验证结果如表 4.10 所示。

表 4.10　绝对收入差距绝对化度量考虑个人因素模型的 VIF 检验

变量	2010 年		2014 年	
	VIF	1/VIF	VIF	1/VIF
父亲年总收入的对数	1.510	0.662	1.370	0.730
父亲受教育年限	1.250	0.800	1.130	0.885
父亲户籍城乡分类	1.220	0.820	1.050	0.952
父亲健康状况	1.050	0.952	1.060	0.943
父亲婚姻是否持久稳定	1.010	0.990	1.010	0.990
父亲职业类型（五大类）	1.040	0.962	1.040	0.962
父亲是否参加养老保险	1.200	0.833	1.330	0.752
父亲是否参加医疗保险	1.060	0.943	1.070	0.935
VIF 均值	1.168	—	1.133	—

从表 4.10 的 VIF 检验结果可以看出，2010 年绝对收入差距绝对化度量考虑个人因素模型中父亲年总收入的对数指标的 VIF 值为 1.510，小于 10，并且衡量个人因素变量的 VIF 最大值是 1.510，最小值是 1.010，均值是 1.168，从 2014 年的检验结果发现，父亲年总收入的对数变量的 VIF 值为 1.370，个人因素衡量指标的 VIF 最大值是 1.370，最小值是 1.010，均值是 1.133，因此，变量之间不存在多重共线性。

二、绝对收入差距的矢量度量

由于绝对收入差距矢量度量考虑个人因素的模型异方差存在的可能性，本书对模型进行 ols 回归，再选取怀特检验方法对横截面样本数据模型进行异方差检验，以保证模型能够更加合理地估计参数，检验结果如表 4.11 所示。

表 4.11　绝对收入差距矢量度量考虑个人因素的异方差检验

原假设 H_0：不存在异方差；备择假设 H_1：存在异方差

检验指标	2010 年	2014 年
χ^2	63.95	107.71
df	71	75
$p(x > \chi^2)$	0.7109	0.0079

从表 4.11 模型的异方差检验结果来看，2010 年的 χ^2 值为 63.95，df 值为 71，p 值为 0.7109，大于 0.1，证明在 10%的显著性水平上接受"H_0：不存在异方差"的原假设，即模型是同方差的，但是 2014 年的 χ^2 值是 107.71，df 值是 75，p 值为 0.0079，小于 0.01，在 1%的显著性水平上显著，即表明模型存在异方差，需要进一步调整。故本书进一步对 2014 年绝对收入差距矢量度量考虑个人因素的模型采用 wls 方法进行异方差调整，结果见表 4.12。

表 4.12　绝对收入差距矢量度量考虑个人因素的回归

变量	2010 年 ols 父代与子代间的收入差比	2014 年 ols 父代与子代间的收入差比	2014 年 wls 父代与子代间的收入差比
父亲年总收入的对数	1.745***	5.179***	1.525***
	（0.118）	（0.296）	（0.079）
父亲受教育年限	-0.013	-0.216***	-0.023
	（0.025）	（0.063）	（0.014）
父亲户籍城乡分类	-0.034	-0.344	-0.036
	（0.221）	（0.516）	（0.114）
父亲健康状况	0.016	0.470**	0.009
	（0.114）	（0.233）	（0.051）
父亲婚姻是否持久稳定	3.008	0.382	0.238
	（3.061）	（3.283）	（0.696）
父亲职业类型（五大类）	-0.028	-0.313	0.119
	（0.194）	（0.661）	（0.155）
父亲是否参加养老保险	-0.695***	0.959	0.047
	（0.262）	（0.589）	（0.128）
父亲是否参加医疗保险	0.254	-2.044*	-0.286
	（0.311）	（1.112）	（0.244）

变量	2010 年 ols 父代与子代间的收入差比	2014 年 ols 父代与子代间的收入差比	2014 年 wls 父代与子代间的收入差比
常数项	−13.330**	−75.210***	−14.780***
	（5.170）	（13.000）	（3.129）
父亲年龄	控制	控制	控制
父亲年龄的平方	控制	控制	控制
父亲所在地区是否属于中部	控制	控制	控制
父亲所在地区是否属于西部	控制	控制	控制
观测值	945	855	855
可决系数	0.253	0.379	0.379

注：括号内表示标准误差项

*、**和***分别表示在 10%、5%和 1%水平上显著

从绝对收入差距矢量度量考虑个人因素实证模型的回归结果可以看出，父亲年总收入的对数在 2010 年及 2014 年异方差调整前后的回归系数均在 1%的显著性水平上显著正向影响父代与子代间的绝对收入在矢量上的差距，说明该变量计量结果受样本数据异方差问题影响较小。同时父亲年总收入的对数显著正向影响父代与子代间收入在矢量上的差距，即父亲的年总收入越高，父代与子代间的绝对收入差距越大，即子代收入超越父代收入的难度越大，反之低收入父代的子代向上流动相对容易，该趋势表明收入差距会在代际流动过程中缩小。从年度变动来看，父亲年总收入的对数的回归系数从 2010 年 ols 回归的 1.745 降低到 2014 年 wls 回归的 1.525，下降了 12.6%，这就意味着高收入父代家庭的子代想要实现年总收入向上流动的难度会下降，而低收入父代的子代想要超越父代的收入也变得更容易，收入差距在代际传递过程中会逐渐缩小。

从衡量父亲个人因素计量结果可以看出，父亲受教育年限变量的 2010 年 ols 回归系数和 2014 年 wls 回归系数均不显著，说明父亲受教育年限因素对父代与子代绝对收入的矢量差距影响不明显。从父亲城乡户籍分类回归结果来看，2010 年 ols 回归系数为负，对比 2014 年数据样本异方差处理前后的 ols 回归结果和 wls 回归结果，在系数显著性水平和影响方向上都没有明显改变，说明父亲城乡户籍分类变量并没有明显地受到样本数据异方差问题的干扰。虽然父亲户籍城乡分类在模型的回归结果中都不显著，但这种负向影响倾向表明，相对于父代是农村户籍的来说，如果父亲是城镇户籍，则父代与子代间的收入在矢量上表现为差距较小，子代收入超越父代收入较容易，而父代是农村户籍的家庭中子代收入相对较难超越父代，因此父亲的户籍城乡分类可能会造成子代的收入差距进一步扩大。父亲健康状况变量在 2010 年的 ols 回归系数和 2014 年的 wls 回归系数均不显著，表明子代收入超越父亲收入的过程中，父亲的健康状况不会对父代与子代间的收入差距产生明显的影响。通过

分析比较 2010 年和 2014 年父亲婚姻是否持久稳定回归结果，2014 年样本数据在异方差处理前后并未明显地影响父亲婚姻是否持久稳定变量的回归结果，同时 2010 年和 2014 年的回归系数都表现为正，但对父代与子代间绝对收入差距矢量度量的影响不显著。父亲职业类型变量在 2010 年模型回归结果中为负，在 2014 年的 wls 模型回归结果中为正，并且均不显著，说明父亲的职业稳定性对父代收入与子代收入的矢量差距影响不明显。分析比较父亲是否参加养老保险和父亲是否参加医疗保险的计量结果可以看出，2010 年父亲是否参加养老保险在 1% 的显著性水平上显著影响父代与子代间收入差距，但 2014 年的回归系数表现为正向的不显著影响，同时父亲是否参加医疗保险在 2010 的回归结果中为正，2014 年的 wls 回归结果中为负，而且均不显著，因此随着年度时间变化，父亲是否参加养老保险及父亲是否参加医疗保险对父代与子代间收入差距矢量度量的影响不稳定。

表 4.8～表 4.10 分别显示了 2010 年和 2014 年绝对收入差距绝对化度量考虑个人因素模型的变量相关系数矩阵及绝对收入差距绝对化度量考虑个人因素模型的 VIF 检验结果，从绝对收入差距矢量度量考虑个人因素的回归模型中选用的被解释变量（父代与子代收入差距）、解释变量（父亲收入的衡量指标、父亲个人因素的衡量指标、父亲家庭经济因素衡量指标、宏观因素衡量指标）、控制变量（父亲的人口学特征）角度来考虑，两模型所选取的除被解释变量外，其余变量都是一致的。因此 2010 年和 2014 年绝对收入差距矢量度量考虑个人因素模型中的变量相关系数矩阵及绝对收入差距矢量度量考虑个人因素模型的 VIF 检验结果也都是相同的。根据 2010 年和 2014 年绝对收入差距绝对化度量考虑个人因素模型的变量相关系数矩阵进一步分析，衡量父亲收入的指标和衡量个人因素的指标及个人因素的衡量指标之间都存在一定程度的相关性，同理可以得出绝对收入差距矢量化度量模型中各个变量之间也存在一定的相关性，故本书为进一步排除绝对收入差距矢量度量考虑个人因素模型中变量之间存在多重共线性的可能，采用 VIF 分析检验，根据绝对收入差距绝对化度量考虑个人因素模型的 VIF 检验结果来分析，绝对收入差距绝对化度量考虑个人因素模型中各个变量间是不存多重共线性的，进而可以得出绝对收入差距矢量度量考虑个人因素模型中的各个变量之间也是不存在多重共线性的。父亲收入的衡量指标和个人因素的衡量指标的 VIF 都小于 10，故不需要再对模型回归结果进行调整。

第四节 考虑家庭经济因素的实证分析

一、绝对收入差距的绝对化度量

从本书所选用的研究数据为截面数据角度来考虑，不能排除绝对收入差距绝对化度量考虑家庭经济因素的模型的残差存在异方差，故本书先对模型进行 ols 回归，再检验是否存在异方差，以保证所构建的绝对收入差距绝对化度量考虑家庭经济因素的模型（4.3）能够合理地估计所需参数，检验结果如表 4.13 所示。

表 4.13 绝对收入差距绝对化度量考虑家庭经济因素的异方差检验

原假设 H₀：不存在异方差；备择假设 H₁：存在异方差

检验指标	2010 年	2014 年
χ^2	123.15	129.49
df	69	69
$p(x > \chi^2)$	0.0001	0.0000

模型的异方差检验结果表明，在绝对收入差距绝对化度量考虑家庭经济因素的模型中，2010 年和 2014 年的 df 值都是 69，χ^2 值分别为 123.15 和 129.49，p 值分别是 0.0001 和 0.0000，均远小于 0.01，因此该模型存在异方差，本书进一步采用 wls 方法对模型的异方差进行处理，同时将异方差处理前后的回归结果进行比较，结果见表 4.14。

表 4.14 绝对收入差距绝对化度量考虑家庭经济因素的回归

变量	2010 年 ols 父代与子代间收入差比的绝对值	2010 年 wls 父代与子代间收入差比的绝对值	2014 年 ols 父代与子代间收入差比的绝对值	2014 年 wls 父代与子代间收入差比的绝对值
父亲年总收入的对数	−1.504*** （0.115）	−0.489*** （0.048）	−5.104*** （0.297）	−1.293*** （0.077）
父亲家庭总收入	6.14×10^{-6}*** （1.58×10^{-6}）	1.63×10^{-6}*** （6.15×10^{-7}）	4.08×10^{-6}** （2.04×10^{-6}）	7.69×10^{-7}* （4.22×10^{-7}）
父亲家庭总资产	-6.09×10^{-8} （8.22×10^{-8}）	-2.77×10^{-8} （3.07×10^{-8}）	5.50×10^{-7}** （2.59×10^{-7}）	2.02×10^{-7}*** （5.74×10^{-8}）
父亲家庭是否有住房资产	0.046 （0.272）	0.079 （0.105）	0.331 （1.162）	0.001 （0.240）
父亲家庭是否有金融资产	−0.226 （0.207）	−0.080 （0.080）	1.244** （0.544）	0.231** （0.113）
父亲家庭是否有经营资产	0.331 （0.458）	0.176 （0.177）	−0.008 （1.126）	0.057 （0.244）
父亲家庭是否有土地资产	−0.266 （0.470）	−0.250 （0.182）	−0.714 （0.545）	0.055 （0.113）

续表

变量	2010 年 ols 父代与子代间收入差比的绝对值	2010 年 wls 父代与子代间收入差比的绝对值	2014 年 ols 父代与子代间收入差比的绝对值	2014 年 wls 父代与子代间收入差比的绝对值
常数项	13.48*** (4.107)	7.004*** (1.641)	82.670*** (12.10)	16.430*** (2.764)
父亲年龄	控制	控制	控制	控制
父亲年龄的平方	控制	控制	控制	控制
父亲所在地区是否属于中部	控制	控制	控制	控制
父亲所在地区是否属于西部	控制	控制	控制	控制
观测值	945	945	855	855
可决系数	0.193	0.154	0.356	0.298

注：括号内表示标准误差项

*、**和***分别表示在 10%、5%和 1%水平上显著

以 2010 年和 2014 年的绝对收入差距绝对化度量考虑家庭经济因素模型的 ols 回归均存在异方差，所以用 wls 回归进一步调整异方差，并与 ols 回归结果比较，从父亲年总收入的对数解释变量的回归系数来看，异方差处理前后的回归系数均在 1%的显著性水平上显著，说明样本异方差问题对 2010 年和 2014 年模型（4.3）中父亲年总收入的对数变量在模型中回归结果影响比较小。2010 年的 wls 回归系数为-0.489，2014 年的 wls 回归系数为-1.293，表明如果父亲的年总收入越高，父代与子代间绝对收入差距越小，从年度回归变化来看，父亲收入对父代与子代间收入差距的负向影响在增大，同时代际传承程度也在增强，代际收入流动性有所减弱，阶级固化现象也在增强。

从父亲家庭经济因素衡量指标的回归结果来看，父亲家庭总收入不管是在 2010 年异方差处理前的 ols 回归、2010 年异方差处理后的 wls 回归，还是在 2014 年的 ols 回归、wls 回归结果中，其回归系数都显著为正，进一步说明了父代的家庭收入水平会显著地正向影响父代与子代间绝对收入差距，即父代家庭年总收入越高，父代与子代间绝对收入差比的绝对值就越大，父代与子代代际传承就越弱，代际收入流动性越大，阶级固化现象更好地得到改善。

父亲家庭总资产变量在 2010 年异方差处理前后的回归结果均表现为负向不显著，而在 2014 年异方差处理前后，ols 回归、wls 回归的回归系数分别表现为在 5%和 1%的显著性水平上正向影响父代与子代间绝对收入差距，即异方差对该变量在模型的回归中影响不大。进一步从年度变化上分析，随着父亲家庭总资产的不断增加，父亲家庭总资产会逐渐增大父代与子代间绝对收入差距，进而减弱父代与子代代际收入传承，增强收入在父代与子代间的代际收入流动性。

从资产分类的回归结果中可以发现,异方差问题对 2014 年样本在考虑家庭经济因素的回归模型中父亲家庭是否有经营资产、父亲家庭是否有土地资产的影响比较大,具体表现为经过异方差处理后,父亲家庭是否有经营资产和父亲家庭是否有土地资产对父代与子代间收入差比的绝对值影响由负向变为正向。从年度变化情况来看,父亲家庭总资产、父亲家庭是否有金融资产均对父代与子代间绝对收入差距的影响由负向变为正向,但 2014 年的正向影响程度比较小,说明随着时间的变化,经济发展也越来越快,房价上涨的幅度非常大,如果父亲有住房资产,这一资产使父代与子代间的传承增强。

父亲家庭是否有金融资产在异方差处理前后对父代与子代间绝对收入差距的影响在方向上没有变化,即异方差对该变量在回归模型中的影响不大。父亲家庭是否有金融资产变量在 2010 年的 wls 回归系数为-0.080,2014 年的 wls 回归系数为 0.231,并且在 5%的显著性水平上显著正向影响父代与子代间的绝对收入差距,前者代表在 2010 年如果父亲拥有金融资产,父代与子代间收入绝对差距就会减小,而后者(2014 年)的结果恰好相反,父亲拥有金融资产反而会加大父代与子代间的绝对收入差距,代际收入流动性增强,金融资产因素的这种对代际收入传递的年度差异影响可能是由政府金融政策的变化所引起的。

分类资产中父亲家庭是否有经营资产在 2010 年的 wls 回归系数为 0.176,2014 年的 wls 回归系数为 0.057,父亲家庭是否有土地资产在 2010 年的 wls 回归系数为-0.250,在 2014 年的 wls 回归系数为 0.055,虽然在回归结果中都不显著,但反映出了被解释变量的影响倾向。结合年度数据变化来看,父亲家庭是否有经营资产的wls 回归系数从 2010 年到 2014 年下降了 68%,进一步说明父亲家庭是否有经营资产对父代与子代间的绝对收入差距有正向影响,但这种影响有所减弱。

而父亲家庭是否有土地资产不显著的计量结果可能是由于拥有土地资产的父代一般是农村户籍,回归结果会受到样本选择性偏差的影响,但从年度回归系数的变化分析,父亲家庭是否有土地资产对父代与子代间绝对收入差距的影响会增强,这可能是由于随着子代城镇化程度增强,父亲所拥有的土地资产在子代的传承逐渐减小。

表 4.15 和表 4.16 分别是 2010 年和 2014 年绝对收入差距绝对化度量考虑家庭经济因素模型的变量相关系数矩阵,如表 4.15 所示,衡量父亲年总收入的指标为父亲年总收入的对数,父亲年总收入的对数与各经济因素变量之间的相关性表现为,与父亲家庭总收入、父亲家庭是否有经营资产、父亲家庭是否有土地资产表现为显著的正相关趋势,且均在 1%的显著性水平上相关,相关系数分别为 0.336、0.103、0.088,与父亲家庭是否有住房资产虽然也表现为正的相关性,但是并不显著,同时与父亲家庭总资产、父亲家庭是否有金融资产的相关性也是不显著的。

表 4.16 为 2014 年的绝对收入差距绝对化度量考虑家庭经济因素模型的变量

表 4.15 绝对收入差距绝对化度量考虑家庭经济因素模型的变量相关系数矩阵（2010 年）

变量	父亲年总收入的对数	父亲年龄	父亲年龄的平方	父亲所在地区是否属于中部	父亲所在地区是否属于西部	父亲家庭总收入	父亲家庭总资产	父亲家庭是否有住房资产	父亲家庭是否有金融资产	父亲家庭是否有经营资产	父亲家庭是否有土地资产
父亲年总收入的对数	1										
父亲年龄	-0.318***	1									
父亲年龄的平方	-0.332***	0.996***	1								
父亲所在地区是否属于中部	0.0120	-0.051	-0.050	1							
父亲所在地区是否属于西部	-0.321***	0.111***	0.116***	-0.381***	1						
父亲家庭总收入	0.336***	0.009	0.000	-0.019	-0.114***	1					
父亲家庭总资产	-0.034	-0.064**	-0.059*	0.028	-0.074**	-0.038	1				
父亲家庭是否有住房资产	0.001	0.101***	0.103***	0.018	0.028	-0.039	0.097***	1			
父亲家庭是否有金融资产	-0.052	-0.011	-0.013	0.073**	0.026	0.008	0.137***	0.053	1		
父亲家庭是否有经营资产	0.103***	-0.035	-0.040	-0.081*	-0.058*	0.025	-0.153***	-0.179***	-0.213***	1	
父亲家庭是否有土地资产	0.088***	-0.032	-0.038	-0.087***	-0.054*	0.018	-0.177***	-0.231***	-0.239***	0.903***	1

*、**和***分别表示在 10%、5%和 1%水平上显著

表 4.16　绝对收入差距绝对化度量考虑家庭经济因素模型的变量相关系数矩阵（2014 年）

变量	父亲年总收入的对数	父亲年龄	父亲年龄的平方	父亲所在地区是否属于中部	父亲所在地区是否属于西部	父亲家庭总收入	父亲家庭总资产	父亲家庭是否有住房资产	父亲家庭是否有金融资产	父亲家庭是否有经营资产	父亲家庭是否有土地资产
父亲年总收入的对数	1										
父亲年龄	-0.388***	1									
父亲年龄的平方	-0.402***	0.997***	1								
父亲所在地区是否属于中部	-0.081**	-0.041	-0.043	1							
父亲所在地区是否属于西部	-0.086**	-0.049	-0.041	-0.257***	1						
父亲家庭总收入	0.172***	0.008	0.002	-0.064*	-0.088**	1					
父亲家庭总资产	0.149***	0.120***	0.115***	-0.206***	-0.113***	0.258***	1				
父亲家庭是否有住房资产	-0.016	0.046	0.046	-0.045	0.031	-0.084**	0.123***	1			
父亲家庭是否有金融资产	0.129***	0.017	0.018	-0.018	-0.001	0.110***	0.110***	-0.116***	1		
父亲家庭是否有经营资产	-0.062*	-0.027	-0.027	-0.035	0.034	0.056	0.057	0.010	0.075**	1	
父亲家庭是否有土地资产	-0.130**	-0.073**	-0.062*	0.074**	0.176***	-0.175***	-0.287***	0.114***	-0.104***	-0.004	1

*、**和***分别表示在 10%、5%和 1%水平上显著

相关系数矩阵，父亲年总收入的对数与父亲家庭总收入、父亲家庭总资产、父亲家庭是否有金融资产这三个变量均在 1%的显著性水平上显著正相关，相关系数分别为 0.172、0.149、0.129，与父亲家庭是否有经营资产、父亲家庭是否有土地资产的负相关性也分别在 10%、1%的显著性水平上显著，但和父亲家庭是否有住房资产的负相关性不显著。

从表 4.16 绝对收入差距绝对化度量考虑家庭经济因素模型的各变量相关系数，父亲家庭总收入与父亲家庭总资产、父亲家庭是否有金融资产的相关系数分别为 0.258、0.110，均在 1%的显著性水平上显著，与父亲家庭是否有经营资产虽呈现正的相关倾向，但并不显著，而且父亲家庭总收入与父亲家庭是否有住房资产和父亲家庭是否有土地资产分别在 5%、1%的显著性水平上显著负相关。父亲家庭总资产与父亲家庭是否有住房资产、父亲家庭是否有金融资产、父亲家庭是否有经营资产均表现为显著的正相关关系，与父亲家庭是否有土地资产表现为显著的负相关性，相关系数为–0.287。其中，父亲家庭是否有住房资产与父亲家庭是否有金融资产的显著负相关系数为–0.116，与父亲家庭是否有土地资产的显著正相关系数为 0.114。父亲家庭是否有金融资产与父亲家庭是否有经营资产的相关系数为 0.075，在 5%的显著性水平上显著正相关，与父亲家庭是否有土地资产在 1%的显著性水平上显著负相关，相关系数为–0.104，但是父亲家庭是否有经营资产与父亲家庭是否有土地资产之间的相关性并不显著。

在绝对收入差距绝对化度量考虑家庭经济因素模型中，尽管运用相关系数矩阵来检验模型所选取的变量的相关性，但是在一定程度上相关系数矩阵不能确切证明变量之间是否存在多重共线性，因此需要进行验证，故本书采用 VIF 分析进一步检验，结果见表 4.17。

表 4.17　绝对收入差距绝对化度量考虑家庭经济因素模型的 VIF 检验

变量	2010 年		2014 年	
	VIF	1/VIF	VIF	1/VIF
父亲年总收入的对数	1.460	0.685	1.370	0.730
父亲家庭总收入	1.160	0.862	1.130	0.885
父亲家庭总资产	1.070	0.935	1.280	0.781
父亲家庭是否有住房资产	1.080	0.926	1.070	0.935
父亲家庭是否有金融资产	1.080	0.926	1.060	0.943
父亲家庭是否有经营资产	5.440	0.184	1.030	0.971
父亲家庭是否有土地资产	5.660	0.177	1.180	0.847
VIF 均值	2.421	—	1.160	—

基于表 4.17 绝对收入差距绝对化度量考虑家庭经济因素模型的 VIF 检验结果，2010 年和 2014 年父亲年总收入对数指标的 VIF 值分别为 1.460、1.370，都小于 10，而且衡量家庭经济因素指标 2010 年的 VIF 最大值是 5.660，最小值是 1.070，均值是 2.421，2014 年的家庭经济因素的衡量变量 VIF 最大值为 1.370，最小值为 1.030，均值为 1.160，两年的数值都小于 10，说明绝对收入差距绝对化度量考虑家庭经济因素模型中的变量之间不存在多重共线性，不再需要调整。

二、绝对收入差距的矢量度量

本书所选择的数据为截面数据，为保证所构建的绝对收入差距矢量度量考虑家庭经济因素的模型（4.3）能够合理地估计所需参数，考虑到模型的残差存在异方差的可能性，先对模型进行 ols 回归，然后选择怀特检验方法对绝对收入差距矢量度量考虑家庭经济因素模型的残差项进行异方差检验，检验结果如表 4.18 所示。

表 4.18　绝对收入差距矢量度量考虑家庭经济因素的异方差检验

原假设 H_0：不存在异方差；备择假设 H_1：存在异方差

检验指标	2010 年	2014 年
χ^2	123.36	128.69
df	69	69
$p(x > \chi^2)$	0.0001	0.0000

从表 4.18 绝对收入差距矢量度量考虑家庭经济因素的异方差检验数据来看，2010 年的 χ^2 值是 123.36，df 值是 69，伴随的 p 值是 0.0001，在 1% 的显著性水平上拒绝"H_0：不存在异方差"的原假设，2014 年的 χ^2 值是 128.69，df 值也是 69，伴随的 p 值为 0.0000，远小于 0.01，同样在 1% 的显著性水平上拒绝原假设，说明模型存在异方差，需要进行异方差的调整，因此本书采用了 wls 方法进行调整，调整前后的对比结果如表 4.19 所示。

表 4.19　绝对收入差距矢量度量考虑家庭经济因素的回归

解释变量	2010 年 ols 父代与子代间的收入差比	2010 年 wls 父代与子代间的收入差比	2014 年 ols 父代与子代间的收入差比	2014 年 wls 父代与子代间的收入差比
父亲年总收入的对数	1.832[***] (0.115)	0.744[***] (0.046)	5.342[***] (0.295)	1.610[***] (0.079)

续表

解释变量	2010 年 ols 父代与子代间的收入差比	2010 年 wls 父代与子代间的收入差比	2014 年 ols 父代与子代间的收入差比	2014 年 wls 父代与子代间的收入差比
父亲家庭总收入	$-7.16 \times 10^{-6***}$	$-2.72 \times 10^{-6***}$	$-4.25 \times 10^{-6**}$	$-1.03 \times 10^{-6**}$
	(1.58×10^{-6})	(6.06×10^{-7})	(2.03×10^{-6})	(4.39×10^{-7})
父亲家庭总资产	3.73×10^{-8}	1.33×10^{-10}	$-5.33 \times 10^{-7**}$	$-1.90 \times 10^{-7***}$
	(8.24×10^{-8})	(3.06×10^{-8})	(2.57×10^{-7})	(5.87×10^{-8})
父亲家庭是否有住房资产	-0.009	-0.020	-0.274	0.076
	（0.272）	（0.101）	（1.154）	（0.250）
父亲家庭是否有金融资产	0.251	0.098	-1.255^{**}	-0.245^{**}
	（0.208）	（0.077）	（0.540）	（0.118）
父亲家庭是否有经营资产	-0.304	-0.088	0.076	0.022
	（0.460）	（0.171）	（1.118）	（0.252）
父亲家庭是否有土地资产	0.166	0.072	0.751	0.001
	（0.472）	（0.175）	（0.542）	（0.117）
常数项	-11.130^{***}	-4.058^{**}	-79.260^{***}	-14.750^{***}
	（4.118）	（1.583）	（12.020）	（2.862）
父亲年龄	控制	控制	控制	控制
父亲年龄的平方	控制	控制	控制	控制
父亲所在地区是否属于中部	控制	控制	控制	控制
父亲所在地区是否属于西部	控制	控制	控制	控制
观测值	945	945	855	855
可决系数	0.264	0.302	0.381	0.394

注：括号内表示标准误差项

、*分别表示在 5%、1%水平上显著

　　表 4.19 显示了以矢量度量绝对收入差距作为被解释变量的考虑家庭经济因素模型的回归结果，如表 4.19 所示，衡量父亲年总收入的变量即父亲年总收入的对数变量在 2010 年和 2014 年异方差处理前后的回归系数在显著性水平和影响方向上都保持一致，即样本数据的异方差问题并没有明显影响到该变量在回归中的结果，只是在数值大小上发生变动。从回归结果来看，父亲年总收入的对数变量在 2010 年的 wls 回归系数为 0.744，在 2014 年的 wls 回归系数为 1.610，并且均在

1%的显著性水平上显著正向影响父代与子代间的绝对收入在矢量度量上的差距。这进一步说明父亲的年总收入越高,子代年总收入超越父亲年总收入的难度越大,相反年总收入较低的父亲,其子代年总收入超越父代的可能性会增强,说明收入差距会在代际传递过程中逐渐缩小。

从衡量父亲家庭经济因素的指标来看,父亲家庭总收入变量在2010年和2014年异方差处理前后的回归系数分别在 1%、5%的显著性水平上显著负向影响父代与子代间的绝对收入在矢量度量上的差距,说明样本数据异方差问题对该变量在模型中的回归结果影响不大,同时这种负向影响也说明父亲家庭总收入越高,子代收入超越其父代的可能性就越大。父亲家庭总资产变量无论是在 2010 年 ols 回归还是 wls 回归中系数都表现为正向不显著,但在 2014 年 ols 回归及 wls 回归中系数分别表现为在 5%和 1%的显著性水平上负向影响父代与子代间的绝对收入在矢量上的差距,说明父亲家庭总资产会显著地负向影响父代与子代间收入的矢量化差距,即父亲家庭总资产越多,子代收入超越其父代将更加容易。

根据表 4.19 父亲家庭总资产情况对各类资产细分可发现,各类资产的回归结果也各有差异,其中父亲家庭是否有住房资产在 2010 年异方差处理前后的回归结果均为负,2014 年异方差调整前后的回归结果由负向变为正向,但都不显著,因此父亲家庭是否有住房资产变量对父代与子代间绝对收入的矢量化差距在模型中的影响不明显。父亲家庭是否有金融资产在 2010 年和 2014 年的异方差处理前后的回归系数在方向上保持一致,但两年的回归结果在方向上仍有差异,其中 2010年的 wls 回归结果表现为正向不显著影响,2014 年的 wls 回归结果表现为在 5%的显著性水平上显著负向影响父代与子代间的绝对收入矢量化差距,说明相对于父代没有金融资产的子代来说,如果父亲有金融资产,父亲金融资产的持有对父代与子代绝对收入的矢量差距影响在不断增强,其子代收入超越父代收入的难度就会越小。父亲家庭是否有经营资产在 2010 年和 2014 年的样本数据经过异方差调整之后,对父代与子代间的绝对收入矢量化差距在影响方向上保持一致,其中父亲家庭是否有经营资产变量在 2010 年的 wls 回归系数为负,在 2014 年的 wls回归系数为正,但计量结果上的影响都是不显著的。父亲家庭是否有土地资产的变量回归系数表明,2010 年和 2014 年父亲家庭是否有土地资产变量在异方差处理前后的结果在回归方向上保持一致,并且都表现为对父代与子代间绝对收入矢量差距的正向影响倾向。虽然不显著,但这种影响倾向也说明如果父亲拥有土地资产,子代收入超越其父代的难度相对于父代没有土地资产的子代来说就会更大。在农村,子代一般是继承父代家庭拥有的土地资产继续从事农业生产活动,收入相对来说比较低,因此,子代收入超越父代收入的难度会有所加大。

绝对收入差距考虑家庭经济因素的矢量度量回归模型和绝对化度量的回归模型在变量选取方面,包括所选取的被解释变量、解释变量(父亲家庭总收入、父亲家庭总资产、父亲家庭是否有住房资产、父亲家庭是否有金融资产、父亲家庭是否有经营资产、父亲家庭是否有土地资产）及控制变量都是一致的，因此绝对收入差距矢量度量考虑家庭经济因素模型在 2010 年和 2014 年的变量间的相关系数矩阵与表 4.15 和表 4.16 绝对收入差距绝对化度量考虑家庭经济因素模型的变量间的相关系数矩阵结果在统计上是一致的。通过对绝对收入差距绝对化度量考虑家庭经济因素模型的变量间的相关系数矩阵分析可知，某些变量之间是存在相关性的，因此绝对收入差距矢量度量考虑家庭经济因素模型的变量间也同样存在相关性。基于本书所选取的研究样本截面数据考虑，相关系数矩阵只是粗略分析变量之间的相关性，为进一步明确绝对收入差距矢量度量考虑家庭经济因素回归模型中的变量之间是否一定存在多重共线性问题，本书采用 VIF 分析法进行验证。表 4.17 给出了绝对收入差距绝对化度量考虑家庭经济因素模型的 VIF 的检验结果，2010 年和 2014 年绝对收入差距绝对化度量考虑家庭经济因素的两个模型中各个变量的 VIF 值都小于 10，变量之间不存在多重共线性，由于模型中变量选取是一致的，因此绝对收入差距矢量度量考虑家庭经济因素回归模型中的变量之间也同样不存在多重共线性，不需要再进行调整。

第五节　考虑宏观因素的实证分析

一、绝对收入差距的绝对化度量

本书首先对构建的模型进行 ols 回归，基于本书所用的数据是横截面数据，因此绝对收入差距绝对化度量考虑宏观因素的模型回归结果的残差项有出现异方差的可能，鉴于此本书采用怀特检验模型检验是否存在异方差，以保证绝对收入差距绝对化度量考虑宏观因素的模型能更好地合理估计所需的参数，检验结果见表 4.20。

表 4.20　绝对收入差距绝对化度量考虑宏观因素的异方差检验

原假设 H_0：不存在异方差；备择假设 H_1：存在异方差

检验指标	2010 年	2014 年
χ^2	55.17	66.57
df	31	31
$p(x > \chi^2)$	0.0048	0.0002

表 4.20 为异方差检验结果，从表中数据来看，2010 年和 2014 年的绝对收入差距绝对化度量考虑宏观因素模型的 df 值都是 31，两年的 χ^2 值分别为 55.17、

66.57，p 值分别为 0.0048、0.0002，p 值都远小于 0.01，在 1% 的显著性水平上显著，因此拒绝原假设（H_0：不存在异方差），表明模型存在异方差，需要做进一步调整，故本书选用 wls 回归方法进行异方差调整，调整前后的回归结果见表 4.21。

表 4.21　绝对收入差距绝对化度量考虑宏观因素的回归

变量	2010 年 ols 父代与子代间收入差比的绝对值	2010 年 wls 父代与子代间收入差比的绝对值	2014 年 ols 父代与子代间收入差比的绝对值	2014 年 wls 父代与子代间收入差比的绝对值
父亲年总收入的 对数	-1.409^{***} （0.113）	-0.470^{***} （0.047）	-4.826^{***} （0.291）	-1.240^{***} （0.075）
父亲所在地区的人 均地区生产总值	$2.77 \times 10^{-5**}$ （1.39×10^{-5}）	6.65×10^{-6} （5.31×10^{-6}）	$4.04 \times 10^{-5**}$ （1.87×10^{-5}）	$1.18 \times 10^{-5***}$ （4.04×10^{-6}）
父亲所在地区的基 本社会保险覆盖率	-1.409 （1.894）	0.276 （0.727）	-2.356 （2.033）	-0.286 （0.427）
常数项	11.700^{***} （4.094）	6.479^{***} （1.627）	79.320^{***} （12.03）	16.110^{***} （2.775）
父亲年龄	控制	控制	控制	控制
父亲年龄的平方	控制	控制	控制	控制
父亲所在地区是否 属于中部	控制	控制	控制	控制
父亲所在地区是否 属于西部	控制	控制	控制	控制
观测值	945	945	855	855
可决系数	0.182	0.149	0.342	0.287

注：括号内表示标准误差项

、*分别表示在 5%、1% 水平上显著

表 4.21 显示了 2010 年和 2014 年异方差处理前后的绝对收入差距绝对化度量考虑宏观因素的回归结果。模型的 ols 回归结果的残差项存在异方差，因此需要处理异方差并比较异方差处理前后的回归结果。根据父亲收入的衡量指标来看，父亲年总收入的对数在 2010 年和 2014 年的异方差处理前后的回归系数均在 1% 的显著性水平上显著负向影响父代与子代间的绝对收入差距，说明异方差问题对衡量父亲收入的变量在模型中的回归结果影响不大。比较 2010 年和 2014 年两年的回归结果可以看出，绝对收入差距绝对化度量考虑宏观因素的模型中，2010 年父亲年总收入的对数的 wls 回归系数为 -0.470，2014 年父亲年总收入的对数的 wls 回归系数为 -1.240，父亲的年总收入越高，父代与子代间的绝对收入差距越小，

父代与子代代际传承程度越大，代际收入流动性反而会减弱。

从衡量宏观因素变量的回归结果来看，父亲所在地区的人均地区生产总值在2010年和2014年绝对收入差距绝对化度量考虑宏观因素模型中经过异方差处理前后的回归系数均表现为对父代与子代间绝对收入差距有正向影响，说明父亲所在地区的人均地区生产总值越高，父代与子代间的绝对收入差距也会越大，父代与子代代际传承越小，代际收入流动性越强。而父亲所在地区的基本社会保险覆盖率在2010年异方差调整之前的回归系数为负，但经过异方差调整后系数为正，2014年模型异方差调整前后的回归系数在方向上没有发生变化，均是负向影响，表明异方差对该变量在2014年的模型回归结果上几乎没有影响，但在2010年的回归模型中有影响。同时2010年和2014年的wls回归系数在回归结果中虽然均不显著，但2014年这种负向影响倾向也说明，父亲所在地区的基本社会保险覆盖率越高，父代与子代间的绝对收入差距反而越小，因为社会保障条件越好，孩子对父亲在生活保障上的负担越小，即父代与子代代际传承越大。

表4.22为2010年绝对收入差距考虑宏观因素的绝对化度量模型的变量相关系数矩阵，从矩阵中可以看出，衡量父亲收入指标的为父亲年总收入的对数，它与父亲所在地区的人均地区生产总值和父亲所在地区的基本社会保险覆盖率都表现出显著的正相关关系，相关关系数分别为0.408、0.377，其中衡量宏观因素的变量中，父亲所在地区的人均地区生产总值与父亲所在地区的基本社会保险覆盖率之间的相关系数为0.879，在1%的显著性水平上显著正相关。

表 4.22　绝对收入差距绝对化度量考虑宏观因素模型的变量相关系数矩阵（2010 年）

变量	父亲年总收入的对数	父亲年龄	父亲年龄的平方	父亲所在地区是否属于中部	父亲所在地区是否属于西部	父亲所在地区的人均地区生产总值	父亲所在地区的基本社会保险覆盖率
父亲年总收入的对数	1						
父亲年龄	−0.318***	1					
父亲年龄的平方	−0.332***	0.996***	1				
父亲所在地区是否属于中部	0.012	−0.051	−0.050	1			
父亲所在地区是否属于西部	−0.321***	0.111***	0.116***	−0.381***	1		
父亲所在地区的人均地区生产总值	0.408***	−0.058*	−0.068**	−0.305***	−0.569***	1	
父亲所在地区的基本社会保险覆盖率	0.377***	−0.064**	−0.074**	−0.260***	−0.465***	0.879***	1

*、**和***分别表示在10%、5%和1%水平上显著

表 4.23 的 2014 年绝对收入差距绝对化度量考虑宏观因素模型中的各变量相关系数矩阵结果中，除了父亲年总收入的对数与父亲所在地区是否属于中部、父亲年龄和父亲年龄的平方分别与父亲所在地区的人均地区生产总值及父亲所在地区是否属于西部的相关系数方向发生变化之外，其余变量与 2010 年模型中各变量相关系数矩阵结果正负方向一致，但是在数值大小上有所不同，衡量父亲收入的衡量指标父亲年总收入的对数与衡量宏观因素变量的父亲所在地区的人均地区生产总值及父亲所在地区的基本社会保险覆盖率的显著相关系数分别为 0.162、0.112，父亲所在地区的人均地区生产总值与父亲所在地区的基本社会保险覆盖率的显著正相关系数为 0.433。

表 4.23　绝对收入差距绝对化度量考虑宏观因素模型的变量相关系数矩阵（2014 年）

变量	父亲年总收入的对数	父亲年龄	父亲年龄的平方	父亲所在地区是否属于中部	父亲所在地区是否属于西部	父亲所在地区的人均地区生产总值	父亲所在地区的基本社会保险覆盖率
父亲年总收入的对数	1						
父亲年龄	−0.388***	1					
父亲年龄的平方	−0.402***	0.997***	1				
父亲所在地区是否属于中部	−0.081**	−0.041	−0.043	1			
父亲所在地区是否属于西部	−0.086**	−0.049	−0.041	−0.257***	1		
父亲所在地区的人均地区生产总值	0.162***	0.139***	0.132***	−0.589***	−0.347***	1	
父亲所在地区的基本社会保险覆盖率	0.112***	−0.002	−0.007	−0.395***	−0.209***	0.433***	1

、*分别表示系数在 5%、1%水平上显著

通过以上绝对收入差距绝对化度量考虑宏观因素模型的变量相关系数矩阵结果来看，有几个变量存在一定的相关关系，但这并不能表明变量之间就一定存在多重共线性，因此本书进一步采用 VIF 验证变量之间是否存在多重共线性，验证结果如表 4.24 所示。

表 4.24　绝对收入差距绝对化度量考虑宏观因素模型的 VIF 检验

解释变量	2010 年		2014 年	
	VIF	1/VIF	VIF	1/VIF
父亲年总收入的对数	1.400	0.714	1.290	0.775
父亲所在地区的人均地区生产总值	7.230	0.138	2.720	0.368
父亲所在地区的基本社会保险覆盖率	4.500	0.222	1.360	0.735
VIF 均值	4.377	—	1.790	—

基于表 4.24 绝对收入差距绝对化度量考虑宏观因素模型的 VIF 检验结果，2010 年和 2014 年父亲年总收入的对数指标的 VIF 值分别为 1.400、1.290，都小于 10，表明模型不存在多重共线性，宏观因素的衡量指标中，2010 年的 VIF 值介于 1.400 和 7.230，均值是 4.377，2014 年的宏观因素指标 VIF 值介于 1.290 和 2.720，均值为 1.790，两年的数值都小于 10，说明绝对收入差距绝对化度量考虑宏观因素模型中变量之间不存在多重共线性，不需要进一步调整。

二、绝对收入差距的矢量度量

考虑到样本数据为横截面数据，本书对绝对收入差距矢量度量考虑宏观因素的模型（4.4）进行了 ols 回归及怀特检验，以保证模型能够合理地估计所需参数，检验结果如表 4.25 所示。

表 4.25　绝对收入差距矢量度量考虑宏观因素的异方差检验

原假设 H_0：不存在异方差；备择假设 H_1：存在异方差

检验指标	2010 年	2014 年
χ^2	55.35	65.89
df	31	31
$p(x > \chi^2)$	0.0046	0.0003

表 4.25 绝对收入差距矢量度量考虑宏观因素的异方差检验表明，2010 年、2014 年两年的 df 值都是 31，2010 年的 χ^2 值是 55.35，2014 年 χ^2 值是 65.89，p 值分别是 0.0046、0.0003，在 1%的显著性水平上拒绝 "H_0：不存在异方差" 的原假设，说明模型存在异方差，因此本书运用 wls 方法进行调整，并与 ols 结果对比，具体见表 4.26。

表 4.26　绝对收入差距矢量度量考虑宏观因素的回归

解释变量	2010 年 ols 父代与子代间的收入差比	2010 年 wls 父代与子代间的收入差比	2014 年 ols 父代与子代间的收入差比	2014 年 wls 父代与子代间的收入差比
父亲年总收入的对数	1.742*** （0.113）	0.740*** （0.045）	5.061*** （0.289）	1.525*** （0.077）
父亲所在地区的人均地区生产总值	-3.56×10^{-5}** （1.39×10^{-5}）	-1.43×10^{-5}*** （5.17×10^{-6}）	-4.11×10^{-5}** （1.86×10^{-5}）	-1.26×10^{-5}*** （4.13×10^{-6}）
父亲所在地区的基本社会保险覆盖率	1.410 （1.900）	-0.220 （0.706）	2.351 （2.020）	0.327 （0.435）

续表

解释变量	2010 年 ols 父代与子代间的收 入差比	2010 年 wls 父代与子代间的收 入差比	2014 年 ols 父代与子代间的收 入差比	2014 年 wls 父代与子代间的收 入差比
常数项	−9.132**	−3.463**	−75.710***	−13.750***
	（4.107）	（1.591）	（11.950）	（2.840）
父亲年龄	控制	控制	控制	控制
父亲年龄的平方	控制	控制	控制	控制
父亲所在地区是否属 于中部	控制	控制	控制	控制
父亲所在地区是否属 于西部	控制	控制	控制	控制
观测值	945	945	855	855
可决系数	0.253	0.303	0.368	0.382

注：括号内表示标准误差项

、*分别表示在 5%、1%水平上显著

通过分析绝对收入差距矢量度量考虑宏观因素模型的回归结果可以看出，父亲年总收入的对数指标在 2010 年和 2014 年异方差处理前后的回归系数对父代与子代间绝对收入在矢量差距的影响方向上没有发生变化，并且回归系数均在 1% 的显著性水平上显著正向地影响父代与子代间绝对收入矢量差距，也就是说，考虑到宏观因素的模型（4.4）中，父代的年总收入越高，子代收入想要超越父代收入的难度就越大，即父代收入对子代收入的影响就越小，反之子代收入超越父代收入就相对容易。

在影响绝对收入矢量差距的宏观经济发展因素中，父亲所在地区的人均地区生产总值在 2010 年和 2014 年异方差处理前后的 ols 回归系数及 wls 回归系数在影响方向上均未发生变化，即研究样本的异方差问题对父亲所在地区的人均地区生产总值变量在回归模型中的影响不明显。并且父亲所在地区的人均地区生产总值变量在绝对收入差距矢量度量考虑宏观因素模型的回归结果中表现为显著负向影响父代与子代间矢量化的绝对收入差距，说明父亲所在地区的经济越发达，子代想要在年收入总量上超越父亲的难度就越小，相反在经济不发达地区，子代收入超越父代收入就相对较难，存在收入的阶级固化现象。父亲所在地区的基本社会保险覆盖率的回归结果在 2010 年和 2014 年异方差处理前后对父代与子代间绝对收入矢量差距的影响都不显著，说明地区社会保障完善程度对父代与子代间绝对收入的矢量化差距影响较小，可能是因为地区社会保障完善程度只是体现出子代赡养父母的相对经济压力的大小，对绝对收入矢量差距影响并不大。

通过对 2010 年和 2014 年绝对收入差距绝对化度量考虑宏观因素模型的变量相关系数矩阵分析可知,父亲的年总收入的对数与衡量宏观因素变量及衡量宏观因素的变量之间都存在一定程度的相关性。因为在绝对收入差距矢量度量考虑宏观因素的回归模型中选择的变量与绝对化度量考虑宏观因素的回归模型所选取的变量一致,因此绝对收入差距矢量度量考虑宏观因素的模型在 2010 年和 2014 年的变量的相关系数矩阵结果也和绝对化度量考虑宏观因素的回归模型的相关系数矩阵结果一致,即变量间是存在相关性的。基于此,本书采用 VIF 分析法进一步明确绝对收入差距矢量度量考虑宏观因素回归模型中的变量之间是否一定存在多重共线性问题。从表 4.24 绝对收入差距绝对化度量考虑宏观因素模型的 VIF 的检验结果来看,2010 年和 2014 年父亲年总收入的对数、父亲所在地区的人均地区生产总值、父亲所在地区的基本社会保险覆盖率的 VIF 值都小于 10,考虑到宏观因素矢量化度量的回归模型中选择的变量与绝对化度量考虑宏观因素的回归模型中选取的变量是一致的,因此绝对收入差距矢量度量考虑宏观因素模型中各个变量之间也不存在多重共线性。

第六节　小　　结

本章利用了 2010 年和 2014 年 CHNS 数据的面板数据分别从只考虑控制变量的绝对化和矢量化基本回归模型,以及考虑个人因素、家庭经济因素、宏观因素的绝对化和矢量化回归模型对绝对收入差距的代际传递影响机制进行实证研究,运用 ols 回归法估计模型结果,考虑到面板数据 ols 回归模型的残差项存在异方差的可能,进一步采用 wls 回归调整异方差,回归结果分析如下。

第一,父亲的收入会影响代际收入流动性。通过分析比较绝对收入差距的绝对化和矢量化的基本回归模型,以及分别考虑个人因素、家庭经济因素、宏观因素的回归模型结果发现,父代的年总收入不同,父代与子代代际收入流动性也不相同。父代的收入越高,父代与子代间绝对收入的绝对化差距越小,在矢量上表现为子代收入超越父代收入的难度越大,反之收入相对较低的父代,其父代与子代间收入差距越大,也即父亲的收入对子代的影响相对越小,在矢量上表现为子代收入更容易超越父代,代际收入向上流动的程度越大,因此,在代际收入流动过程中,子代的收入差距会进一步缩小,收入固化现象会减弱,形成代际收入流动的良好机制,有利于社会更好地实现公平。

第二,代际收入流动也表现出地域上的差异。具体来说,相对于东部地区而言,西部地区父代与子代间绝对收入差距最小,从代际收入传承角度来看,西部地区代际传承最为明显,其次是中部地区,东部地区代际传承最弱,同时矢量度量回归结果也证明了子代收入实现代际超越的难易程度存在着地域性差别，东部地区最容易，其次是中部地区，西部地区最难。这就意味着相较于经济发达地区而言，经济不发达地区的代际收入流动性更弱。

第三，父亲的受教育程度不同，代际收入流动性也不同。回归结果证明，父亲的受教育年限越长，也就是说父亲的文化程度越高，父代与子代间的绝对收入差距越大，矢量回归表明子代收入超越父代更为容易。可能是因为父亲的受教育程度越高，其认知面越广阔，家庭的文化教育氛围也越浓厚，同时也会更加注重子代的教育投资，孩子在成长过程中会有更高的人力资本积累，因此在代际传承过程中受到父亲的传承更小，代际收入流动性更强。

第四，父亲养老保险和医疗保险的参与情况也会影响父代与子代间绝对收入在代际传承过程中的流动性。一般地，如果养老保险政策和医疗保险政策越完善，那么子代在未来赡养父母及父母的医疗支出方面的经济压力就越小，模型回归结果总体上表明，父亲参加养老保险会使得父代与子代间的绝对收入差距变小，但随年度变化不显著，而参加医疗保险会使父代与子代间绝对收入差距拉大，增强代际收入流动性，因此父亲参加医疗保险会显著地促进代际收入流动。

第五，父亲的家庭年总收入对绝对收入差距代际收入流动性有显著的正向影响。从回归结果来看，父亲的家庭年总收入正向地影响父代与子代间绝对收入在绝对量上的差距，也就是说，父亲的家庭年总收入越高，父代与子代间的绝对收入在绝对量上的差距越大，从而父代和子代的代际传承程度就越小，代际收入流动性会增大。同时在父代与子代间绝对收入差距在矢量上表现为父亲家庭年总收入负向地影响父代与子代间绝对收入差距，进一步说明父亲家庭总收入越高，子代收入超越其父代的可能性就会越大，因此，高收入群体的父代其子代收入更有可能超越父代，但低收入群体的父代其子代的收入超越父代就相对较难。

第六，父亲的家庭总资产对代际收入流动性的影响也不容忽视。回归结果表明，父亲家庭总资产会增强代际收入流动性，并且在分项资产中，相对于父亲的住房资产、经营资产、土地资产来说，父亲的金融资产对代际收入流动性的正向影响最为显著，同时父亲家庭总资产及分项资产中的金融资产在矢量上表现出对父代与子代间的绝对收入差距的负向影响，因而说明父亲的家庭总资产及金融资产越大，父亲的收入对子代的影响越小，子代收入超越父代收入的难度会减小，代际收入流动性会越强。

第七，宏观经济的发展情况也会明显地影响父代与子代间绝对收入差距，无论是在绝对化上还是矢量化上的差距。在绝对收入差距绝对化度量模型中，父亲所在地区的人均地区生产总值表现为显著地正向影响父代与子代间绝对收入差距，即经济越发达的地区，父代与子代间的绝对收入差距也会越高，表现出父亲的收入对子代收入的影响较小；在绝对收入差距矢量度量考虑宏观因素模型的回归结果中表现为显著负向影响父代与子代间矢量化的绝对收入差距，说明父亲所在地区的经济越发达，子代在年收入总量上超越父亲的难度会逐渐减弱，总体上表现出经济发达地区的代际收入流动性较强，子代收入容易超越父代，但经济较为落后的地区代际传承较为明显，子代收入超越父代难度相对较大，存在收入的阶级固化现象。

第八，父亲户籍城乡分类、父亲健康状况、父亲婚姻是否持久稳定、父亲职业类型、父亲家庭是否有住房资产、父亲家庭是否有经营资产、父亲家庭是否有土地资产、父亲所在地区的基本社会保险覆盖率在模型回归结果中对父代与子代间绝对收入绝对化差距和矢量化差距的影响作用都不明显。

第五章 相对收入差距代际传递影响机制的实证研究

本书第四章进行了绝对收入差距代际传递影响机制的实证研究，为了考察各影响因素对代际相对收入差距（收入地位差距）的影响，本章构建相对收入差距代际传递影响机制的实证研究模型。本章分为六节，第一节为模型与变量，主要介绍以父代与子代相对收入差距为被解释变量的四个实证模型中所涉及的变量的解释与经济意义；第二节为基本模型的实证分析，主要考察父代收入等级和父代人口学特征的作用；第三节为考虑个人因素的实证分析，主要考察父代个人因素的影响；第四节为考虑家庭经济因素的实证分析，主要考察父代家庭经济因素的作用；第五节为考虑宏观因素的实证分析，主要考察父代所在地宏观因素对代际收入差距的影响；第六节为小结，主要归纳本章得出的重点结论。

第一节 模型与变量

本节根据收入差距代际传递影响机制的逻辑分析，构建了相对收入差距代际传递影响机制的四个实证研究模型，包括一个基本模型和三个分别考虑个人因素、家庭经济因素和宏观因素的计量模型，多角度多元化地考察父代收入对子代收入的影响及父代个人因素、家庭经济因素和宏观因素对收入差距代际传递的影响。

（1）基本模型为

$$\text{GAPL} = \alpha + \beta_1\text{FYL} + \beta_2\text{FX} + \varepsilon \qquad (5.1)$$

（2）考虑个人因素的实证模型为

$$\text{GAPL} = \alpha + \beta_1\text{FYL} + \beta_2\text{FX} + \beta_3\text{FP} + \varepsilon \qquad (5.2)$$

（3）考虑家庭经济因素的实证模型为

$$\text{GAPL} = \alpha + \beta_1\text{FYL} + \beta_2\text{FX} + \beta_4\text{FE} + \varepsilon \qquad (5.3)$$

（4）考虑宏观因素的实证模型为

$$GAPL = \alpha + \beta_1 FYL + \beta_2 FX + \beta_5 FM + \varepsilon \qquad (5.4)$$

式中，GAPL 表示父代与子代收入地位差距；FYL 表示父亲收入地位衡量指标；FX 表示控制变量（父亲的人口学特征）；FP 表示影响父代与子代收入差距的父亲个人因素；FE 表示影响父代与子代收入差距的父亲家庭经济因素；FM 表示影响父代与子代收入差距的宏观因素。具体变量及解释见表 5.1。

表 5.1 相对收入差距代际传递影响机制的模型变量

变量类型	变量名称	变量英文名称	变量解释	变量内容
被解释变量	父代与子代收入地位差距（GAPL）	gapsfz	父代与子代间的收入等级差	gapsfz=fincomelevelz−sincomelevelz
		gapsfzabs	父代与子代间的收入等级差的绝对值	gapsfzabs=|fincomelevelz−sincomelevelz|
解释变量	父亲收入地位衡量指标（FYL）	fincomelevelz	父亲收入等级	父亲收入按全体样本直方图划分 5 个等级，最高收入等级为 5，最低收入等级为 1
	父亲个人因素（FP）	feduy	父亲受教育年限	
		furban	父亲户籍城乡分类	1.城镇；0.农村
		fhealthy	父亲健康状况	1.健康；2.一般；3.比较不健康；4.不健康；5.非常不健康
		fcouple1	父亲婚姻是否持久稳定	1.是；0.否
		foccup5	父亲职业类型（五大类）	1.非常稳定型职业；2.较稳定型职业；3.一般稳定型职业；4.较不稳定型职业；5.非常不稳定型职业
		finendowment	父亲是否参加养老保险	1.是；0.否
		finmedical	父亲是否参加医疗保险	1.是；0.否
	父亲家庭经济因素（FE）	fhincome	父亲家庭总收入/元	
		fasset	父亲家庭总资产/元	
		fifhouseasset	父亲家庭是否有住房资产	1.是；0.否
		fiffinanceasset	父亲家庭是否有金融资产	1.是；0.否
		fifoperateasset	父亲家庭是否有经营资产	1.是；0.否
		fiflandasset	父亲家庭是否有土地资产	1.是；0.否
	宏观因素（FM）	fpergdp	父亲所在地区的人均地区生产总值/元	
		finsurance	父亲所在地区的基本社会保险覆盖率	

续表

变量 类型	变量名称	变量英文 名称	变量解释	变量内容
控制 变量	父亲人口学 特征（FX）	fage	父亲年龄	
		sfage	父亲年龄的平方	sfage=fage²
		fcentral	父亲所在地区是否属于 中部	1.是；0.否
		fwest	父亲所在地区是否属于 西部	1.是；0.否

本章所选用的被解释变量父代与子代收入地位差距的衡量指标包括相对收入差距的绝对化度量和相对收入差距的矢量度量两种。相对收入差距的绝对化度量为父代与子代间收入等级差的绝对值，主要考察子代收入对父代收入的依赖程度；相对收入差距的矢量度量是父代与子代间收入等级差距的矢量，具有方向性，主要考察的是子代收入地位超越其父代的难易程度。因此，在本章第二至第五节对四个计量模型所做的实证研究中，分别构建以相对收入差距的绝对化度量和相对收入差距的矢量度量为被解释变量的子模型并进行计量分析，以全面多元地检验各影响因素对代际收入差距的作用。

本章所选取的解释变量包括父亲收入地位、父亲个人因素、父亲家庭经济因素和父代所在地区宏观因素四类，父亲收入地位衡量指标以父亲收入等级衡量；父亲个人因素包括父亲受教育年限、父亲户籍城乡分类、父亲健康状况、父亲婚姻是否持久稳定、父亲职业类型、父亲是否参加养老保险和父亲是否参加医疗保险共七个变量；父亲家庭经济因素包括父亲家庭总收入、父亲家庭总资产和分项资产持有的四个哑变量，具体为父亲家庭是否有住房资产、父亲家庭是否有金融资产、父亲家庭是否有经营资产及父亲家庭是否有土地资产；父代所在地区的宏观因素包括父亲所在地区的人均地区生产总值和父亲所在地区的基本社会保险覆盖率两个变量。此外，为避免年龄和地区差异对影响机制计量结果的影响，本书将父亲人口学特征父代的年龄因素和区域因素作为控制变量。

第二节　基本模型的实证分析

一、相对收入差距的绝对化度量

本节在基本模型（5.1）的框架下，考察父代收入等级和控制变量对绝对化度量父代与子代相对收入差距的影响，即以父代与子代间收入等级差的绝对值为被解释变量进行实证分析。

本书对基本模型做 ols 回归，但由于所选用的数据为截面数据，考虑到模型的残差存在异方差的可能，因此还需要进行异方差检验，以保证所构建的相对收入差距绝对化度量基本模型（5.1）能够合理地估计本书所需的参数，故本书采用怀特检验对模型进行异方差检验，检验结果如表 5.2 所示。

表 5.2　相对收入差距绝对化度量基本模型的异方差检验

原假设 H_0：不存在异方差；备择假设 H_1：存在异方差

检验指标	2010 年	2014 年
χ^2	17.67	16.93
df	11	16
$p(x > \chi^2)$	0.0895	0.3899

从表 5.2 相对收入差距绝对化度量基本模型的异方差检验的结果可以看出，2010 年和 2014 年模型的 df 值分别为 11、16，χ^2 值分别为 17.67 和 16.93，p 值分别是 0.0895 和 0.3899，因此该模型中 2010 年的回归模型存在异方差，本书进一步采用 wls 方法对 2010 年的回归模型进行异方差处理，结果如表 5.3 所示。

表 5.3　相对收入差距绝对化度量基本模型的回归

变量	2010 年 ols 父代与子代间的收入等级差的绝对值	2010 年 wls 父代与子代间的收入等级差的绝对值	2014 年 ols 父代与子代间的收入等级差的绝对值
父亲收入等级	0.714***	0.582***	0.903***
	（0.096）	（0.064）	（0.048）
父亲年龄	0.065***	0.047	0.034*
	（0.019）	（0.052）	（0.020）
父亲年龄的平方	0.001***	0.000	0.000
	（0.000）	（0.001）	（0.000）
父亲所在地区是否属于中部	−0.076**	−0.551***	−0.038
	（0.031）	（0.079）	（0.026）
父亲所在地区是否属于西部	−0.129***	−0.750***	−0.084**
	（0.030）	（0.077）	（0.039）
常数项	−2.410***	−1.849	−1.856***
	（0.519）	（1.413）	（0.558）

续表

变量	2010 年 ols	2010 年 wls	2014 年 ols
	父代与子代间的收入等级差 的绝对值	父代与子代间的收入等级差 的绝对值	父代与子代间的收入等级差 的绝对值
观测值	945	945	855
可决系数	0.092	0.217	0.307

注：括号内表示标准误差项

*、**和***分别表示在 10%、5%和 1%水平上显著

表 5.3 列出了 2010 年和 2014 年相对收入差距绝对化度量基本模型的回归结果。由于怀特检验中 2010 年样本存在异方差问题，这里同时列出了 2010 年异方差处理前后的回归结果，以考察异方差对各变量回归系数的影响。

从父亲收入等级对父代与子代相对收入差距的回归结果来看，2010 年样本的 ols 回归结果和 wls 回归结果在显著性水平和系数方向上都相同，仅在系数大小上有所变化，说明异方差问题并没有明显地影响到父亲收入等级这一变量的计量结果。且 2010 年和 2014 年样本的回归系数都在 1%的显著水平上显著为正，说明父亲的收入等级越高，父代与子代间的收入等级差距越大，这意味着收入等级越高的父亲对其子代收入等级的影响越小，代际收入流动性越大。从年度动态变化来看，父亲收入等级的回归系数从 2010 年 wls 回归的 0.582 提高到 2014 年 ols 回归的 0.903，增长了约 55%，说明父代收入等级对子代间收入等级差距的正向作用在逐年增强，也即对其子代收入等级的影响在逐年减弱，这体现出我国代际收入流动性在不断地增强，代际收入阶层固化现象在逐年减弱。

从控制变量回归结果来看，2010 年父亲年龄及父亲年龄的平方的 ols 回归系数显著，但进行异方差处理后的 wls 回归结果不显著，说明 2010 年截面数据异方差问题明显地影响了年龄变量的计量结果。2014 年年龄回归系数显著为正，年龄平方项系数不显著，但从两年回归系数的方向上来看年龄变量的回归系数均为正，年龄平方项回归系数均为正，这基本上可以印证年龄对父代与子代收入等级差距影响的"U"形关系，也即随父亲年龄的增加，父代与子代之间的收入等级差距呈现出先缩小再扩大的趋势。从地区哑变量的实证结果来看，2010 年数据在异方差处理前后的回归结果在显著性水平上并未发生变化，仅在系数大小上产生了变动，说明异方差问题对地区哑变量的影响较弱。中部地区哑变量的 wls 回归系数在 2010 年显著为负，在 2014 年不显著但 ols 回归系数仍为负数，而西部地区哑变量的回归系数在 2010 年和 2014 年都显著为负，并且在数值上都明显小于中部地区，这表明相对于东部地区来说，中部地区和西部地区的父代与子代收入地位差距不明显，并且西部地区父代与子代收入地位差距最小，也即从代际收入地位传承来看，西部地区代际传承最为明显，其次是中部地区，东部地区代际传承最弱，这意味着相较于经济不发达地区而言，经济发达地区的代际收入流动性更强，阶层固化现象更弱，社会公平性更好。但比较年度系数可以看出，地区哑变量系

数值都明显减小，中部和西部地区回归系数分别从 2010 年 wls 回归的–0.551 和 –0.750 减少到 2014 年 ols 回归的–0.038 和–0.084，说明地区之间的这种代际收入流动性差异在缩小。

二、相对收入差距的矢量度量

相对收入差距的绝对化度量仅能体现出父代与子代收入等级差距绝对值的大小差异，其影响因素的回归结果体现的是各个影响因素对父代与子代收入等级差距大小的作用，而缺乏对父代与子代收入等级差距方向上的考察，也即仅能观测到父代与子代收入等级有差距和无差距、差距大和差距小的差别，而不能表现出父代与子代间收入等级的差距到底是父亲收入等级高于儿子收入等级还是反之。因此，为考察各个影响因素对父代与子代收入等级变动方向上的具体影响，本书还从相对收入差距的矢量化度量角度进一步进行实证检验。

首先本书对模型进行 ols 回归来估计所需的参数，考虑到相对收入差距矢量度量基本模型中异方差存在的可能性，又选择了怀特检验方法检验模型是否存在异方差，以保证模型所估计的参数更加合理，检验结果如表 5.4 所示。

表 5.4　相对收入差距矢量度量基本模型的异方差检验

原假设 H_0：不存在异方差；备择假设 H_1：存在异方差

检验指标	2010 年	2014 年
χ^2	17.67	19.70
df	11	16
$p(x > \chi^2)$	0.0895	0.2340

从相对收入差距矢量度量基本模型的异方差检验结果来看，2010 年的 χ^2 值为 17.67，df 值为 11，p 值为 0.0895，小于 0.1，证明在 10%的显著性水平上拒绝 "H_0：不存在异方差" 的原假设，即模型存在异方差，需要进一步调整，但是 2014 年的 χ^2 值为 19.70，df 值是 16，p 值为 0.2340，大于 0.1，不存在异方差。因此本书进一步采用 wls 方法对 2010 年的回归模型进行异方差处理，与 2010 年的 ols 回归结果和 2014 年的 ols 结果同时进行对比，见表 5.5。

表 5.5　相对收入差距矢量度量基本模型的回归

变量	2010 年 ols	2010 年 wls	2014 年 ols
	父代与子代间的收入等级差	父代与子代间的收入等级差	父代与子代间的收入等级差
父亲收入等级	0.786***	0.758***	0.948***
	（0.096）	（0.006）	（0.048）

变量	2010 年 ols 父代与子代间的收入等级差	2010 年 wls 父代与子代间的收入等级差	2014 年 ols 父代与子代间的收入等级差
父亲年龄	-0.065^{***}	-0.016^{**}	-0.049^{**}
	（0.019）	（0.008）	（0.020）
父亲年龄的平方	$5.58\times10^{-4***}$	$1.39\times10^{-4***}$	$3.88\times10^{-4**}$
	（1.72×10^{-4}）	（7.04×10^{-5}）	（1.85×10^{-4}）
父亲所在地区是否属于中部	0.076^{**}	0.016	0.049^{*}
	（0.031）	（0.013）	（0.026）
父亲所在地区是否属于西部	0.129^{***}	0.029^{**}	0.093^{**}
	（0.030）	（0.012）	（0.040）
常数项	0.910^{*}	-0.335	0.416
	（0.519）	（0.209）	（0.564）
观测值	945	945	855
可决系数	0.100	0.953	0.334

注：括号内表示标准误差项

*、**和***分别表示在 10%、5% 和 1% 水平上显著

表 5.5 显示了 2010 年和 2014 年相对收入差距矢量度量基本模型异方差处理前后的回归结果。从父亲收入地位衡量指标父亲收入等级的回归系数结果来看，2010 年异方差处理前的 ols 回归系数在 1% 的水平上显著为正，同异方差处理后的 wls 系数在显著性水平和系数方向上都具一致性，因此父亲收入等级对父代与子代收入等级差距的影响并没有受到样本数据异方差问题的明显影响。从影响方向上来看，2010 年 wls 回归系数和 2014 年 ols 的回归系数都表明，父亲收入等级会正向影响父亲收入等级与其子代收入等级的差距，这可能意味着父亲的收入等级越高，子代想要超越其父亲收入等级的难度就越大，也即父代收入等级越低，其子代越容易实现收入等级的向上流动。通过年度动态比较可以看出，相较于 2010 年 wls 回归系数 0.758，2014 年父代收入等级的 ols 回归系数 0.948 要高出 0.19，这种变化说明高收入等级父代家庭中的子代实现收入等级超越将变得更加困难，这种"富二代"很难变得更富，"穷二代"很大可能摆脱贫穷的趋势，能够使代际收入差距的传递性减弱，更有利于促进代际收入流动，实现社会公平。

2010 年控制变量年龄和年龄的平方两个变量的回归结果经异方差处理前后在系数显著性水平上没有明显变化，影响方向上也是一致的，说明样本数据异方差问题对年龄变量的影响较小。比较 2010 年和 2014 年的计量结果可以看出，父

亲年龄变量回归系数为负，父亲年龄的平方回归系数为正，这与以相对收入差距绝对化度量指标作为被解释变量的回归结果相反，证明年龄因素对父代收入等级高于子代收入等级的影响为"U"形趋势，也即随着父亲年龄的增大，父代收入等级高于子代收入等级的可能性是先减小后增大的态势。从地区哑变量的计量结果来看，2010 年 ols 回归的中部地区哑变量和西部地区哑变量的回归系数均显著为正，经异方差处理后的 wls 回归的西部地区哑变量系数仍显著为正，而中部地区哑变量系数不显著，但仍为正值，说明样本异方差问题对地区变量的回归结果影响较为明显。同时，2014 年样本数据回归结果中地区哑变量均显著为正，并且在数值比较上西部地区回归系数要大于中部地区，与 2010 年回归结果不相悖，这基本体现出相比于东部地区，中部地区和西部地区父代收入等级高于子代收入等级的情况更加明显，说明子代收入等级实现代际超越的难易程度存在着地域性差别，东部地区最容易，其次是中部地区，西部地区最难。从年度变动来看，中部地区哑变量系数从 2010 年 wls 回归的 0.016 增加到 2014 年 ols 回归的 0.049，西部地区哑变量系数从 2010 年 wls 回归的 0.029 增大到 2014 年 ols 回归的 0.093，两个哑变量的回归系数均明显扩大，并且中西部地区哑变量的回归系数差距也在加大，这意味着西部地区子代想要实现在收入等级上超越其父代变得越来越难，地域间的这种代际收入超越的差异性更加明显。

第三节　考虑个人因素的实证分析

一、相对收入差距的绝对化度量

为保证所构建的相对收入差距绝对化度量考虑个人因素的模型（5.2）能够合理地估计所需参数，本书对模型进行 ols 回归，又考虑到所选取的数据为截面数据，模型的残差存在异方差的可能性，因此本书选择怀特检验方法对相对收入差距绝对化度量考虑个人因素模型的残差进行异方差检验，检验结果如表 5.6 所示。

表 5.6　相对收入差距绝对化度量考虑个人因素的异方差检验

原假设 H_0: 不存在异方差；备择假设 H_1: 存在异方差

检验指标	2010 年	2014 年
χ^2	81.46	46.42
df	60	74
$p(x > \chi^2)$	0.0341	0.9950

　　表 5.6 显示了相对收入差距绝对化度量考虑个人因素的异方差检验结果，从表中的数据可以看出，2010 年 χ^2 值为 81.46，df 值是 60，p 值为 0.0341，小于 0.05，表明在 5% 的显著性水平上拒绝原假设（H_0：不存在异方差），模型存在异方差，需要进一步调整。2014 年模型的 χ^2 值为 46.42，df 值是 74，p 值为 0.9950，不显著，所以不存在异方差。考虑 2010 年相对收入差距绝对化度量考虑个人因素的异方差需要调整，因此本书选用 wls 回归方法对模型的异方差进行处理，结果如表 5.7 所示。

表 5.7　相对收入差距绝对化度量考虑个人因素的回归

变量	2010 年 ols 父代与子代间的收入等级差的绝对值	2010 年 wls 父代与子代间的收入等级差的绝对值	2014 年 ols 父代与子代间的收入等级差的绝对值
父亲收入等级	0.734***	−0.104**	0.897***
	（0.093）	（0.041）	（0.048）
父亲受教育年限	0.005	0.058***	0.001
	（0.003）	（0.008）	（0.003）
父亲户籍城乡分类	0.045*	−0.684***	0.033
	（0.026）	（0.071）	（0.024）
父亲健康状况	−0.010	−0.460***	−0.002
	（0.014）	（0.045）	（0.011）
父亲婚姻是否持久稳定	−2.888***	−3.223***	−0.116
	（0.370）	（0.151）	（0.154）
父亲职业类型（五大类）	−0.034	0.362***	−0.044
	（0.024）	（0.064）	（0.031）
父亲是否参加养老保险	0.043	1.481***	0.013
	（0.031）	（0.072）	（0.027）
父亲是否参加医疗保险	−0.018	0.176*	0.065
	（0.038）	（0.106）	（0.052）
常数项	0.696	−3.340*	−1.562**
	（0.620）	（1.958）	（0.609）
父亲年龄	控制	控制	控制
父亲年龄的平方	控制	控制	控制
父亲所在地区是否属于中部	控制	控制	控制

续表

变量	2010 年 ols 父代与子代间的收入等级差 的绝对值	2010 年 wls 父代与子代间的收入等级差 的绝对值	2014 年 ols 父代与子代间的收入等级差 的绝对值
父亲所在地区是否 属于西部	控制	控制	控制
观测值	945	945	855
可决系数	0.161	0.833	0.313

注：括号内表示标准误差项

*、**和***分别表示在 10%、5%和 1%水平上显著

　　表 5.7 显示了 2010 年异方差处理前后及 2014 年的相对收入差距绝对化度量考虑个人因素的回归结果。从父亲收入等级来看，2010 年异方差处理前的 ols 回归系数为 0.734，在 1%的水平上显著为正，而同年异方差处理后的回归系数却为 −0.104，在 5%的水平上显著为负，这说明样本截面数据在回归中的异方差问题明显地影响了父亲收入等级的回归结果。比较 2010 年和 2014 年两年的回归结果可以看出，2010 年 wls 回归结果是负值，即父亲收入等级越高父代与子代间收入等级差距就越小，但到了 2014 年，ols 回归系数为 0.897 且显著为正，这表明父亲收入等级对父代与子代收入地位差距的影响出现了明显变化，由原来的父亲高收入地位缩小父代与子代收入地位差距，变化为增加父代与子代收入地位差距，这体现出父亲收入地位对代际收入传递作用的不稳定性。

　　从父亲个人因素来说，第一，父亲的受教育年限变量在 2010 年异方差处理前后影响方向未发生变化，经异方差处理后的回归系数更加显著。而 2014 年受教育年限指标在 ols 回归中的系数虽然不显著但也为正值，故 2010 年和 2014 年两年中父亲受教育年限对父代与子代间收入地位差距的影响是一致的，回归系数为正说明父亲的受教育年限越长，父代与子代间收入地位差距就越大，代际收入传递性就越弱，从年度变动来看，父代受教育年限对代际收入传递的作用在逐年减弱，结合逻辑分析结果，父代受教育年限主要是通过影响子代人力资本投资进而影响子代收入，但随着近年来公共教育投资越来越完善，子代从家庭中获得的人力资本投资差异可能会由公共教育投资来弥补，因此父代受教育年限的影响被弱化。第二，父亲户籍城乡分类变量在 2010 年的 ols 回归和 wls 回归中的结果差异较大，说明异方差问题明显地影响了城乡户籍这一变量，而该变量 2014 年的 ols 系数不显著，这里在分析中不做考量。2010 年城乡户籍的 wls 回归结果在 1%的水平上显著，系数值为−0.684，这代表如果父亲的户籍身份为城镇，其父代与子代间的收入地位差距将小于父亲户籍身份为农村的父代与子代间收入地位差距，这意味

着城镇家庭代际收入的传递性要比农村家庭更强，现实情况也与此相符，农村家庭的子代能够通过上大学和外出务工来实现城镇化，而实现城镇化的农村家庭子代收入受其父代的影响就会相对较小。第三，从父亲健康状况回归结果来看，2010年的ols回归和wls回归及2014年的ols回归中，尽管显著性水平有所不同，但健康指标的回归系数都为负值，即父代的健康水平越差，父代与子代间收入等级差距就越小，代际收入流动性越差。第四，父亲婚姻状况变量的回归结果显示，2010年和2014年都是负向地影响父代与子代间收入地位差距，表明婚姻稳定持久的父代家庭，父代收入对子代收入的影响越大，收入的代际传递性越强。第五，父亲职业状态变量的2010年ols系数为负且不显著，但wls回归系数显著为正，说明异方差问题严重影响父亲职业状态的回归结果。2010年wls回归结果表明父亲职业越不稳定，父代与子代间收入等级差距越大，代际收入传递性越弱，而2014年的回归结果不显著，说明父亲职业稳定性对代际收入的影响并不稳定。第六，从父代社保参保状态来看，2010年样本经异方差处理后是否参加养老保险变量的回归系数更加显著，而是否参加医疗保险变量的回归系数受到异方差影响较大，在影响方向和显著性水平上都有明显的变化。2014年ols回归结果中这两个变量的回归系数均不显著，但系数值都为正，与2010年的wls结果在影响方向上是一致的。回归系数为正表明父亲参加养老保险和医疗保险会加大父代与子代间收入等级的差距，子代收入受到父亲收入的影响要小，代际收入流动性更强，而对比两种保险的影响，可以看出父亲是否参加养老保险在2010年wls的回归系数要大于父亲是否参加医疗保险在2010年wls的回归系数，说明相较于医疗保险参保情况，父亲养老保险参保情况对代际收入流动性的影响作用更强，这意味着父母赡养问题对子代收入的约束性很大。

本书运用变量相关系数矩阵对相对收入差距绝对化度量考虑个人因素模型中所选取的变量之间是否存在相关性进行了检验。表5.8为2010年相对收入差距绝对化度量考虑个人因素的变量相关系数矩阵，从父亲收入等级与个人因素之间相关系数结果来看，父亲收入等级与父亲职业类型的相关系数为0.125，在1%的显著性水平上正相关，父亲收入等级与父亲是否参见养老保险在10%的显著性水平上呈正相关关系，虽然父亲收入等级与父亲婚姻是否持久稳定和父亲是否参加医疗保险也呈正相关关系，但是在统计结果上不显著。也可以看出，父亲收入等级与父亲受教育年限、父亲户籍城乡分类、父亲健康状况负相关，但不显著。

从衡量个人因素的各个变量之间相关系数结果来看，父亲受教育年限与父亲的户籍城乡分类和父亲是否参加养老保险在1%的显著性水平上呈正相关关系，相关系数分别为0.213、0.195，与父亲是否参加医疗保险也呈正相关关系，但是不显著。也可以看出父亲受教育年限与父亲健康状况和父亲职业类型的相关系数分别为–0.107和–0.126，呈显著的负相关关系，但是与父亲婚姻是否持久稳定的负

表5.8 相对收入差距绝对化度量考虑个人因素模型的变量相关系数矩阵（2010年）

变量	父亲收入等级	父亲年龄	父亲年龄的平方	父亲所在地区是否属于中部	父亲所在地区是否属于西部	父亲受教育年限	父亲户籍城乡分类	父亲健康状况	父亲婚姻是否持久稳定	父亲职业类型（五大类）	父亲是否参加养老保险	父亲是否参加医疗保险
父亲收入等级	1											
父亲年龄	-0.026	1										
父亲年龄的平方	-0.026	0.996***	1									
父亲所在地区是否属于中部	-0.019	-0.051	-0.050	1								
父亲所在地区是否属于西部	-0.021	0.111***	0.116***	-0.381***	1							
父亲受教育年限	-0.007	-0.211***	-0.228***	0.105***	-0.236***	1						
父亲户籍城乡分类	-0.029	-0.058*	-0.068**	0.016	-0.281***	0.213***	1					
父亲健康状况	-0.026	0.167***	0.168***	0.024	0.039	-0.107***	-0.038	1				
父亲婚姻是否持久稳定	0.001	0.040	0.037	0.019	0.021	-0.015	-0.037	-0.010	1			
父亲职业类型（五大类）	0.125***	0.008	0.012	0.000	-0.071**	-0.126***	-0.004	0.064**	0.000	1		
父亲是否参加养老保险	0.062*	-0.024	-0.036	0.044	-0.265***	0.195***	0.266***	-0.040	0.017	-0.069**	1	
父亲是否参加医疗保险	0.012	0.070**	0.069**	-0.033	0.166***	0.014	-0.140***	0.050	0.087***	-0.037	-0.006	1

*、**和***分别表示在10%、5%和1%水平上显著

相关关系不显著。父亲户籍城乡分类与父亲是否参加养老保险为正相关关系，相关系数为 0.266，在 1%的显著性水平上显著，与父亲是否参加医疗保险有显著的负相关关系，相关系数为-0.140，与父亲健康状况、父亲婚姻是否持久稳定、父亲职业类型的负相关关系不显著。父亲健康状况与父亲职业类型在 5%的显著性水平上呈正相关关系，相关系数为 0.064，与父亲是否参加医疗保险的正相关关系不显著，而且父亲健康状况与父亲婚姻是否持久稳定、父亲是否参加养老保险的负相关关系也不显著。父亲婚姻是否持久稳定与父亲职业类型完全不相关，与父亲是否参加养老保险的正相关关系也不显著，但是与父亲是否参加医疗保险有显著的正相关关系，相关系数为 0.087。父亲的职业类型与父亲是否参加养老保险的相关系数为-0.069，在 5%的显著性水平上显著，与父亲是否参加医疗保险的负相关关系不显著。父亲是否参加养老保险与其是否参加医疗保险的相关关系为-0.006，在统计上不显著。

　　表 5.9 显示了 2014 年相对收入差距绝对化度度量考虑个人因素的变量相关系数矩阵，从父亲收入等级与个人因素之间相关系数结果来看，父亲收入等级与父亲受教育年限、父亲是否参加养老保险分别在 1%和 5%的显著性水平上呈正相关关系，相关系数分别为 0.090、0.075，与父亲婚姻是否持久稳定和父亲是否参加医疗保险的正相关关系在统计结果上不显著。同时在表中也可以看出，父亲收入等级与父亲户籍城乡分类、父亲健康状况、父亲职业类型的相关系数分别为-0.012、-0.040、-0.020，但是都不显著。

　　衡量个人因素的各个变量之间相关系数矩阵表明，父亲受教育年限与父亲户籍城乡分类、父亲是否参加养老保险的相关系数分别为 0.152、0.167，均在 1%的显著性水平上正相关，与父亲健康状况、父亲职业类型呈显著的负相关，相关系数分别为-0.069、-0.134，但是与父亲是否参加医疗保险的相关关系不显著。父亲的户籍城乡分类仅与父亲是否参加医疗保险的相关系数比较显著，相关系数为-0.074，与父亲的婚姻是否持久稳定、父亲的职业类型、父亲是否参加养老保险的负相关关系不显著，与父亲的健康状况的相关系数为 0.036，但相关性不显著。父亲健康状况与父亲是否参加养老保险的相关系数为-0.160，在 1%的显著性水平上负相关，父亲的健康状况与父亲的职业类型、父亲是否参加医疗保险的负相关关系不显著，与父亲的婚姻是否持久稳定的正相关关系也不显著。父亲婚姻是否持久稳定与父亲是否参加养老保险完全不相关，与父亲职业类型、父亲是否参加医疗保险虽然呈负相关，但是相关系数不显著。父亲职业类型与父亲是否参加养老保险和父亲是否参加医疗保险都呈负相关关系，但是都不显著。父亲是否参加养老保险与是否参加医疗保险的相关系数为 0.210，在 1%的显著性水平上显著。

　　相对收入差距绝对化度量考虑个人因素模型的变量相关系数矩阵分析虽然表明了模型中所选用的某些变量之间存在相关性，但是不能确保变量之间不存在多

表 5.9　相对收入差距绝对化度量考虑个人因素模型的变量相关系数矩阵（2014 年）

变量	父亲收入等级	父亲年龄	父亲年龄的平方	父亲所在地区是否属于中部	父亲所在地区是否属于西部	父亲受教育年限	父亲户籍城乡分类	父亲健康状况	父亲婚姻是否持久稳定	父亲职业类型（五大类）	父亲是否参加养老保险	父亲是否参加医疗保险
父亲收入等级	1											
父亲年龄	-0.080**	1										
父亲年龄的平方	-0.076**	0.997***	1									
父亲所在地区是否属于中部	-0.075**	-0.041	-0.043	1								
父亲所在地区是否属于西部	-0.029	-0.049	-0.041	-0.257***	1							
父亲受教育年限	0.090***	-0.077***	-0.091***	0.113***	-0.106***	1						
父亲户籍城乡分类	-0.012	0.058*	0.054	0.027	-0.053	0.152***	1					
父亲健康状况	-0.040	0.151***	0.150***	-0.086**	0.045	-0.069***	0.036	1				
父亲婚姻是否持久稳定	0.010	0.030	0.032	0.025	-0.023	-0.027	-0.005	0.019	1			
父亲职业类型（五大类）	-0.020	-0.019	-0.013	0.084**	0.006	-0.134***	-0.053	-0.032	-0.010	1		
父亲是否参加养老保险	0.075**	-0.370***	-0.382***	0.082*	-0.064*	0.167***	-0.016	-0.160***	0.000	-0.032	1	
父亲是否参加医疗保险	0.032	-0.011	-0.006	0.024	0.037	0.009	-0.074**	-0.034	-0.019	-0.019	0.210***	1

*、**和***分别表示在 10%、5%和 1%水平上显著

重共线性的可能，因此本书采用 VIF 进一步分析模型中变量之间是否存在多重共线性问题，检验结果详见表 5.10。

表 5.10　相对收入差距绝对化度量考虑个人因素模型的 VIF 检验

变量	2010 年		2014 年	
	VIF	1/VIF	VIF	1/VIF
父亲收入等级	1.030	0.971	1.030	0.971
父亲受教育年限	1.200	0.833	1.120	0.893
父亲户籍城乡分类	1.190	0.840	1.040	0.962
父亲健康状况	1.040	0.962	1.050	0.952
父亲婚姻是否持久稳定	1.010	0.990	1.000	1.000
父亲职业类型（五大类）	1.060	0.943	1.040	0.962
父亲是否参加养老保险	1.170	0.855	1.310	0.763
父亲是否参加医疗保险	1.060	0.943	1.070	0.935
VIF 均值	1.095	—	1.082	—

从表 5.10 相对收入差距绝对化度量考虑个人因素模型的 VIF 检验结果可以看出，2010 年、2014 年的父亲收入等级变量的 VIF 值都小于 10，都是 1.030，其中 2010 年个人因素的衡量指标 VIF 值介于 1.010 和 1.200，均值是 1.095，2014 年衡量个人因素变量的 VIF 值都小于 10，介于 1.000 和 1.310，均值是 1.082，所以相对收入差距绝对化度量考虑个人因素模型中选取的变量之间不存在多重共线性问题，不需要再进行调整。

二、相对收入差距的矢量度量

样本选择的数据为横截面数据，因此本书对相对收入差距矢量度量考虑个人因素模型的 ols 回归结果进行了异方差检验，以更好地保证所构建相对收入差距矢量度量考虑个人因素的模型（5.2）能够合理地估计所需参数，检验结果如表 5.11 所示。

表 5.11　相对收入差距矢量度量考虑个人因素的异方差检验

原假设 H_0：不存在异方差；备择假设 H_1：存在异方差

检验指标	2010 年	2014 年
χ^2	17.67	51.37
df	11	74
$p(x > \chi^2)$	0.0895	0.9791

从表 5.11 相对收入差距矢量度量考虑个人因素的异方差检验结果可以看出，2010 年模型的 χ^2 值为 17.67，2014 年的 χ^2 值为 51.37，2010 年、2014 两年的 df 值分别为 11 和 74，2010 年 p 值是 0.0895，在 10%的显著性水平上拒绝"H_0：不存在异方差"的原假设，说明模型存在异方差，需要进行异方差调整，因此选取 wls 回归方法进行调整，并且将调整前后的回归结果进行对比，对比结果见表 5.12。2014 年的 p 值是 0.9791，不显著，表明模型不存在异方差，即模型的 ols 回归结果比较稳定。

表 5.12   相对收入差距矢量度量考虑个人因素的回归

变量	2010 年 ols 父代与子代间的收入等级差	2010 年 wls 父代与子代间的收入等级差	2014 年 ols 父代与子代间的收入等级差
父亲收入等级	0.766***	0.762***	0.957***
	（0.093）	（0.071）	（0.049）
父亲受教育年限	−0.005	−0.004	−0.003
	（0.003）	（0.003）	（0.003）
父亲户籍城乡分类	−0.045*	−0.044*	−0.047*
	（0.026）	（0.024）	（0.024）
父亲健康状况	0.010	0.008	0.000
	（0.014）	（0.013）	（0.011）
父亲婚姻是否持久稳定	2.888***	2.897***	0.107
	（0.370）	（0.402）	（0.155）
父亲职业类型（五大类）	0.034	0.029	0.047
	（0.024）	（0.022）	（0.031）
父亲是否参加养老保险	−0.043	−0.030	−0.024
	（0.031）	（0.029）	（0.028）
父亲是否参加医疗保险	0.018	0.017	−0.070
	（0.038）	（0.034）	（0.053）
常数项	−2.196***	−2.363***	0.044
	（0.620）	（0.604）	（0.613）
父亲年龄	控制	控制	控制
父亲年龄的平方	控制	控制	控制
父亲所在地区是否属于中部	控制	控制	控制
父亲所在地区是否属于西部	控制	控制	控制

续表

变量	2010 年 ols 父代与子代间的收入等级差	2010 年 wls 父代与子代间的收入等级差	2014 年 ols 父代与子代间的收入等级差
观测值	945	945	855
可决系数	0.169	0.194	0.343

注：括号内表示标准误差项

*、***分别表示在 10%、1%水平上显著

　　以相对收入差距矢量度量为被解释变量的考虑个人因素的实证模型回归结果如表 5.12 所示。从父亲收入等级变量的回归结果来看，2010 年异方差处理前后，父亲收入等级的回归系数都在 1%水平上显著为正，说明该变量计量结果受数据异方差问题的影响小。2014 年回归结果在显著性和影响方向上与 2010 年一致，说明父亲收入等级显著地正向影响父代与子代间收入等级的矢量差异，也即父亲收入等级越高，父代与子代收入等级的差距越大，子代超越父代收入等级的可能性越小。这种高收入父代的子代向上流动难，低收入父代的子代向上流动相对容易的趋势表明收入差距会在代际流动过程中被弱化，社会代际传递不公平问题会得到缓解。从年度变动来看，父亲收入等级的回归系数从 2010 年 wls 回归的 0.762 增加到 2014 年 ols 回归的 0.957，回归系数的增加意味着高收入父代的家庭子代想要实现收入等级的向上流动变得越来越难，而低收入父代的子代想要超越父代的收入等级相对越来越容易，收入差距在代际传递过程中会越来越小，这种趋势下，实现代际收入的公平将越来越容易。

　　个人因素中，父亲受教育年限变量回归系数在 2010 年和 2014 年均不显著，说明父亲受教育年限因素对父代与子代收入等级的矢量性差距作用不明显。从父亲城乡户籍分类计量结果来看，对比 2010 年数据样本异方差处理前后的 ols 回归和 wls 回归结果来看，在系数显著性水平和影响方向上都没有明显改变，说明父亲城乡户籍分类变量并没有明显地受到异方差问题的干扰。2010 年 wls 回归系数和 2014 年 ols 回归系数都在 10%显著水平上为负，年度变动中并没有明显的数值变动，说明相比于父亲是农村户籍的来说，父亲为城镇户籍使父代收入等级高于子代收入等级的可能性更小，即城镇户籍的父代更容易在收入地位上被子代超越，而父亲为农村户籍的家庭中子代收入地位超越父代相对较难，这可能会造成城镇和农村家庭父代的收入差距传递给子代，并且在子代间扩大。

　　父亲健康状况在 2010 年异方差处理前后的回归结果都不显著，说明在子代实现收入等级超越父代的过程中，父亲健康状况并不会产生显著的影响。从父亲的婚姻状况计量结果来看，2010 样本数据在异方差处理前后并未明显地影响父亲婚

姻状况变量的回归结果，2010 年中父亲婚姻状态的 wls 回归系数为 2.897，在 1% 的显著性水平上正向影响父代与子代收入等级矢量差距，2014 年该变量回归系数虽然不显著，但系数值为正，与 2010 年回归结果影响方向相同，这表明父代家庭婚姻稳定持久，子代收入越不容易向上流动超越父代，而婚姻不稳定家庭的子代收入超越父代的可能性相对更大。从社会学角度理解为，父代婚姻不幸福家庭的的子代想要逃离或改变这种状态的欲望更加强烈。子代想要在收入上超越父代的期望更大。父亲职业状态变量在 2010 年和 2014 年的回归结果中均不显著，说明父亲的职业类型对父代与子代相对收入的矢量差距影响不显著。比较父亲是否参加养老保险和医疗保险的计量结果可以看出，两个变量在两年回归结果均不显著，这可能意味着子代收入在向上流动超越其父代收入的过程中，父代的社会保障参保状态对其影响不大。

　　相对收入差距矢量度量考虑个人因素的回归模型与绝对化度量考虑个人因素的回归模型中所选取的解释变量、控制变量都是一致的，因此相对收入差距矢量度量考虑个人因素模型 2010 年的变量相关系数矩阵与表 5.8 相对收入差距绝对化度量考虑个人因素模型的变量相关系数矩阵（2010 年）、2014 年的变量相关系数矩阵与表 5.9 相对收入差距绝对化度量考虑个人因素模型的变量相关系数矩阵（2014 年）结果都是相同的。从变量间的相关系数矩阵结果来看，父亲收入等级与衡量个人因素变量及衡量个人因素的各个变量之间在一定程度上存在相关关系，为进一步明确相对收入差距矢量度量考虑个人因素回归模型中的变量之间是否存在多重共线性问题，本书采用 VIF 分析法进行验证。考虑到个人因素的回归模型中所选取的解释变量、控制变量是一致的，因此相对收入差距矢量度量考虑个人因素的回归模型的 VIF 检验结果和表 5.10 相对收入差距绝对化度量考虑个人因素模型的 VIF 检验结果也是相同的。从表 5.10 相对收入差距绝对化度量考虑个人因素模型的 VIF 的检验结果来看，2010 年和 2014 年相对收入差距绝对化度量考虑个人因素两个模型中各个变量的 VIF 值都小于 10，所以相对收入差距矢量度量考虑个人因素模型中的变量之间同样也不存在多重共线性问题，不需要再进行调整。

第四节　考虑家庭经济因素的实证分析

一、相对收入差距的绝对化度量

　　考虑到在相对收入差距绝对化度量考虑家庭经济因素的模型会出现异方差的情况，本书采用怀特检验对模型的 ols 回归的残差项进行了异方差检验，检验模型中是否会由存在异方差而导致模型估计结果偏误，检验结果见表 5.13。

表 5.13 相对收入差距绝对化度量考虑家庭经济因素的异方差检验

原假设 H_0：不存在异方差；备择假设 H_1：存在异方差

检验指标	2010 年	2014 年
χ^2	260.29	66.68
df	58	67
$p(x > \chi^2)$	0.0000	0.4882

从异方差检验结果表中的数据来看，2010 年相对收入差距绝对化度量考虑家庭经济因素的模型存在异方差，因为其 χ^2 值为 260.29，df 值为 58，伴随的 p 值为 0.0000，在 1% 的显著性水平上显著，因此拒绝原假设（H_0：不存在异方差），需要再做调整。而 2014 年模型的 χ^2 值是 66.68，df 值是 67，伴随的 p 值是 0.4882，不显著，即不存在异方差。对于 2010 年模型异方差的处理，本书选用 wls 回归方法进行调整，同时把 2010 年模型的调整前后的结果和 2014 年 ols 回归结果做了比较，结果见表 5.14。

表 5.14 相对收入差距绝对化度量考虑家庭经济因素的回归

变量	2010 年 ols 父代与子代间的收入等级差的绝对值	2010 年 wls 父代与子代间的收入等级差的绝对值	2014 年 ols 父代与子代间的收入等级差的绝对值
父亲收入等级	0.604***	−0.064	0.861***
	（0.094）	（0.056）	（0.049）
父亲家庭总收入	1.31×10^{-6}***	6.92×10^{-6}***	1.97×10^{-7}**
	（1.86×10^{-7}）	（3.48×10^{-7}）	（9.46×10^{-8}）
父亲家庭总资产	-3.82×10^{-9}	-1.77×10^{-9}	1.75×10^{-8}
	（1.01×10^{-8}）	（2.60×10^{-8}）	（1.22×10^{-8}）
父亲家庭是否有住房资产	0.011	−0.414***	0.045
	（0.034）	（0.071）	（0.054）
父亲家庭是否有金融资产	−0.055**	−0.344***	0.046*
	（0.026）	（0.059）	（0.025）
父亲家庭是否有经营资产	−0.009	0.008	−0.046
	（0.057）	（0.127）	（0.052）
父亲家庭是否有土地资产	0.041	0.022	−0.039
	（0.058）	（0.131）	（0.025）
常数项	−1.989***	1.194	−1.636***
	（0.510）	（1.218）	（0.563）

续表

变量	2010 年 ols 父代与子代间的收入等级差的绝对值	2010 年 wls 父代与子代间的收入等级差的绝对值	2014 年 ols 父代与子代间的收入等级差的绝对值
父亲年龄	控制	控制	控制
父亲年龄的平方	控制	控制	控制
父亲所在地区是否属于中部	控制	控制	控制
父亲所在地区是否属于西部	控制	控制	控制
观测值	945	945	855
可决系数	0.144	0.526	0.322

注：括号内表示标准误差项

*、**和***分别表示在 10%、5%和 1%水平上显著

　　表 5.14 为相对收入差距绝对化度量考虑家庭经济因素的计量结果。衡量父亲收入等级的解释变量在 2010 年异方差处理前后的回归结果变化较大，由 ols 回归的显著为正变为 wls 回归中的系数不显著为负，说明样本异方差问题对于模型（5.3）中父亲收入等级变量的回归结果影响显著。而 2014 年数据样本不存在异方差问题，回归系数为 0.861，在 1%显著性水平上显著，说明随着父亲收入等级的增加，父代与子代间收入等级差距增大，父代收入对子代收入的影响减小，代际收入流动性增强。从年度变化来看，从 2010 年 wls 回归系数不显著到 2014 年 ols 回归系数显著为正，表明父亲收入等级对相对收入差距的影响越来越显著。

　　从父亲家庭经济因素的回归结果来看，父亲的家庭总收入影响因素无论是在 2010 年异方差处理前的 ols 回归、2010 年异方差处理后的 wls 回归，还是在 2014 年的 ols 回归中，其回归系数都显著为正，说明父亲的家庭总收入会显著地正向影响父代与子代收入等级的绝对化差距，即父亲家庭总收入越高，父亲收入等级与子代收入等级的差异就越大，代际收入传递性越弱，代际收入的流动性相对更好。而父亲家庭总资产变量在两年回归结果中均不显著，说明父亲家庭总资产对父代与子代间收入相对差距绝对化度量指标的影响并不明显，结合分项资产的计量结果来看，父亲家庭总资产回归系数的不显著可能是由分项资产在代际收入传递中的作用差异造成的。对比各个分项资产因素的计量结果可以看出，2010 年数据样本在考虑家庭经济因素的计量模型中，异方差问题严重影响了父亲是否有住房资产这一变量的回归结果，而对其他三类资产影响相对较小。父亲家庭是否有住房资产因素在 2010 年经异方差处理后的 wls 回归系数在 1%显著性水平上显著为负，说明父亲家庭拥有住房资产的子代，其收入等级与父代收入等级接近的可能性更大，即父代与

子代相对收入差距更小，而在 2014 年该变量回归系数不显著，可能的解释是，政府房产政策的管制弱化了住房资产对代际收入传递的作用。父亲家庭是否拥有金融资产变量在 2010 年 wls 回归中系数显著为负，但在 2014 年 ols 回归中系数显著为正，前者代表在 2010 年如果父亲家庭拥有金融资产，父代与子代间收入等级差距就会越小，而后者的结果恰好相反，父亲家庭拥有金融资产反而会加大父代与子代间的相对收入差距，代际收入流动性增强，金融资产因素对代际收入传递的年度影响差异可能是由政府金融政策的变化所引起的。分项资产中父亲家庭是否拥有经营资产和土地资产的回归系数在 2010 年异方差处理前后的回归结果和 2014 年的回归结果中都不显著，这可能是由于大部分父代从事经营工作的子代一般在工作选择上都是子承父业，在这种情况下相较于父代经营资产的作用，子代自身经营所得对父代与子代间收入流动性的影响要更加明显，而父亲是否拥有土地资产的计量结果不显著，可能是拥有土地资产的父代一般是农村户籍，在回归中变量结果会受到样本选择性偏差的影响，故变量回归系数并不显著。

2010 年的相对收入差距绝对化度量考虑家庭经济因素的变量相关系数矩阵结果如表 5.15 所示。结果表明，父亲收入等级与父亲家庭总收入的相关系数为 0.159，并且在 1% 的显著性水平上显著正相关，与父亲家庭是否有经营资产和父亲家庭是否有土地资产这两个变量也有正的相关关系，但是不显著。也可以看出父亲收入等级与父亲家庭总资产、父亲家庭是否有金融资产这两个变量的负相关关系也不显著。

衡量经济因素的各个变量之间的相关系数中，父亲家庭总收入与父亲家庭总资产、父亲家庭是否有住房资产这两个变量间的负相关关系和其与父亲家庭是否有金融资产、父亲家庭是否有经营资产、父亲家庭是否有土地资产这三个变量之间的正相关关系在统计上都是不显著的。父亲的家庭总资产与父亲家庭是否有住房资产、父亲家庭是否有金融资产、父亲家庭是否有经营资产、父亲家庭是否有土地资产都是在 1% 的显著性水平上显著相关，其相关系数分别为 0.097、0.137、−0.153、−0.177。父亲家庭是否有住房资产与父亲家庭是否有经营资产、父亲家庭是否有土地资产的相关系数分别为−0.179、−0.231，均在 1% 的显著性水平上显著负相关，但与父亲家庭是否有金融资产的正相关关系不明显。父亲家庭是否有金融资产与其是否有经营资产、父亲家庭是否有土地资产这两个变量均在 1% 的显著性水平上负相关，父亲家庭是否有经营资产与父亲家庭是否有土地资产有显著的正相关关系，其相关系数为 0.903。

从 2014 年模型中的变量相关系数结果来看，如表 5.16 所示，父亲收入等级与衡量经济因素的某些变量间存在一定相关性，与父亲家庭总收入、父亲家庭总资产、父亲家庭是否有金融资产、父亲家庭是否有住房资产都有正相关关系，相关系数分别为 0.159、0.215、0.083、0.030，但是与父亲家庭是否有住房资产的相

表 5.15　相对收入差距绝对化度量考虑家庭经济因素模型的变量相关系数矩阵（2010 年）

变量	父亲收入等级	父亲年龄	父亲年龄的平方	父亲所在地区是否属于中部	父亲所在地区是否属于西部	父亲家庭总收入	父亲家庭总资产	父亲家庭是否有住房资产	父亲家庭是否有金融资产	父亲家庭是否有经营资产	父亲家庭是否有土地资产
父亲收入等级	1										
父亲年龄	-0.026	1									
父亲年龄的平方	-0.026	0.996***	1								
父亲所在地区是否属于中部	-0.019	-0.051	-0.050	1							
父亲所在地区是否属于西部	-0.021	0.111***	0.116***	-0.381***	1						
父亲家庭总收入	0.159***	0.009	0.000	-0.019	-0.114***	1					
父亲家庭总资产	-0.007	-0.064**	-0.059*	0.028	-0.074**	-0.038	1				
父亲家庭是否有住房资产	-0.072*	0.101***	0.103***	0.018	0.028	-0.039	0.097***	1			
父亲家庭是否有金融资产	-0.027	-0.011	-0.013	0.073**	0.026	0.008	0.137***	0.053	1		
父亲家庭是否有经营资产	0.030	-0.035	-0.040	-0.081*	-0.058*	0.025	-0.153***	-0.179***	-0.213***	1	
父亲家庭是否有土地资产	0.028	-0.032	-0.038	-0.087*	-0.054*	0.018	-0.177***	-0.231***	-0.239***	0.903***	1

*、**和***分别表示在 10%、5%和 1%水平上显著

表 5.16 相对收入差距绝对化度量考虑家庭经济因素模型的变量相关系数矩阵（2014 年）

变量	父亲收入等级	父亲年龄	父亲年龄的平方	父亲所在地区是否属于中部	父亲所在地区是否属于西部	父亲家庭总收入	父亲家庭总资产	父亲家庭是否有住房资产	父亲家庭是否有金融资产	父亲家庭是否有经营资产	父亲家庭是否有土地资产
父亲收入等级	1										
父亲年龄	-0.080**	1									
父亲年龄的平方	-0.076**	0.997***	1								
父亲所在地区是否属于中部	-0.075**	-0.041	-0.043	1							
父亲所在地区是否属于西部	-0.029	-0.049	-0.041	-0.257***	1						
父亲家庭总收入	0.159***	0.008	0.002	-0.064*	-0.088**	1					
父亲家庭总资产	0.215***	0.120***	0.115***	-0.206***	-0.113***	0.258***	1				
父亲家庭是否有住房资产	0.030	0.046	0.046	-0.045	0.031	-0.084**	0.123***	1			
父亲家庭是否有金融资产	0.083**	0.017	0.018	-0.018	-0.001	0.110***	0.110***	-0.116***	1		
父亲家庭是否有经营资产	-0.030	-0.027	-0.027	-0.035	0.034	0.056	0.057*	0.010	0.075**	1	
父亲家庭是否有土地资产	-0.003	-0.073*	-0.062*	0.074**	0.176***	-0.175***	-0.287***	0.114***	-0.104***	-0.004	1

*、**和***分别表示在 10%、5%和 1%水平上显著

关性不显著，同样与父亲家庭是否有经营资产、父亲家庭是否有土地资产的负相关关系也不显著。

衡量经济因素的各个变量之间的相关系数同样也存在一定的相关性，父亲家庭总收入与父亲家庭总资产的相关系数为 0.258，显著正相关；与父亲家庭是否有金融资产的相关系数为 0.110，在 1%的显著性水平上显著正相关；与父亲家庭是否有土地资产、父亲家庭是否有住房资产的显著相关系数分别为-0.175、-0.084。父亲家庭总资产与父亲家庭是否有住房资产、父亲家庭是否有金融资产、父亲家庭是否有经营资产均呈显著正相关关系，其相关系数为 0.123、0.110、0.057，但是与父亲家庭是否有土地资产呈显著的负相关。父亲家庭是否有住房资产与父亲家庭是否有金融资产的相关系数为-0.116，在 1%的显著性水平上显著负相关，与父亲家庭是否有土地资产的显著正相关系数为 0.114。父亲家庭是否有金融资产与父亲家庭是否有经营资产、父亲家庭是否有土地资产分别呈显著的正相关、负相关，相关系数分别为 0.075、-0.104。但父亲家庭是否有经营资产与其是否有土地资产虽具有负相关关系，但在统计上不显著。

考虑到相对收入差距绝对化度量考虑家庭经济因素模型的变量相关系数矩阵只是分析了变量之间的相关性，并不能证明变量之间一定不存在多重共线性，为了避免变量之间存在多重共线性而导致模型估计偏误，本书采用 VIF 分析来进一步判断，检验结果如表 5.17 所示。

表 5.17 相对收入差距绝对化度量考虑家庭经济因素模型的 VIF 检验

变量	2010 年		2014 年	
	VIF	1/VIF	VIF	1/VIF
父亲收入等级	1.030	0.971	1.090	0.917
父亲家庭总收入	1.060	0.943	1.120	0.893
父亲家庭总资产	1.060	0.943	1.310	0.763
父亲家庭是否有住房资产	1.080	0.926	1.070	0.935
父亲家庭是否有金融资产	1.080	0.926	1.050	0.952
父亲家庭是否有经营资产	5.430	0.184	1.020	0.980
父亲家庭是否有土地资产	5.660	0.177	1.180	0.847
VIF 均值	2.343	—	1.120	—

从表 5.17 的 VIF 检验结果可以看出，2010 年相对收入差距绝对化度量考虑家庭经济因素模型中父亲收入等级变量的 VIF 值为 1.030，小于 10，并且衡量家庭经济因素变量的 VIF 值介于 1.030 和 5.660，均值是 2.343，从 2014 年的检验结果发现，父亲收入等级变量的 VIF 是 1.090，家庭经济因素的衡量指标 VIF 最大

值是 1.310，最小值是 1.020，均值是 1.120，两年的各个变量的 VIF 值都小于 10，因此，变量之间不存在多重共线性。

二、相对收入差距的矢量度量

考虑到所选用的数据为截面数据，为了保证所构建的相对收入差距矢量度量考虑家庭经济因素的模型（5.3）能够合理地估计所需要的参数，本书对模型做了 ols 回归，接着选择怀特检验对模型回归的残差进行异方差检验，判断模型是否稳定，检验结果如表 5.18 所示。

表 5.18　相对收入差距矢量度量考虑家庭经济因素的异方差检验

原假设 H_0：不存在异方差；备择假设 H_1：存在异方差

检验指标	2010 年	2014 年
χ^2	260.29	68.62
df	58	67
$p(x > \chi^2)$	0.0000	0.4222

从表 5.18 异方差检验的结果中可以看出，2010 年模型的 χ^2 值为 260.29，df 值为 58，p 值是 0.0000，在 1% 的显著性水平上拒绝"H_0：不存在异方差"的原假设。但 2014 年的 χ^2 值为 68.62，df 值为 67，p 值是 0.4222，大于 0.1，表明在 10% 的显著性水平上接受原假设（H_0：不存在异方差），说明 2014 年的模型不存在异方差。因此本书对 2010 年相对收入差距矢量度量考虑家庭经济因素的模型进一步采用 wls 回归方法进行异方差调整，同时也与 2010 年 ols 回归结果和 2014 年模型的 ols 回归结果比较，比较结果如表 5.19 所示。

表 5.19　相对收入差距矢量度量考虑家庭经济因素的回归

变量	2010 年 ols 父代与子代间的收入等级差	2010 年 wls 父代与子代间的收入等级差	2014 年 ols 父代与子代间的收入等级差
父亲收入等级	0.896^{***} （0.094）	0.778^{***} （0.010）	0.999^{***} （0.050）
父亲家庭总收入	$-1.31 \times 10^{-6***}$ （1.86×10^{-7}）	$-2.39 \times 10^{-7***}$ （8.58×10^{-8}）	-1.55×10^{-7} （9.51×10^{-8}）
父亲家庭总资产	3.82×10^{-9} （1.01×10^{-8}）	1.59×10^{-9} （4.41×10^{-9}）	$-3.06 \times 10^{-8**}$ （1.22×10^{-8}）
父亲家庭是否有住房资产	-0.011 （0.034）	-0.011 （0.015）	-0.043 （0.054）

续表

变量	2010 年 ols 父代与子代间的收入等级差	2010 年 wls 父代与子代间的收入等级差	2014 年 ols 父代与子代间的收入等级差
父亲家庭是否有金融资产	0.055**	0.012	−0.052**
	（0.026）	（0.012）	（0.025）
父亲家庭是否有经营资产	0.009	0.000	0.054
	（0.057）	（0.026）	（0.052）
父亲家庭是否有土地资产	−0.041	−0.010	0.050*
	（0.058）	（0.026）	（0.025）
常数项	0.489	−0.357	0.129
	（0.510）	（0.221）	（0.566）
父亲年龄	控制	控制	控制
父亲年龄的平方	控制	控制	控制
父亲所在地区是否属于中部	控制	控制	控制
父亲所在地区是否属于西部	控制	控制	控制
观测值	945	945	855
可决系数	0.152	0.937	0.355

注：括号内表示标准误差项

*、**和***分别表示在 10%、5%和 1%水平上显著

以相对收入差距矢量度量为被解释变量的考虑家庭经济因素计量模型的回归结果如表 5.19 所示。父亲收入等级变量在 2010 年样本数据的回归中并没有明显地受到异方差问题的影响，异方差处理前后的回归系数在显著性水平和影响方向上都保持一致，仅在数值上发生了变动。2010 年 wls 回归和 2014 年 ols 回归的拟合值都是在 1%显著性水平上显著为正，并且在数值上呈现出增加的态势，这表明父亲收入等级会正向地增大子代超越父代收入阶层的难度，并且这种作用在逐年增强，这意味着父代与子代相对收入差距在代际传递过程中，可能会由于高收入等级家庭的子代难以突破父代收入等级和低收入等级家庭子代向上流动而使这种收入差距缩小。

从衡量父亲家庭经济因素的指标来看，父亲家庭总收入变量在 2010 年异方差处理前后的回归结果都是显著为负，在 2014 年的回归结果中不显著，但方向上与 2010 年相同，回归系数为负说明父亲家庭总收入越高，子代收入等级超越其父代的可能性就越大，但 2014 年回归系数不显著，表明父亲家庭总收入对父代与子代收入等级矢量度量的差距影响在减弱。父亲家庭总资产变量在 2010 年无论是 ols

回归还是 wls 回归中系数都不显著，而在 2014 年 ols 回归中，变量拟合值在 5% 显著性水平上显著为负，说明父亲家庭总资产会显著地负向影响父代与子代间收入等级的矢量化差距，即父代拥有家庭资产越多，子代在收入层级上超越其父代将更加容易，且这种影响在增强。将父代资产进行细分后，各类资产的回归结果不尽相同。父亲家庭是否有住房资产这一变量的回归结果无论在 2010 年处理异方差前后的回归中，还是在 2014 年模型回归中结果都不显著，说明父亲家庭是否有住房资产对于子代收入层级的向上流动影响不显著。父亲家庭是否有金融资产因素在 2010 年回归结果中受到异方差问题的影响比较显著，异方差处理前的 ols 回归系数显著，但 wls 回归系数不显著，2014 年该变量的回归系数在 5% 的显著性水平上显著为负，说明父代金融资产的持有对父代与子代相对收入的矢量差距影响在不断增强，在父代拥有金融资产的家庭中，子代想要实现在收入等级上超越其父代的可能性更大，这与社会现实也是相符的，拥有金融资产的父代往往更可能是风险偏好者，其子代风险偏好也会更强，这类子代在职业选择方面会更倾向于挑战高回报的职业，因此更容易实现收入的向上流动。父亲家庭是否拥有经营资产因素在两年的回归结果中均不显著，说明经营资产对被解释变量的作用不明显，但另一种可能的原因是，拥有经营资产的样本较少，在回归中不具代表性。父亲家庭是否拥有土地资产的变量回归系数表明，2010 年异方差处理前后结果均不显著，而 2014 年 ols 回归结果在 10% 显著性水平上显著正向影响被解释变量，父代土地资产的持有对父代与子代间收入等级矢量差距的作用在逐年加大，拥有土地资产的父代，其子代想要在收入等级上超越其父代的难度更大。一般来说，拥有土地资产的父代一般为农村家庭，土地资本作为风险性小、收益稳定的固定资产给父代所带来的收入，要比可能因受到户籍歧视而使人力资本回报降低的城镇化子代的劳动收入更多。

相对收入差距矢量度量考虑家庭经济因素的回归模型与绝对化度量考虑家庭经济因素的回归模型中所选取的父亲收入地位衡量指标、父亲个人因素的衡量指标（父亲家庭总收入、父亲家庭总资产、父亲家庭是否有住房资产、父亲家庭是否有金融资产、父亲家庭是否有经营资产、父亲家庭是否有土地资产）、控制变量（父亲人口学特征）都是一致的，因此在相对收入差距矢量度量考虑家庭经济因素模型中 2010 年和 2014 年的各变量间相关系数矩阵、VIF 检验结果，与相对收入差距绝对化度量考虑家庭经济因素模型中 2010 年和 2014 年的各个变量间的相关系数矩阵、VIF 检验结果都是一致的。从相关系数矩阵的结果来分析，父亲收入等级与衡量家庭经济因素及各个衡量家庭经济因素的变量之间都在一定程度上存在相关关系，但是这并不一定说明模型中的变量是否存在多重共线性，因此进一步从相对收入差距绝对化度量考虑家庭经济因素模型的 VIF 检验结果来看，2010 年和 2014 年的各个变量的 VIF 值都小于 10，故相对收入差距矢量度量考虑家庭经济因素模型是不存在多重共线性的。

第五节　考虑宏观因素的实证分析

一、相对收入差距的绝对化度量

从选择的样本数据类型来看，横截面数据的模型会不可避免地出现异方差的可能，故本书选择怀特检验方法检验相对收入差距绝对化度量考虑宏观因素模型的 ols 回归结果是否存在异方差，以保证本章所构建相对收入差距绝对化度量考虑宏观因素的模型（5.4）能够合理地估计模型所需参数，检验结果如表 5.20 所示。

表 5.20　相对收入差距绝对化度量考虑宏观因素的异方差检验

原假设 H_0：不存在异方差；备择假设 H_1：存在异方差

检验指标	2010 年	2014 年
χ^2	34.53	30.90
df	24	31
$p(x > \chi^2)$	0.0757	0.4715

从表 5.20 相对收入差距绝对化度量考虑宏观因素的异方差检验结果中可以看出，2010 年的 χ^2 值为 34.53，df 值是 24，p 值是 0.0757，表明在 10%的显著性水平上拒绝原假设（H_0：不存在异方差），即该模型存在异方差，但是 2014 年的 χ^2 值是 30.90，df 值是 31，p 值是 0.4715，表示不能拒绝 "H_0：不存在异方差" 的原假设，说明模型是同方差的，比较稳定。鉴于 2010 年相对收入差距绝对化度量考虑宏观因素的模型是存在异方差的，本书采用 wls 方法进行调整，比较结果如表 5.21 所示。

表 5.21　相对收入差距绝对化度量考虑宏观因素的回归

变量	2010 年 ols 父代与子代间的收入等级差的绝对值	2010 年 wls 父代与子代间的收入等级差的绝对值	2014 年 ols 父代与子代间的收入等级差的绝对值
父亲收入等级	0.674***	0.504***	0.901***
	（0.094）	（0.062）	（0.048）
父亲所在地区的人均地区生产总值	7.77×10^{-6}***	3.42×10^{-5}***	3.85×10^{-6}***
	（1.70×10^{-6}）	（4.57×10^{-6}）	（8.49×10^{-7}）
父亲所在地区的基本社会保险覆盖率	−0.213	−4.480***	−0.039
	（0.235）	（0.661）	（0.094）

续表

变量	2010 年 ols 父代与子代间的收入等级差的绝对值	2010 年 wls 父代与子代间的收入等级差的绝对值	2014 年 ols 父代与子代间的收入等级差的绝对值
常数项	−2.353***	−0.257	−1.827***
	（0.511）	（1.486）	（0.555）
父亲年龄	控制	控制	控制
父亲年龄的平方	控制	控制	控制
父亲所在地区是否属于中部	控制	控制	控制
父亲所在地区是否属于西部	控制	控制	控制
观测值	945	945	855
可决系数	0.127	0.282	0.324

注：括号内表示标准误差项

***代表系数在 1%水平上显著

　　表 5.21 列出的是以父代与子代收入等级绝对化差距为被解释变量的考虑宏观因素计量模型的回归分析结果。从父亲收入等级影响因素的回归结果来看，2010年处理异方差前后在系数显著性和影响方向上都无明显改变，仅在数值上发生变化，说明样本数据异方差问题对父亲收入等级变量的计量结果影响较小。对比2010 年 wls 回归和 2014 年 ols 回归结果可以发现，两年回归系数均在 1%显著性水平上显著为正，这表明父代收入等级越高，父代与子代间的收入等级绝对化差距就越大，父代收入对子代收入的影响越小，代际收入的传递性越弱，代际收入流动性越好。而比较两年的回归系数值，可以看出回归系数从 2010 年的 0.504 到2014 年的 0.901 增加了近 80%，说明父亲收入等级因素对父代与子代间相对收入等级绝对化差距影响在增大，这种趋势有利于增强代际收入流动性，促进收入分配更加公平。

　　从宏观因素变量的计量结果来看，父亲所在地区的人均地区生产总值在 2010年和 2014 年的回归结果基本一致，说明异方差问题对该变量回归结果的干扰并不明显。两年的回归系数都在 1%显著性水平上显著为正，表明父代所在地区经济发展水平会显著地正向影响父代与子代间的收入等级差距，即经济发展水平越高，父代收入等级对子代收入等级的影响越小，收入的代际传递性越小，这与前文分析结果相一致，经济越发达地区的子代在职业选择上受父代约束越小，因此收入流动性越强。

　　父亲所在地区的基本社会保险覆盖率变量在 2010 年 ols 回归结果中不显著，

但经过异方差处理后，wls 的回归系数在 1%的显著性水平上显著为负，说明异方差对该变量计量结果的影响较大。而 2014 年 ols 回归系数不显著，但影响方向为负，这基本上可以体现出地区社会保障完善程度对父代与子代收入等级差距的负向作用，即地区社会保障越完善，父代与子代收入等级差距越小，父代收入对子代收入的影响越大，代际收入传递性越强。而从年度变动来看，2014 年回归结果的不显著意味着父亲所在地区的基本社会保险覆盖率对父代与子代相对收入绝对化差距的影响在减弱，这也与使近年各地区社会保障制度不断完善的政府宏观调节密不可分，完善的社会保障制度使地区间社会保障差异减小，代际收入传递的地区差异也会减小。

如表 5.22 所示，在 2010 年相对收入差距绝对化度量考虑宏观因素的变量相关系数矩阵数据中，父亲收入等级与父亲所在地区的人均地区生产总值和父亲所在地区的基本社会保险覆盖率都呈现显著的正相关性，相关系数分别为 0.069、0.059，其中父亲所在地区的人均地区生产总值与父亲所在地区的基本社会保险覆盖率的相关系数为 0.879，并在 1%的显著性水平上显著正相关。

表 5.22　相对收入差距绝对化度量考虑宏观因素模型的变量相关系数矩阵（2010 年）

变量	父亲收入等级	父亲年龄	父亲年龄的平方	父亲所在地区是否属于中部	父亲所在地区是否属于西部	父亲所在地区的人均地区生产总值	父亲所在地区的基本社会保险覆盖率
父亲收入等级	1						
父亲年龄	−0.026	1					
父亲年龄的平方	−0.026	0.996***	1				
父亲所在地区是否属于中部	−0.019	−0.051	−0.050	1			
父亲所在地区是否属于西部	−0.021	0.111***	0.116***	−0.381***	1		
父亲所在地区的人均地区生产总值	0.069**	−0.058*	−0.068**	−0.305***	−0.569***	1	
父亲所在地区的基本社会保险覆盖率	0.059*	−0.064**	−0.074**	−0.260***	−0.465***	0.879***	1

*、**和***分别表示在 10%、5%和 1%水平上显著

表 5.23 为 2014 年父亲收入等级与衡量宏观因素变量的相关系数矩阵，父亲收入等级与父亲所在地区的人均地区生产总值的相关系数为 0.060,在 10%的显著性水平上正相关，但是与父亲所在地区的基本社会保险覆盖率的负向相关趋势不明显。对于 2014 年的衡量宏观因素变量，父亲所在地区的人均地区生产总值与其

所在地区基本社会保险覆盖率在 1% 的显著性水平上正相关，相关系数为 0.433。

表 5.23　相对收入差距绝对化度量考虑宏观因素模型的变量相关系数矩阵（2014 年）

变量	父亲收入等级	父亲年龄	父亲年龄的平方	父亲所在地区是否属于中部	父亲所在地区是否属于西部	父亲所在地区的人均地区生产总值	父亲所在地区的基本社会保险覆盖率
父亲收入等级	1						
父亲年龄	−0.080**	1					
父亲年龄的平方	−0.076**	0.997***	1				
父亲所在地区是否属于中部	−0.075**	−0.041	−0.043	1			
父亲所在地区是否属于西部	−0.029	−0.049	−0.041	−0.257***	1		
父亲所在地区的人均地区生产总值	0.060*	0.139***	0.132***	−0.589***	−0.347***	1	
父亲所在地区的基本社会保险覆盖率	−0.023	−0.002	−0.007	−0.395***	−0.209***	0.433***	1

*、**和***分别表示在 10%、5% 和 1% 水平上显著

　　尽管在相对收入差距绝对化度量考虑宏观因素模型中，运用相关系数矩阵检验了模型中变量的相关性，但是在一定程度上相关系数矩阵只是大概估计，不能确切说明变量间是否存在多重共线性，因此还需要进一步验证，基于此本书采用 VIF 分析在相关系数矩阵分析的基础上进一步检验，结果如表 5.24 所示。

表 5.24　相对收入差距绝对化度量考虑宏观因素模型的 VIF 检验

变量	2010 年		2014 年	
	VIF	1/VIF	VIF	1/VIF
父亲收入等级	1.010	0.990	1.030	0.971
父亲所在地区的人均地区生产总值	7.070	0.141	2.670	0.375
父亲所在地区的基本社会保险覆盖率	4.490	0.223	1.370	0.730
均值	4.190	—	1.690	—

　　基于表 5.24 相对收入差距绝对化度量考虑宏观因素模型的 VIF 检验结果，2010 年和 2014 年父亲收入等级指标的 VIF 值分别为 1.010、1.030，都小于 10，而且 2010 年宏观因素的衡量指标父亲所在地区的人均地区生产总值的 VIF 值是

7.070，父亲所在地区的基本社会保险覆盖率的 VIF 值是 4.490，均值是 4.190，2014年衡量宏观因素的指标中父亲所在地区的人均地区生产总值的 VIF 值是 2.670，父亲所在地区的基本社会保险覆盖率的 VIF 值是 1.370，均值是 1.690，两年的数值均小于 10，证明相对收入差距绝对化度量考虑宏观因素模型中变量之间不存在多重共线性，不再需要调整。

二、相对收入差距的矢量度量

本书对模型进行 ols 回归，采用怀特检验方法对横截面样本数据构建的相对收入差距矢量度量考虑宏观因素模型进行异方差检验，以保证模型能够更加合理地估计参数，检验结果如表 5.25 所示。

表 5.25　相对收入差距矢量度量考虑宏观因素的异方差检验

原假设 H_0：不存在异方差；备择假设 H_1：存在异方差

检验指标	2010 年	2014 年
χ^2	34.53	34.73
df	24	31
$p(x > \chi^2)$	0.0757	0.2948

表 5.25 数据检验结果为相对收入差距矢量度量考虑宏观因素的异方差检验，可以发现 2010 年的 χ^2 值为 34.53，df 值为 24，p 值是 0.0757，在 10% 的显著性水平上拒绝 "H_0：不存在异方差" 的原假设。2014 年的 χ^2 值为 34.73，df 值为 31，p 值是 0.2948，大于 0.1，证明 2014 年模型是同方差。故仅对 2010 年的研究样本进行 wls 回归以调整异方差，结果见表 5.26。

表 5.26　相对收入差距矢量度量考虑宏观因素的回归

变量	2010 年 ols 父代与子代间的收入等级差	2010 年 wls 父代与子代间的收入等级差	2014 年 ols 父代与子代间的收入等级差
父亲收入等级	0.826***	0.771***	0.950***
	（0.094）	（0.007）	（0.048）
父亲所在地区的人均地区生产总值	-7.77×10^{-6}***	-2.19×10^{-6}***	-4.65×10^{-6}***
	（1.70×10^{-6}）	（7.70×10^{-7}）	（8.53×10^{-7}）
父亲所在地区的基本社会保险覆盖率	0.213	0.034	0.053
	（0.235）	（0.103）	（0.094）
常数项	0.853*	-0.291	0.376
	（0.511）	（0.219）	（0.558）

变量	2010 年 ols 父代与子代间的收入等级差	2010 年 wls 父代与子代间的收入等级差	2014 年 ols 父代与子代间的收入等级差
父亲年龄	控制	控制	控制
父亲年龄的平方	控制	控制	控制
父亲所在地区是否属于中部	控制	控制	控制
父亲所在地区是否属于西部	控制	控制	控制
观测值	945	945	855
可决系数	0.135	0.937	0.356

注：括号内表示标准误差项

*、***分别表示在 10%、1%水平上显著

表 5.26 为相对收入差距矢量度量的考虑宏观因素计量模型(5.4)的回归结果。父亲收入等级衡量指标的计量结果并没有明显地受到样本数据异方差问题的影响，2010 年 wls 回归系数和 2014 年 ols 回归系数均在 1%显著性水平上显著为正，并且从年度变化来看，变量回归系数从 2010 年 wls 回归的 0.771 扩大到 2014 年 ols 回归的 0.950，呈现增大的趋势，这表明父亲收入等级的提高会加大子代收入等级超越父代收入等级的难度，并且随着年份的变化，这种难度在加大。

从影响收入差距代际传递的宏观因素来看，父亲所在地区的人均地区生产总值指标在 2010 年的回归结果中并没有受到样本数据异方差的明显影响，异方差处理前后的 ols 回归和 wls 回归中回归系数在显著性水平和影响方向上都未发生改变。2014 年该变量 ols 回归结果与 2010 年一致，都是在 1%显著性水平上显著为负，说明父代所在地区经济发展水平会负向影响父代与子代收入等级的矢量化差距，即父代所在地区经济越发达，子代想要在收入等级上超越其父代的可能性越大。这种"发达地区子代收入等级容易向上流动，不发达地区子代实现收入等级超越难"的现状会通过代际传递而使地区间收入差距加剧。父亲所在地区的基本社会保险覆盖率的回归结果在 2010 年和异方差处理前后 2014 年都不显著，这表明地区社会保障完善程度对父代与子代相对收入的矢量化差距影响不大，即该变量对子代寻求收入等级超越其父代的影响并不明显，可能的解释是，地区社会保障完善程度从侧面可以反映子代未来赡养父母的经济压力程度，影响子代在收入数量上的大小，但对子代收入等级的流动的作用不大。

表 5.22、表 5.23 和表 5.24 分别显示了 2010 年和 2014 年相对收入差距绝对化度量考虑宏观因素模型的变量相关系数矩阵及相对收入差距绝对化度量考虑宏观因素模型的 VIF 检验结果，基于与相对收入差距矢量度量考虑宏观因素的回归模

型中选用的被解释变量（父代与子代收入地位差距）、解释变量（父亲收入地位衡量指标、父亲个人因素、父亲家庭经济因素、宏观因素）、控制变量（父亲人口学特征）除被解释变量不同，其余变量都是一致的，因此 2010 年和 2014 年相对收入差距矢量度量考虑宏观因素模型中的变量相关系数矩阵及相对收入差距矢量度量考虑宏观因素模型的 VIF 检验结果也都是不变的。2010 年和 2014 年相对收入差距绝对化度量考虑宏观因素模型的变量相关系数矩阵表明，父亲收入地位衡量指标和宏观因素的衡量指标及宏观因素的衡量指标相互之间存在一定的相关性，因此矢量化度量模型中各个变量之间也同样存在一定的相关性，本书为排除相对收入差距矢量度量考虑宏观因素模型中变量间的多重共线性可能，采用 VIF 分析检验，根据相对收入差距绝对化度量考虑宏观因素模型的 VIF 检验结果分析，相对收入差距矢量度量考虑宏观因素模型中的各个变量之间也是不存在多重共线性的，因为父亲收入地位的衡量指标和宏观因素的衡量指标的 VIF 都小于 10，故不需要再对模型回归结果进行调整。

第六节　小　　结

本章结合前文收入差距代际传递各影响因素作用机制的逻辑分析，构建了四个相对收入差距代际传递影响机制的实证研究模型，包括基本模型、考虑个人因素的实证模型、考虑家庭经济因素的实证模型和考虑宏观因素的实证模型，以此分别检验父代的个人因素、家庭经济因素和宏观因素对收入差距代际传递的影响。模型被解释变量分别采用父代与子代收入等级差距的绝对化度量和矢量度量两种相对收入差距度量方式，分别考察各个影响因素对代际收入等级传承性和子代收入等级超越其父代收入等级的可能性的作用。同时，为保证回归参数估计量具有良好的统计性质，本书使用怀特检验对数据样本计量模型进行异方差检验，并利用 wls 方法对存在异方差问题的数据模型进行异方差处理，以消除异方差对计量结果的干扰。此外，为避免多重共线性的影响，本书使用相关系数矩阵和 VIF 分析来检验解释变量间是否存在多重共线性问题。通过对 CFPS 2010 年和 2014 年数据的计量分析得出如下结论。

第一，总体上，父代与子代间收入等级差距会在代际传递过程中缩小。实证研究表明，父代收入等级越高，父代与子代间相对收入绝对化差距越大，子代收入对父代收入的依赖性越小，代际收入传递性越小，即相较于父代低收入等级家庭来说，父代高收入等级家庭代际收入流动性更强。但同时，父代收入等级越高，父代与子代间相对收入的矢量差距越大，即父代高收入等级的子代在收入等级上超越其父代相对更难。因此，虽然父代高收入等级家庭代际收入流动性强，但子代很难在收入上超越父代,而父代低收入等级家庭即使代际收入流动性较弱,但只要形成流动,子代收入等级向上流动的可能性将更大,故父代收入差距会在代际传递过程中由于子代收入地位改变的难度差异而缩小。

第二,分区域来看,代际收入的传递会导致地区间收入差距扩大。中、东、西部地区分类的计量结果表明,代际收入传递性由强到弱依次为西部→中部→东部,也即代际收入流动性由强到弱依次为东部→中部→西部,并且在子代收入等级超越其父代收入等级的难易程度方面,难度由大到小依次为西部→中部→东部,这意味着西部地区代际收入固化现象最为严重。西部地区家庭中子代实现收入等级超越其父代收入等级的难度最大,而东部地区代际收入流动性最强,同时子代实现收入等级超越最容易,这就导致各地区父代间的收入差距会在代际传递过程中扩大,而地区间子代收入差距更加明显。从宏观影响因素父代所在地区的人均地区生产总值的回归结果来看,经济越发达地区代际收入流动性越强,同时经济发达地区的子代更容易在收入等级上超越其父代,这就使得越发达地区的子代收入向上流动越容易,从而形成了发达地区与欠发达地区间代际收入差距扩大的趋势。

第三,从户籍分割来看,代际收入传递会拉大城乡居民收入差距。实证回归结果表明,相比于父代为农村户籍的家庭,父代是城镇户籍家庭的子代收入对父代收入的依赖性更强,但这种影响到2014年已变得不明显,同时城镇家庭的子代更容易在收入等级上超越父代,说明城镇家庭收入代际收入流动性强,子代收入等级向上流动相对更容易,而农村家庭子代虽然通过上大学、城镇化等方式更容易摆脱对其父代收入的依赖,却也很难实现收入等级上的超越,这就意味着基于现今城乡居民收入差距较大的现实基础上,城镇和农村的父代间收入差距会在代际传递过程中传递给其子代,并且这种差距很可能会被继续拉大。

第四,父代家庭总收入会扩大代际收入差距。本章研究发现,父代家庭总收入越高,父代与子代间相对收入差距越大,子代收入对父代的依赖程度更小,代际收入流动性更强。同时,高收入家庭的子代比低收入家庭的子代更容易在收入地位上超越其父代。这种由于父代家庭收入差异所形成的"富二代收入地位不断向上流动,穷二代很难摆脱父代收入的影响甚至很难在收入等级上超越其父代"的趋势,会使父代间的收入差距在代际传递过程中被放大,子代间收入差距会比其父代更加凸显。

第五,父代资产尤其是金融资产的持有能够促进代际收入向上流动。父代家庭资产各个变量的回归结果表明,父代家庭总资产越多,子代在收入等级上超越其父代的可能性越大,尤其是父代持有金融资产时,这种子代收入等级的向上流动更加明显。而父代住房资产的持有对代际收入传递的影响主要体现在提高了子代收入等级对父代收入的依赖性上,但这种作用到2014年已经不显著。此外,父代在经营资产和土地资产方面的持有情况,并不会明显地影响代际收入差距的传递。因此,金融资产投资可能是低收入群体想要实现代际收入向上流动的突破口。

第六,父代教育水平、健康状况、婚姻稳定性、职业稳定性和社会保障因素对代际收入传递的作用在减弱。回归结果显示,父代的教育水平越高,子代收入对父代收入的依赖性越弱,但这种影响很小并且在 2014 年作用更不明显。就父代健康状况而言,父代越健康,代际收入流动性越强,但健康因素的影响在不断减弱。父代婚姻状况结果表明,父代婚姻越稳定,代际收入传递性越强,且子代收入超越其父代的可能性越小,但婚姻因素对代际收入差距的影响到 2014 年已经消失。实证得出父代职业越稳定,代际收入传递性越强,但这种作用在不断地消减。对于父代社会保障因素,从微观个人因素来看,父代参加养老保险和医疗保险会使子代收入等级对父代的依赖性减弱,但这种作用到 2014 年变得不显著;从宏观社会保障完善程度因素来看,父代所在地区社会保障越完善,子代收入对父代收入的依赖性越强,但这种影响也在减弱。

第六章　改善代际收入流动性的差异化政策组合

改革开放 40 年以来，我国经济持续增长，2018 年国内生产总值已达到 90 万亿元，稳居世界第二。人民生活水平不断提高，获得感显著增强，贫困发生率已降至 4% 以下。教育、医疗、社会保障事业全面推进，就业状况持续改善，城乡居民收入增速超过经济增速，中等收入群体持续扩大，收入差距增速放缓。但需要看到的是，我国的收入差距依旧稳定在高位水平，面对世界经济复苏乏力、局部冲突和动荡频发、全球性问题加剧的外部环境，面对中国经济新常态带来的一系列深刻变化，缩小收入差距、改善民生、增强经济发展后劲，是中国特色社会主义进入新时代，解决人民日益增长的美好生活需要和不平衡不充分发展这一社会主要矛盾的重要方面。

收入流动性增强是缩小收入差距的直接动力，而代际收入流动则更加具象地反映了人力资本投资的环境、劳动力市场的发育及公共政策、社会保障在社会细胞中的作用。20 世纪 80 年代以来收入差距持续快速扩大过程中，父代收入对子代收入的作用成为父代与子代间收入差距发展趋势的重要影响因素，本书的研究从个体因素、家庭经济因素和宏观因素三个方面分析了代际收入流动性的影响因素，刻画了代际收入的传导机制，为预测流动性趋势、提供有的放矢的政策奠定了坚实的实证基础。

目前我国代际收入流动性总体增强，尤其是低收入群体收入向上流动的可能性更大，而高收入群体子代收入超越父代则较困难，父代间的收入差距会在代际传递中被弱化，这也是收入差距趋缓的主要动力之一，但不同收入阶层的代际收入流动性影响因素的作用方式和程度不同，收入流动性的改善除了依靠政府政策的助推之外，还必须要考虑子代个体及父代家庭在收入增长方面的策略，如此才能保证政策效果的发挥，所以在政策意见方面，本书也分低收入群体、中等收入群体和高收入群体三个层次，从子代策略、父代策略和政府政策三个方面提出改善代际收入流动性的政策组合。其主旨是增强代际收入流动性，减少收入差距中的不合理构成，促进收入分配的科学合理。具体目标是促进低收入群体的代际收入快速向上流动，促进中等收入群体的代际收入稳定向上流动，降低低收入群体、中等收入群体代际收入向下流动的风险，而对于高收入群体要形成优胜劣汰的机制，刺激其代际收入的竞争性流动。

第一节　低收入群体改善代际收入流动性的建议

低收入群体是个相对概念，在本节的研究中主要界定其为第二章收入群体五等分中收入最低和收入较低的两组所代表的人群，该群体代际收入流动性的提升对整体收入差距的缩小起着至关重要的作用。政策的核心目的在于最大限度地使低收入群体子代的收入快速向中等收入阶层提升，减少父代低收入水平对子代收入的约束。

2010 年以来，教育、医疗、社会保障水平持续快速提高，为低收入群体基本权益保障奠定了基础，而精准扶贫等政策的落实对改善最低收入群体的生活状态提供了政策和资金的支持，这些举措使低收入群体子代积极谋求个人成长及职业发展，父代提升教育意识、改善家庭氛围及合理选择居住地从而为子女创造积极的生存环境等成为可能。而下一步，应对低收入群体收入流动性问题的政策重心应从保障生存向促进发展转变，将政策发力点集中在改善低收入群体教育环境，提升低收入人群体面就业及预防风险的能力等方面，快速增强低收入群体代际收入向上的流动性。

一、低收入群体子代策略

低收入群体子代改善收入状况的主观能动性是提升低收入群体收入层次的根本动力，在此基础上多元化人力资本投资形式、理性职业选择及提升参保、维权意识的行为将有助于该群体收入的向上流动。

（一）多元化人力资本投资形式

父代的收入水平及收入等级和受教育水平对子代的人力资本投资有非常显著的影响，而对于低收入群体，父代无论从收入水平还是受教育水平都明显低于中等收入群体和高收入群体，这会对子代的人力资本投资水平造成束缚，继而影响子代收入的向上流动。所以，低收入群体的子代除依靠家庭的人力资本投资外，应当考虑在成年以后，利用劳动收入进行弥补性的人力资本投资，从而客观上延长受教育的时间，提升自身价值及基本能力。

而教育投资的形式也可以从学校学历教育扩宽到专业知识技能的培训，提升劳动力市场适应能力，降低失业风险，增加收入向上流动的可能性。就目前而言，专业技术培训投入资金少，收效快，投资回报率高，是非常适宜低收入群体子代选择的人力资本投资方式，可在较短的时间内实现收入的增加及就业的稳定性。

（二）理性职业选择

子代职业生涯发展向父代职业回归使子代职业层级流动不畅，导致社会阶层的固化。低收入群体子代在面对不同的职业选择时，相比于其他收入群体，其职业变更的沉默成本较低，而固守父代职业的机会成本实则非常高。现实中，子代对父代职业的固守多受地域及信息的封闭、受教育水平及群体文化的制约，近年随着互联网的发展，信息的开放，教育扩展和城镇化的推进，制约因素不断被弱化，子代职业选择的自由度不断提升，这也是近年来低收入群体代际收入流动性上升的主要原因。

基于目前的情况，低收入群体的子代应当尽可能跳出父代职业的桎梏。在选择不同于父代的职业时，除考量收入外，还应该考虑职业的长远发展与风险。一般而言，经济越发达的地区，职业收入及福利保障水平越高，但有一定的就业门槛；专业技术含量越高的职业，收入及保障水平越高，但需要一定的人力资本投资；新兴行业与领域，收入水平较高、门槛较低但职业稳定性较差。例如，近年随着网络电商的发展，新兴服务业快速成长，新增了大量就业岗位和创业机会，相比于传统岗位和职业，新兴职业入职门槛低，流动性强，收入可观。面对以上三种可行的职业选择，低收入群体子代要结合自身人力资本状况来进行选择，人力资本状况好的，要尽量选择经济发达地区专业技术类职业，兼顾收入的提升及未来的发展。而人力资本状况略差的，要尽量选择新兴行业及领域，在行业的快速成长中，谋求一席之地。

（三）提升参保、维权意识

相对于中等收入群体及高收入群体，低收入群体子代返贫的可能性更大。子代低收入群体的收入一方面受父代收入的负面影响，另一方面父代缺乏社会保障也会对子代收入的提升造成约束。就子代本身，参与社会保障，也有助于减小遭遇意外风险时收入向下流动的概率。目前，我国城乡均已基本建成具有全面覆盖能力的社会保障制度体系，但相比于中、高收入群体，低收入群体的参保率仍然较低，尤其以流动职业或自主创业为主的群体，原因主要包括低收入群体的收入限制、职业的流动性大及对未来预期的不确定等方面。

然而，低收入群体子代应当看到，社会保障及公共医疗保险是对社会资源与财富的重新整合和再次分配，是社会财富对弱势群体的倾斜，而低收入群体放弃参保则是对本应属于自身的社会福利的放弃，是不智之举。所以，在现有收入条件下，将社会养老保险和医疗保险纳入日常预算支出中，其实是在增加未来的收益，降低不确定的风险，分享社会发展所带来的财富。

除此之外，低收入群体作为社会弱势群体，往往缺乏权利保障意识，不了解维权程序及相关法律法规，导致一部分低收入人群在权利遭受损失或理应得到救济时，放弃了应有的补偿，而另有极少数的一部分人，也存在不相信法律权威而过度维权的情况，把有限的精力投入到长期的信访活动中，在扰乱公共秩序的同时，也造成了自身收入的损失。所以，低收入群体子代应当更理性地看待权利保障，熟悉并遵守相关制度及法律法规，在维权收益和维权成本之间寻找利益最大化的平衡点。

二、低收入群体父代策略

由于父代收入对子代收入具有显著的影响，在这里也可以把低收入群体父代策略理解为低收入群体的家庭策略。由于收入的制约，低收入群体不能寄希望于在基本生存支出以外，拿出更多的收入进行人力资本投资，但可以通过改变教育意识、生存观念等方式，为子女未来的发展提供更多的情感支持和更好的人文环境，由此促进子女的身心健康，为其将来的收入增加和生活幸福奠定基础。

（一）保障子女参与义务教育的权利及质量

2000 年以来，我国义务教育进入快速发展阶段，义务教育规模、水平全面提升，2016 年《中国儿童发展纲要（2011—2020 年）》的报告数据①显示，中国九年义务教育人口覆盖率已达 100%，初中阶段毛入学率超过 100%，客观地说，所有接受义务教育意愿的适龄人口都可以享有免费接受义务教育的权利，在这个过程中，低收入家庭所需承担的费用仅为受教育子女的基本生活支出，成本就是未成年子女由于求学而无法参与劳动的机会成本，但未成年人参与有报酬的劳动而不接受义务教育本身便是违法的，所以该机会成本也应为零。可以说，在现有义务教育体制下，保障子女参与义务教育是低收入家庭父代最理性的选择。与此同时，子女参与义务教育虽然不能决定其未来收入的上限，却直接关系到其生存状态的下限。教育对青少年犯罪参与有显著的抑制作用，学校教育除对犯罪有隔离的作用外，也增加了犯罪的心理道德成本及机会成本，所以，接受义务教育是对未成年子女最好的保护。

近年来义务教育的质量在逐年提升，惠及了中等收入群体及低收入群体，但相对于受教育程度较高的中等收入家庭，受教育程度偏低的低收入群体的子代学历水平都要偏低一些，这说明，他们在义务教育阶段的学习成绩一般，学习质量不高，这样的状况很可能是由低收入家庭生存压力大，父代无暇顾及子女教育造成的，但也不排除低收入家庭父代仅以维持子女基本生存需要为终极目标，认为这便是履行了父母的责任，由此导致其对子女教育的预期不高，对教育质量不重视，不愿意在引导子女提升受教育质量方面投入精力。

然而低收入群体想要改变家庭命运，增加收入向上流动的可能，就必须做到比其他群体更加勤奋地工作，在子女教育方面也要拿出比其他收入群体更多的精力来给予子女关怀与鼓励，帮助子女树立教育改变命运的思想，尽一切可能保障

---

① 国家统计局：《2016 年〈中国儿童发展纲要（2011—2020 年）〉统计监测报告》，http://www.stats.gov.cn/tjsj/zxfb/201710/t20171026_1546618.html，2017 年 10 月 27 日。

子代接受教育的权利，关注子代受教育的质量，从而弥补收入对受教育水平的约束，为将来子女人力资本的积累及收入提升奠定基础，更好地承担为人父母的家庭及社会责任。

（二）维护积极和谐的家庭环境

低收入群体相比中、高收入等级的群体往往面临更严峻的生活考验，尤其在收入差距比较大的社会现实面前，更容易产生不公平感，精神压力大，生活幸福感低，情绪容易抑郁或者暴躁的同时，极易滋生酗酒、赌博等不良的生活习惯，破坏家庭和谐的气氛，影响子代的身心健康，阻碍其人力资本的积累，继而影响其未来收入的提升。

实证研究虽无法穷尽诸如父代生活习惯、生活态度等因素，但婚姻关系的稳定与否通常受父代经营婚姻的意识的影响，这一点在收入条件较差的低收入群体中体现得更为明显。一般而言，生活态度乐观积极、性格温和、无酗酒和赌博等陋习的父代更容易保证婚姻的稳定。而且，稳定的婚姻状态还可以增强低收入家庭抗风险能力，不会导致子女放弃人力资本投资而过早地承担照顾家庭的责任。即使在子女成年之后，父代夫妻双方的相互扶持也可以减少子代在最初进入劳动力市场时的家庭负担，更有利于其积累人力资本和物质基础，为其收入的进一步提升提供保障。

所以，对于低收入家庭而言，在收入条件受限的情况下，更应当保持积极的生活态度、良好的生活习惯、和谐的家庭氛围，从而保障子女的身心健康，减少子女的负担，为其收入的向上流动提供保障。

（三）选择经济活跃的地区作为居住地

低收入群体主要集中在经济欠发达地区，如自然资源禀赋条件差或地理位置偏远的城镇或农村，这样的地区不但市场环境差、工资福利待遇低，基础公共设施及政策条件也差，加之低收入群体家庭自身抗风险能力弱，一旦遭遇危机，子女的教育及发展就会受到威胁，加之缺乏补贴或相关社会救济，导致低收入群体无法实现阶层的向上流动。

相对于经济欠发达地区，经济发达地区市场机制完善，收入水平较高、财政资金充裕、公共基础设施完备、公共政策选择空间大，不仅可以给低收入群体提供更高的收入，同时也能使其在遭遇风险时，有更多的渠道获得社会及政府的救济。所以，低收入群体父代除寄希望于子代走出贫困地区外，更应在子代成长过程中，尽早迁移到收入福利高、公共基础条件好的地区，在为家庭提供更多经济来源的基础上，也为子女教育和成长提供更好的环境。而由此产生的成本，主要是低收家庭在欠发达地区的收入、亲朋的情感纽带及在选择新环境生活所需的迁移费用。

低收入群体父代相比其他收入等级的群体，在迁移过程中成本是较低的，更应当破除陈规，理性估计迁移的成本与收益，为子代选择更好的生存条件。现在普遍的情况是，低收入家庭父代选择外出打工，而子女留守在贫困地区。这种做法虽然降低了父代外出打工的生活成本，但也同时减少了经济发达地区社会效应对子代成长的正向影响。同时骨肉分离、隔代教育更会加剧家庭内部矛盾，所谓得不偿失，无疑就是这样一种选择。所以对于低收入家庭而言，携带子女迁移，融入城镇生活，分享经济发达地区的公共服务才是明智之举。

三、针对低收入群体代际收入流动性的政府政策

受地域及经济发展水平的限制，低收入群体的生存起点往往低于中、高收入群体，政府应在缩小区域、城乡居民收入差距的总体框架下，设计向低收入群体倾斜的公共政策，提供回报可以预期、有收入群体辨识度和引导意义的公共产品。

（一）弥合地区收入差距，完善市场机制

经济水平高、市场经济活跃的地区，代际收入流动性更强，可以说在发达区域内部，阶层固化的可能性小，但欠发达地区，如偏远地区、农村地区恰恰相反，市场化程度不高很可能会导致阶层的固化。如果不加干预地任其发展，其结果会导致欠发达区域内部、东西部区域差距和城乡差距的扩大，所以，我们在建议低收入群体通过迁移到经济发达地区从而改善预期收益的同时，也希望政府对欠发达地区提供更多的公共产品，出台扶持政策，进一步弥合区域间、城乡间的经济发展差距，加快市场化步伐、城镇化步伐，为生活在欠发达地区的低收入群体创造收入良性流动的经济环境。

除此之外，在市场化过程中劳动力市场的市场化程度决定着劳动者的收入分配，劳动力市场分割会对低收入群体收入向上流动造成难以逾越的障碍，所以政府在出台各种政策弥合区域收入差距的同时，还要进一步减少由劳动力市场的区域分割、体制分割及歧视等其他因素导致的效率损失，为低收入群体通过自身努力实现收入提升创造条件。

（二）均衡教育资源，发展教育金融

增强低收入群体代际收入流动性最行之有效且正外部性最强的办法就是让子女尽可能多地接受教育。而在各个教育阶段，对低收入群体代际收入流动性作用比较显著的是基础教育和职业教育。基础教育的公平与质量直接决定了低收入群体子代的基本素养，而职业教育的质量则直接决定了低收入群体子代的收入。

目前我国基础教育覆盖率已然得到大幅度的提升，但依旧存在偏远贫困地区基础教育资源不充足，城镇农村基础教育资源不平衡的问题，在基础教育设

施及教师配备方面，偏远贫困地区、农村地区和城镇的差距较大，城镇内部也存在一定的基础教育分化，择校热并没有得到有效的控制，而低收入群体教育选择的空间则更为狭小，所以，政府改善、优化基础教育资源的政策对低收入群体子女基础人力资本的形成就显得尤为关键。

除此之外，职业教育对低收入群体适应劳动力市场、获得稳定收入提供了必要的支持，但目前职业教育的发展还存在参差不齐的情况。职业教育的内容和方式有更强的市场敏感性，政府的投入往往不能应对快速的变化，而民间资本趋利性对职业教育的长远发展也存在一定弊端，所以，针对投资收效期较短的职业教育，可以参考高等教育助学贷款的模式，以政府为担保，发展以助学贷款为主的教育金融。不仅针对极端贫困的受教育群体，而是将受众扩大到有受教育意愿并且愿意承担投资成本，对未来收入有较高预期的群体。这样既可以避免政府投入的盲目性，同时可以有针对性地为低收入群体提供各类精确帮扶措施，实现职业教育市场民间资本的优胜劣汰，从职业教育的需求侧推动供给侧的改革，提高职业教育质量，提升低收入群体的人力资本及劳动力市场的适应能力。

（三）加强保障性公共产品投入，深化精准扶贫

低收入群体抗风险能力差，收入向下流动的可能性大，但其自身社会资源有限，能够得到的扶助相对较少，所以政府必须要建立保障体系，投入充分、平衡的保障性公共产品，保障低收入群体在遭遇风险时能够获得一定资助，在渡过难关的同时，提高增加未来收入的可能。

针对低收入群体保障性的公共产品主要涉及最低保障制度、农村养老保险制度、未成年权益保障制度、公租房制度和基本医疗保障制度。其中最低保障制度包括国有企业下岗职工基本生活保障、失业保险和城乡居民最低生活保障。这些面对低收入人群的保障应当在未来具有更准确的识别性及更简便的申请程序。农村养老保险制度则应适当降低准入门槛，提高参保率，提升农村家庭父代预防风险的能力，减轻子代的养老压力，加快其城镇化步伐。未成年权益保障制度对低收入群体未成年子代尤其具有保障作用，能够在低收入家庭遭遇风险或父代无法尽责时，依法对未成年人的合法权益实行监督和保护，从而保障其接受教育、融入社会。公租房制度对低收入群体而言是降低其在经济发达地区生存成本的最主要措施，可以使该群体将更多的收入投入到增加人力资本的投资中，为收入层级的向上流动提供助力，同时，也有利于加快城镇化进程，缩小城乡差距。基本医疗保障制度既包括农村的新农合也包括城镇职工和社区医保。近年的医疗保险覆盖率呈持续上升态势，然而，对于低收入群体而言，一般的门诊费用也会形成负担，而且慢性病无法住院治疗，但需要长期用药，而这些药品都无法依靠目前的基本医疗保障制度解决，所以，建议政府在未来能够出台面向低收入群体的精准

医疗保障制度，通过保险制度设计解决该收入群体门诊就医问题。

在实证研究中，养老保险、医疗保险的覆盖水平及父代的参保程度并未对子代收入的增加有显著的作用。这些结论从一个侧面反映了我国的社会保障制度是面向社会全部阶层的制度，对于不同收入群体鲜有区分，缺少差异化的制度设计，所以其对代际收入流动性的贡献与理论预期有所差异。这也提示政府在未来设计保障性政策过程中，要针对不同收入阶层的保障、成长、投资的需求提供差异化的政策产品。例如，精准扶贫的制度设计就体现了这一思想，该制度的推行切实满足了低收入群体中特殊贫困的群众对生存发展的需求。今后，建议政府也能针对普通低收入群体推出精准教育、精准保障、精准就业等差异化的低收入群体保障措施，提升该群体的收入水平及代际收入流动性。

第二节　中等收入群体改善代际收入流动性的建议

中等收入群体是社会稳定的中坚力量，本节的研究主要界定其为，第二章收入群体五等分中第 3、第 4 组所代表的人群。该群体代际收入流动性的提升，以及该层级的稳定扩张，对整体收入差距的缩小及实现收入分配的良性可持续发展起着决定性的作用。

结合实证分析可得出，目前我国中等收入群体代际收入向上和向下流动的可能都比较大，虽然从流动性角度看，有一定的积极意义，但中等收入阶层对于"橄榄型"稳定社会结构的形成具有决定性的意义，在低收入群体整体代际收入流动性还未大幅度、快速提升的当下，中等收入阶层的稳定就显得更为重要。所以，本书研究的政策目标是促进中等收入群体代际收入的稳定向上流动，同样分个体策略、父代策略（家庭策略）和政府政策三个方面建议。个体策略以鼓励创新为核心，父代策略以加强金融资产占比为核心，政府政策主要从高等教育、金融市场及税收角度提出促进中等收入群体代际收入稳定向上流动的对策。

一、中等收入群体子代策略

中等收入群体不论是父代还是子代都有一定的人力资本基础，接受过良好的教育，并且有意愿、有能力为自己的生活提供更多的保障，从理论角度看，这一阶层收入的稳定性应该是较强的，但在实证分析中，2012 年的数据表明，最高收入阶层和最低收入阶层的父代与子代稳定在同一收入阶层的比例最高，而中等偏上收入阶层表现出向下的代际流动，中等偏下的收入阶层表现为向上的代际收入流动性，中等收入阶层也表现出向上的代际流动性。除了中等收入阶层表现出向下的代际流动性之外，2014 年的数据分析结果与 2012 年的结果保持一致。然而无论哪一年的数据，子代与父代稳定在同一收入层次的比例都不高，这说明收入阶层的收入流动性尚未表现出稳定的倾向性，中等收入群体子代需要更多有突破性的、创造性的收入来加快收入层级的向上流动。

（一）提升人力资本投资质量

中等收入群体通常都比较重视子代的教育、健康方面的投入，一般而言子代都能够完成高中及以上教育，平均受教育年限要高于低收入群体，但在应试教育体制下，中等收入群体的子代很难跳脱出单一模式的教育选择，难免沦为教育的标准化产品，循规蹈矩、缺乏创新，在面临高等教育选择和职业选择方面倾向于稳定性较强的职业，继而加剧收入的低层次固化，降低向上的收入流动性，减少了跻身高收入群体的可能。

所以，作为中等收入群体的子代也应当把提升自身综合素质作为人力资本投资的核心目标，在接受学校教育的同时增加社会实践，发现自身价值及闪光点，选择适合自身能力水平及特长的高等教育专业，并将多元化发展纳入人力资本投资的规划当中，从而增加未来职业的适应能力。但需要强调的是，学校教育与专业基础仍然是中等收入群体子代提升人力资本的根本途径，也是中等收入群体子代稳定收入阶层的重要保证，在增加社会实践、提升多元化能力时，切不可舍本逐末。

（二）增强职业创造性

中等收入群体子代不同于高收入群体子代在职业选择时可以借助父代的财富和广泛的社会资本从而选择高收入的职业，同样也不同于低收入群体子代有强烈的逃离父代职业的愿望，所以在职业选择的过程中难免出现职业阶层固化或下坠的情况，尤其对于那些受教育水平不高的中等收入群体的子代，经常会在职业选择中出现困难，甚至出现向父代家庭寻求收入的"啃老"现象，严重削弱了中等收入阶层子代的收入流动性，不利于中等社会阶层的成长、扩大。

不同于低收入群体子代职业选择的稳定增收的建议，中等收入群体更重要的是实现职业的创造性增收，在职业选择的过程中，将创新思维纳入就业方向选择中，关注新兴行业与领域，关注新技术、新管理、新思想，在增强自身职业创造性的同时，成为推动社会进步的中坚力量，最大限度地分享社会进步所带来的丰厚收益。而不是将自身故步自封于低风险的稳定工作中，分享社会进步的平均收益。

与此同时，本书还鼓励中等收入群体子代的创业选择。相比于低收入群体，中等收入群体子代有更好的受教育程度、更开阔的社会视野、更多的经济资源，其创业层次、创业效果应当优于低收入群体。而且，相比于稳定低风险的职业，创业更容易快速增加中等收入群体的收入水平，从而提高其进入高收入群体的概率，促进社会的整体进步。

（三）树立进取观念

中等收入群体受父代的影响，相较于低收入群体有更好、更稳定的成长环境，总体心理健康水平高，然而在市场经济深化改革的当下，父代与子代之间价值体系的冲突最为强烈的也集中在中等收入群体中，传统文化与新兴思想的碰撞，规范行为与锐意创新的矛盾，高人力资本投入与低收益回报，时刻考验着中等收入群体子代的抗压能力。相比于低收入群体的子代，中等收入群体子代由于其成长环境相对宽松，面对困难挫折少，往往存在心理脆弱的问题，尤其在青年时期，刚刚脱离父代庇护的环境，独立面对学业及就业问题时，理想与现实的落差往往成为中等收入群体子代进入劳动力市场的屏障或干扰。与此同时，部分中等收入群体子代在进入劳动力市场后，也存在动手能力弱、好逸恶劳、缺乏责任担当等问题。

对于中等收入群体子代而言，成为社会发展的栋梁之材是时代的要求，成为家庭成长的中坚力量是父母的期盼，在成长的过程中，应当将自身塑造为平和、理性、乐观、进取的社会个体，对父代尊重而不盲从，对不公平的社会现象要理性看待、积极处理，对工作要热忱担当、追求卓越但不迷信财富。总而言之，中等收入群体子代价值观塑造应当从个体重视进一步推广到群体重视，这将对中等收入阶层的形成和稳定起到非常重要的作用。

二、中等收入群体父代策略

中等收入群体父代不论收入、职业及投资理财意识都会对子代收入形成显著的影响，表现出较强的代际传递性。正确的生活选择及成功的经验更容易被效仿，尤其中等收入阶层的职业成功和家庭幸福被效仿的难度也没有高收入群体大。所以，基于收入稳定向上流动的目标，本书希望中等收入群体父代可以更多地考量子女的素质教育和多元化培养，在为家庭积累更多的金融财产、提升抗风险能力的同时也增加子代收入向上流动的可能性。除此之外，还要通过合理的消费结构来提升家庭生活的品质，使中等收入群体勤劳智慧的生活方式得以传承和扩大影响，促进中等收入群体的稳定扩大。

（一）强化子代素质教育

中等收入家庭应该在普遍重视子女学校教育的基础上，扩展对子女德、智、体、美、劳等方面的素质培养，为子女未来提供多元化的发展机会。就目前而言，我国中等收入群体尚不稳定，应试教育体制导致的素质趋同会降低劳动力市场对劳动者的识别能力，所以，加强子女素质培养有利于提升其未来在劳动力市场上的竞争力和选择的空间。

除此之外，素质教育还可以扩宽子代的视野，培养其多元化的生活情趣，为其提供调节压力的方式，提升其心理素质。伴随着社会的不断进步，越来越多的人可能面临在一生中经历多种职业的现实，在将来，中等收入群体实现职业稳定的可能性在不断缩小，为了保障子代收入有稳定提升的机会，需要加强子代多元化的人力资本投资，为子代成年后有能力应对劳动力市场的快速变化奠定基础，增加其维持中等或实现其向高收入阶层流动的可能。

（二）提升金融资产积累

金融资产的持有能够促进代际收入向上流动。相较于低收入群体，中等收入群体更有能力购买金融资产、进行风险性投资，其带来的财富增长会促进子代收入层级向上流动的可能性，从而减小中高收入阶层的差距。金融资产可以是股票、证券、期货或者创新型的金融产品，这些产品虽然有一定的风险，但基于目前我国金融市场的监管情况来看，只要是在正规资本市场购买的合法金融产品，其风险都在可控范围内，但收益要明显高于银行存款，长期积累则有利于避免通货膨胀造成的财富缩水。

单个金融资产的持有可能并不是长期的，但投资金融资产的意识、方法对于子代的传承显得更为重要。将持有的货币收入资本化是未来中等收入阶层稳定壮大并不断提升收入状况的重要课题，也只有实现中等收入阶层货币的资本化，才能盘活社会的绝大多数财富并将其投入到供给侧的变革中，为民族工业的发展、国家创新能力的提升提供支持，与此同时，中等收入群体也能更多地分享改革所带来红利。

（三）提升家庭生活品质

中等收入群体父代的消费水平和消费结构影响着中等收入群体家庭的生活品质，而这种生活品质同样也影响着子代日常生活中的消费水平及存款和投资，继而影响子代的职业选择和代际收入流动性。一般而言，生活品质较高的中等收入家庭，除了为拉动经济增长做出贡献外，其子女在择业的过程中也更看重实际获得的收入和福利，并且对发达经济区域有一定的偏好，容易形成向上的收入流动性。而对生活品质需求一般的中等收入群体，其风险和储蓄意识非常强，更倾向于选择稳定的职业，而这种观念也会传递给子代，其代际收入流动性也就比较小。

中等收入群体父代应提升生活品质，量入为出地改善生活条件，在丰富闲暇时间的同时，激发对美的欣赏和对生活的热爱，从而塑造家庭的文化氛围，形成家庭理念的传承，促进子代的奋发有为。当然，我们提倡生活品质，并不是希望中等收入群体未富先奢，盲目攀比高收入群体的生活。目前也确有部分中等收入群体落入了这样的陷阱，将本应用作投资和教育的费用用作日常生活支出，不但不利于子女的教育，甚至会使子代养成奢侈浪费的生活习惯，影响子代实际收入的增加。

三、针对中等收入群体代际收入流动性的政府政策

中等收入群体在稳定的社会环境和政策环境中有较强的自生长能力，目前我国城乡均已建立起全面覆盖的社会保险和医疗保险的保障体系，对于中等收入群体基本权利的保护已经发挥了应有的作用。而在未来，针对中等收入群体，政府除继续保持社会基本保障制度的稳定和完善外，还应当为中等收入群体壮大、成长和发展提供创新型的政策支持。但这些支持不同于低收入群体的精准扶持及持续的转移支付的投入，而是利用中等收入群体自身的成长能力促进金融服务平台的发展，满足中等收入群体更高水平人力资本投资的需要、提升生活品质的需要及金融资产的需要，加速中等收入群体的财富积累，形成稳定的收入流动向上的态势。

（一）普及高等教育金融服务

中等收入群体在基础教育、中等教育的投入基本能够满足子代发展的需要，但子代的高等教育需求在依托家庭投入的同时，应该由政府牵头提升高等教育金融服务的水平。高等教育助学贷款政策不应仅面向低收入群体，更应当面向中等收入群体，使该收入群体获得更多差异化的高等教育资源。

面向中等收入群体的高等教育金融服务不同于一般意义的助学贷款，它解决的是中等收入群体子代高等教育阶段多元化发展的需求，属于定向的人力资本投融资行为，虽然还款模式可以参照助学贷款的形式，但贷款利率可以有一定程度的上浮，如此，既可以保障中等收入家庭子代的高等教育投资需要，也可以提示他们综合预期收益进行理性的人力资本投资行为和高等教育期间的消费行为。近年，非法校园贷行为偶见报端，这种犯罪的滋生从一个侧面也反映了高等教育金融市场的需求，如果政府能够介入管理，填补这一领域的空白，一定能起到抑制犯罪、促进教育投资的目的。以政府为主导的高等教育金融服务，在为中等收入群体父代减轻负担的同时，也培养了子代利用金融服务体系自食其力、自我成长的能力，有利于代际收入流动性的提升。

（二）发展投资消费金融市场

金融资产对中等收入群体收入层级的稳定和提升起着重要的作用，然而目前我国金融市场尤其是资本市场尚处于初级阶段，金融产品的类型非常有限，金融衍生产品市场发育缓慢，债券市场不活跃，尤其是具有一定投资灵活性、收益也比较好的企业债券。与此同时，信用评级体系的不健全也会导致投资风险可控性下降，这些都制约着中等收入群体投资金融资产的选择。与金融投资市场相比，

消费金融的发展速度十分快速。各种金融机构都把中等收入群体作为消费金融的主要营销对象。金融消费市场的发育确实对提高中等收入群体生活水平、改善中等收入群体生活品质起到了积极的作用，但同时也容易造成中等收入群体未富先奢的情况。尤其在当下，互联网信息传播速度快，高收入群体奢靡生活的示范作用很强，这容易对中等收入群体产生消费引领的作用，而过于高档次的消费极易挤占中等收入群体的其他投资行为，包括对自身和子代的人力资本投资。

所以说，不论是金融投资市场还是金融消费市场，都需要在加强政府监管的同时加快发展步伐，为中等收入群体提供更多市场化的金融产品，加快其财富积累的能力，增加金融资产投资，减少该群体的不理性消费。同时还要加强金融市场的信用评级管理，为中等收入阶层营造信息对称的投融资平台，加快其财富积累的速度。

（三）减轻税收负担

中等收入群体的税赋占总收入的比例较高，若想达到促进收入增长，提升收入等级的目标，可以在确定中等收入群体家庭规模的基础上，通过有针对性的税收设计来确定长期稳定的税赋比例及缴税方式。目前，中等收入群体的税赋负担要明显高于低收入群体，如果单纯降低中等收入群体的税赋，很有可能会拉大中低收入群体的差距，带来新的不平衡，所以在未来针对中等收入群体的税赋设计中，核心目标是税赋的稳定及合理，兼顾中等收入家庭财富的增长，在个人所得税和即将推行的房产税的设计中，将家庭规模作为重要的标准，考量家庭人均收入和家庭人均居住面积来征税。

鼓励建立企业年金制度。中等收入群体不同于低收入群体，大都有稳定的就业岗位，所以，如果供职于有企业年金制度的公司，就可以额外得到更多的养老保障，从而起到增加财富预期的效果，减少中等收入群体预防风险的储蓄，提升中等收入群体投资人力资本或金融资产的可能，从而达到切实增加家庭财富的目的。

第三节　高收入群体合理代际收入流动性的建议

高收入群体应当是引领社会进步的阶层，本节的研究界定其为，第二章收入群体五等分中第 5 组所代表的人群。高收入群体拥有更多的财富、更高级的职业、更丰富的社会资源，其子代的成长起点高，然而由于父代的成就很难超越，该阶层子代收入向下流动的趋势较明显，客观上有利于收入差距的缩小。但并不是所有的高收入群体都难以超越父代，高收入群体子代内部同样存在着明显的分化，一部分子代收入向下流动明显，一部分子代收入与父代持平，还有很少的一部分子代超越父代成为锐意进取的精英。结合高收入群体子代收入流动性的特点，政策的主要目标是实现高收入群体代际收入的竞争性流动，即鼓励精英的形成，促进高收入群体内部及其与其他层级之间的合理流动，而不至于形成高收入群体的固化。

一、高收入群体的子代策略

高收入群体子代生活富足，教育投资、职业定位、生活状态选择空间更大，但如果从积极的收入流动视角考量，高收入群体若想超越父代成为精英阶层，所付出的努力反而会更多。

（一）树立精英意识

高收入群体子代拥有良好的收入起点，但优渥的生活也容易消磨其进取的意识，"富二代"在公众的观念中更倾向于贬义。这种情况的由来除了收入差距扩大带来的仇富心理之外，也是由个别高收入群体子代不思进取、奢侈浪费、行为不端的事迹促成的。对于高收入群体子代这样拥有广泛社会资源、物质资源的群体，不论是从家族成长还是社会进步角度，都应该承担起更大的社会责任，发挥引领时代的作用，正所谓拥有的资源越多，越应该发挥更大的作用。所以作为高收入群体的子代不应满足于维持现状或者仅以消费来拉动经济，应该树立精英意识，发挥自身的资源优势，承担更多的社会责任，在实现更高的人生价值的同时，实现家族的成长、收入的巩固、财富的传承。

（二）增强资源整合能力

高收入群体子代拥有更多的财富和资源，如何发挥资源的价值，实现财富的增值，需要高收入群体子代拥有比其他群体子代更强的资源整合能力。资源整合能力既包括物质资本的整合也包括无形资本的整合，既包括自身财富、能力的整合也包括社会资源的利用与开发。可以说提升资源整合能力是对高收入群体子代更高的能力要求。这些能力不是天然形成的，需要长期的人力资本积累和不断的社会实践，需要从失败中汲取教训、在成功中总结经验，需要人格魅力的淬炼，在这之中高收入群体子代所要投入的时间和精力、承受的压力和挫折并不比其他收入层级群体提升收入等级来得轻松，但既然拥有别人没有的机会，就应当付出别人没有的努力，从而去追求人生的卓越与不凡，这是每一个高收入群体子代应为自己、为家庭、为社会承担的责任。

（三）投资创新领域

投资是财富增值的另一个重要手段，中低收入群体可以通过投资金融资产而改变收入层级，但高收入群体在资金实力及投资资讯方面都拥有比其他层级群体更明显的优势，财富的加速积累通常显得更容易。而作为高收入群体的子代，不应仅关注财富数字的增加，而应该将眼光放在更长远的未来发展上，在投资的过程中将一部分财富用于创新领域的投资，尤其是实体经济的技术创新、管理创新当中，为家族事业发展开创更广阔的领域，为民族经济的振兴添砖加瓦。除了投资创新领域外，同样鼓励高收入群体将财富用于慈善事业，发展教育、医疗等公共事业，填补政府公共产品的不足，为平衡社会资源、缩小贫富差距、扶危助困提供助力。

二、高收入群体的父代策略

高收入群体父代在专注事业发展的同时，也应当将子代的人力资本投资定位在较高社会群体中，抑制奢侈浪费的行为，投资实体经济，培育家族文化，传承家族美德，将勤劳致富、锐意创新、把握机遇的成功经验同财富一起传递给子代。

（一）定位子代发展

子代教育是任何一个收入层次的群体都必须重视的问题，但结合各个群体的特性，每一个收入层次的侧重点都不尽相同。高收入群体家庭对子代的教育有更多选择的可能，然而更多的选择如何成为子代成长发展的助力而不是放弃勤学苦练的陷阱，也是高收入群体父代必须要考虑的问题。所以定位子代的发展目标，合理安排子代人力资本投资，确定教育方向就显得尤为重要。因此，制定明确的发展目标及细分的具体执行标准可以促进子代不断实现自我提升与超越。当然，每个个体都有自身的特点，高收入群体子代可以选择不关注那些最有可能带来收入增加的人力资本投资，而选择最适合自身发展特色的人力资本投资方式，选择新型的发展道路，实现与众不同但同样精彩的人生目标。

（二）抑制奢侈浪费

高收入群体虽然在社会中的占比较低，但其行为对社会的影响却十分深远，社会对高收入群体的行为关注度也非常高。所以高收入群体奢靡的生活方式一方面会对低收入群体社会不公平感造成刺激，增加社会矛盾、仇富心理、影响自身生活的安全，另一方面也会形成对中等收入群体的消费带动，导致中等收入群体未富先奢，影响其收入稳定向上流动的可能。所以，高收入群体父代在约束自身消费行为的同时，也要对子代起到行为示范的作用，从小影响子女的消费习惯，并提倡将资源更多地利用到生产领域的扩大再生产，实现财富的持续增值。当然，这并不是要降低高收入群体的生活品质，降低高收入群体的消费引领作用，而是希望高收入群体的消费对象从高资源消耗、粗放式的消费方式向绿色、低碳的集约式消费方式转变。

（三）培育家族文化

家族文化的形成与传承对高收入群体稳定其社会阶层起着重要的作用，家族文化并不仅仅指和谐的家庭氛围，还包括家族统一的价值观念和行为准则，是家族的精神支撑、家族的道德约束，它应当是高收入群体家庭父代成功经验的总结与升华，是家族延续生命力和传播正能量的支撑方式。中国作为一个有文化积淀的国家，中华民族作为一个有梦想的民族，高收入群体家庭在这样的环境中成长、发展、壮大其实已经将成功的经验凝练成了一种经营理念、生活理念，在未来如果能有意识地将其扩展为家族文化，将有利于财富的持续积累与不断传承，为社会的发展贡献更多的力量。

三、针对高收入群体代际收入流动性的政府政策

政府针对高收入群体代际收入流动性的政策目标是促进高收入群体竞争性的流动，即实现高收入群体子代的优胜劣汰。具体措施有：加大对高收入群体收入的税收调节，针对高收入群体开征房产税和遗产税；鼓励市场良性竞争，关注企业投融资风险，预防官商勾结形成的特权经济；建立企业征信制度，发展完善金融市场。总体而言，面向高收入群体政策调节的着力点应当放在高收入群体基于其财富积累而形成的特权和信息屏障方面，为市场经济良性竞争创造制度环境。

（一）加大税收调节

随着我国高收入群体的可支配收入不断攀高，高收入群体的消费能力也在攀升，同时也暴露了我国相应的税制结构的缺失造成不同收入群体财富差距不平等的现象。例如，高收入群体可能拥有多套房产，因为没有房产税，就可以享受多套房产出租带来较高的财富增值收益，助推了房地产市场泡沫的形成，增加了中低收入群体购房的成本，在一定程度上导致贫富差距的扩大。所以房产税的征收将有利于制约高收入群体不合理的财富增值，使财产性收入分配更公平。

除此之外，遗产税的征收对调节收入差距、刺激高收入群体子代的奋发图强也起着重要的作用。遗产税涉及的内容广泛，包括个人的不动产及个人的储蓄存款、债券、珠宝首饰等各种形式的财产。遗产税作为限制财富跨代过度积累的一种税收，在很多发达市场经济国家推行，这一举措对提高收入流动性的作用已经得到了经验验证。我国在市场经济发育已经日臻成熟的今天，推行遗产税征税制度将有利于贫富差距的缩小，改善部分高收入群体不劳而获的现象。需要注意的是目前我国低收入群体比重偏高，中等收入群体尚未稳定，橄榄型的稳定社会结构并未形成，若不分收入等级的推行遗产税和房产税，很可能挤压中等收入群体的成长空间，降低低收入群体提升收入的欲望，所以旨在缩小收入差距的房产税、遗产税的推行应从高收入群体开始。

（二）建立市场经济良性竞争的法治环境

垄断对高收入群体的吸引力是不言而喻的，不论是脱胎于特权和垄断的高收入群体还是在市场化竞争中积累财富形成的高收入群体，都渴望凭借自身财富优势形成和巩固垄断，来维持现有的经济地位。如果不加干预，就会严重降低市场经济的竞争效率，形成中低收入群体向上运动的天花板，收入阶层固化，拉大收入差距，违背民愿，造成社会的动荡。所以当下，在市场经济改革的关键期，政府必须出台更加行之有效的措施，限制垄断、限制特权经济，时刻将促进市场良性竞争作为市场监管的目标。

除此之外，对于经济实力强大的超大型企业，政府更需要关注其投融资风险。它们作为金融市场的主要客户，既有资金实力又有资本需求，而金融市场在发展要求的推动下，往往会为了争夺市场而降低风险准入的门槛，从短期来看，可能是促进了效率的提升，但以牺牲规则来追求效率，即使造就了一批更高收入的群体，但却蕴藏着巨大的市场经济风险甚至危机。所以，针对高收入群体的收入流动性政策，不仅是收入分配和收入再分配的政策，也不仅是有形公共产品的政策，而是真正能够促进市场良性竞争、制约特权、预防风险的对策，能够把资本放在法治中的对策。

（三）强化信用规范，促进信息对称

金融市场是高收入群体财富增值与放大的关键环节，而信用则是维护金融市场良性运行的基础。货币市场（如商业银行）信用级别要求高，融资审查苛刻，但融资成本低，资本市场（如股票、债券等金融产品市场）则可以面向不同信用等级的客户提供不同融资成本的金融产品，但不论是货币市场还是资本市场都需要在明确信用水平的前提下来分配资源。缺乏信用评级标准或标准混乱会严重制约金融市场的发展，在限制高收入群体投融资水平的同时使风险激增。

所以，面对经济发展带动的巨大金融需求，我国建设信用评级规范的重要性日益突显。信用评级规范的建设有利于帮助市场识别哪些是有实力的和投资价值的高收入群体，从而加强投融资主体间的信息对称，使财富流动到能够实现增值的行业和领域，同时促进投融资主体财富的增加，起到财富对不同收入群体收入的带动作用。而对于那些依靠虚张声势聚拢财富的高收入群体，健全的信用评级规范同样能给予准确的识别，从而减少这部分群体融资的机会和数额，减缓或降低其财富增加的速度，实现其收入的向下流动，形成收入群体内部的有进有出、有上有下。

参 考 文 献

边燕杰. 2004. 城市居民社会资本的来源及作用: 网络观点与调查发现[J]. 中国社会科学, (3): 136-146, 208.

蔡继明. 1998. 中国城乡比较生产力与相对收入差别[J]. 经济研究, (1): 13-21.

曹皎皎. 2017. 新常态下我国城乡居民代际收入流动性分析[J]. 商业经济研究, (2): 146-148.

陈安平. 2009. 财政分权、城乡收入差距与经济增长[J]. 财经科学, (10): 93-101.

陈昌盛, 蔡跃洲. 2007. 中国政府公共服务: 体制变迁与地区综合评估[M]. 北京: 中国社会科学出版社.

陈杰. 2015. 代际收入流动性、传递机制与收入不平等——基于中国农村的经验分析[D]. 南京农业大学博士学位论文.

陈杰, 苏群. 2015. 中国代际收入流动性趋势分析: 1991-2011[J]. 安徽师范大学学报(人文社会科学版), 43(6): 769-775.

陈杰, 苏群, 周宁. 2016. 农村居民代际收入流动性及传递机制分析[J]. 中国农村经济, (3): 36-53.

陈琳, 沈馨. 2016. 父代关系与代际收入流动: 基于教育和就业的视角[J]. 南方经济, (5): 34-45.

陈琳, 袁志刚. 2012. 授之以鱼不如授之以渔?——财富资本、社会资本、人力资本与中国代际收入流动[J]. 复旦学报(社会科学版), (4): 12, 99-113.

陈琳. 2011. 中国代际收入流动性的实证研究: 经济机制与公共政策[D]. 复旦大学博士学位论文.

陈琳. 2015. 促进代际收入流动: 我们需要怎样的公共教育——基于 CHNS 和 CFPS 数据的实证分析[J]. 中南财经政法大学学报, (3): 27-33, 159.

陈琳. 2016. 中国城镇代际收入弹性研究: 测量误差的纠正和收入影响的识别[J]. 经济学(季刊), 15(1): 33-52.

陈漫雪, 吕康银, 王文静. 2016. 代际收入传递的经济学分析[J]. 当代经济管理, 38(12): 73-78.

陈敏. 2015. 家庭财富转移对下一代劳动收入的影响机制研究[D]. 浙江大学博士学位论文.

陈胜男, 陈云. 2016. 我国居民代际收入流动性测算及对比研究[J]. 数学的实践与认识, 46(10): 289-296.

陈永清. 2006. 中国城乡居民收入差距演变的路径及原因分析[J]. 经济评论, 140(4): 49-53.

陈钊, 陆铭, 佐藤宏. 2009. 谁进入了高收入行业?——关系、户籍与生产率的作用[J]. 经济研究, 44(10): 121-132.

迟巍, 蔡许许. 2012. 城市居民财产性收入与贫富差距的实证分析[J]. 数量经济技术经济研究, 29(2): 100-112.

邸玉娜. 2014. 代际流动、教育收益与机会平等——基于微观调查数据的研究[J]. 经济科学, (1): 65-74.

丁亭亭, 王仕睿, 于丽. 2016. 中国城镇代际收入流动实证研究——基于 Jorgenson-Fraumeni 未来终生收入的估算[J]. 经济理论与经济管理, (7): 83-97.

方静. 2016. 我国贫富差距代际传承问题及对策研究[D]. 东北财经大学硕士学位论文.

方鸣, 应瑞瑶. 2010a. 中国城乡居民的代际收入流动及分解[J]. 中国人口·资源与环境, 20(5): 123-128.

方鸣, 应瑞瑶. 2010b. 中国农村居民代际收入流动性研究[J]. 南京农业大学学报(社会科学版), 10(2): 14-18, 26.

费舒澜. 2014. 中国城乡收入差距的度量改进及分解研究[D]. 浙江大学博士学位论文.

高连水, 尹碧波, 刘明. 2012. 我国居民地区收入差距的变动趋势及其解释[J]. 中央财经大学学报, (3): 51-57.

谷敏. 2011. 论中国城镇居民收入代际流动的变动趋势[J]. 经济师, (11): 39-40.

郭丛斌, 闵维方. 2007. 中国城镇居民教育与收入代际流动的关系研究[J]. 教育研究, (5): 3-14.

郭丛斌, 闵维方. 2009. 教育: 创设合理的代际流动机制——结构方程模型在教育与代际流动关系研究中的应用[J]. 教育研究, 30(10): 5-12.

郭丛斌, 闵维方. 2011. 教育与代际流动的关系研究——中国劳动力市场分割的视角[J]. 高等教育研究, 32(9): 5.

郭汝元. 2016. 中国家庭财富代际转移的计量分析——基于 CHARLS 数据的实证研究[D]. 东北财经大学硕士学位论文.

郭延飞. 2013. 我国城乡居民财产性收入差距研究[D]. 山东财经大学硕士学位论文.

国家统计局. 2006. 中国统计摘要[M]. 北京: 中国统计出版社: 48.

韩德胜. 2008. 财产性收入的正负效应分析[J]. 中共青岛市委党校(青岛行政学院学报), (3): 41-43.

韩军辉, 龙志和. 2011. 基于多重计量偏误的农村代际收入流动分位回归研究[J]. 中国人口科学, (5): 26-35, 111.

韩军辉. 2010. 基于面板数据的代际收入流动研究[J]. 中南财经政法大学学报, (4): 21-25.

何丽芬, 潘慧峰, 林向红. 2011. 中国城乡家庭财产性收入的二元特征及影响因素[J]. 管理世界, (9): 168-169.

何勤英, 李琴, 李任玉. 2017. 代际收入流动性与子辈和父辈间收入地位差异——基于收入差异的视角[J]. 公共管理学报, 14(2): 122-131, 158.

何石军, 黄桂田. 2013a. 代际网络、父辈权力与子女收入——基于中国家庭动态跟踪调查数据的分析[J]. 经济科学, (4): 65-78.

何石军, 黄桂田. 2013b. 中国社会的代际收入流动性趋势: 2000～2009[J]. 金融研究, (2): 19-32.

胡洪曙, 亓寿伟. 2014. 中国居民家庭收入分配的收入代际流动性[J]. 中南财经政法大学学报, (2): 20-29.

胡永远. 2011. 代际收入传递性研究评述[J]. 经济学动态, (2): 147-151.

黄范章. 2011. 推行"财产性收入"大众化深化收入分配体制改革[J]. 中国井冈山干部学院学报, 4(1): 107-111.

黄林峰. 2013. 基于金融性资产的我国居民代际收入传递研究[D]. 浙江财经大学硕士学位论文.

黄潇, 杨俊. 2011. 收入分配差距与经济增长的非线性关系再检验[J]. 山西财经大学学报, 33(7): 15-21.

黄潇. 2014. 如何预防贫困的马太效应——代际收入流动视角[J]. 经济管理, 36(5): 153-162.

贾康. 2011. 房产税改革: 美国模式和中国选择[J]. 人民论坛, (3): 48-50.

蒋兴凡. 2016. 城镇居民收入差距代际传递的分位数回归研究[D]. 安徽大学硕士学位论文.

金久仁. 2009. 家庭背景与教育获得的代际传递公平性研究[J]. 教育学术月刊, (2): 17-20.

赖德胜. 1997. 教育扩展与收入不平等[J]. 经济研究, (10): 46-53.

李金良. 2008. 财产性收入与贫富差距——基于城乡收入差距视角的实证研究[J]. 北京邮电大学学报(社会科学版), 10(3): 49-52.

李力行, 周广肃. 2014. 代际传递、社会流动性及其变化趋势——来自收入、职业、教育、政治身份的多角度分析[J]. 浙江社会科学, (5): 11-22, 156.

李实, 魏众, 古斯塔夫森 B. 2000. 中国城镇居民的财产分配[J]. 经济研究, (3): 16-23, 79.

李实, 赵人伟, 张平. 1998. 中国经济转型与收入分配变动[J]. 经济研究, (4): 43-52.

李小胜. 2011. 中国城乡居民代际收入流动分析[J]. 统计与信息论坛, (9): 48-54.

李勇辉, 李小琴. 2016. 人力资本投资、劳动力迁移与代际收入流动性[J]. 云南财经大学学报, 32(5): 39-50.

梁运文, 霍震, 刘凯. 2010. 中国城乡居民财产分布的实证研究[J]. 经济研究, 45(10): 33-47.

林莞娟, 张戈. 2015. 教育的代际流动: 来自中国学制改革的证据[J]. 北京师范大学学报(社会科学版), (2): 118-129.

林南, 边燕杰. 2002. 中国城市中的就业与地位获得过程[M]. 北京: 生活·读书·新知三联书店.

刘欢. 2017. 农村贫困的父辈代际传递与子辈户口迁移削弱效应研究[J]. 中央财经大学学报, (6): 82-90.

刘建和, 胡跃峰. 2014. 基于家庭财富资本的居民收入代际传递研究[J]. 浙江金融, (9): 11-16.

刘建和, 邢慧敏, 黄林峰. 2016. 我国居民金融性资产收入代际传递影响因素研究[J]. 商业研究, (9): 54-63.

刘盼盼. 2016. 父辈收入不平等对子辈收入不平等的影响研究[D]. 山西财经大学硕士学位论文.

刘小鸽. 2016. 计划生育如何影响了收入不平等?——基于代际收入流动的视角[J]. 中国经济问题, (1): 71-81.

刘小鸽, 司海平. 2017. 计划生育与代际不平等传递——基于个体代际流动的微观视角[J]. 经济评论, (5): 139-151.

刘志国, 范亚静. 2014. 教育与居民收入代际流动性的关系研究[J]. 统计与决策, (22): 101-105.

刘志龙. 2014. 农村教育与代际收入流动性传导机制研究[J]. 东北财经大学学报, (5): 56-63.

龙翠红, 王潇. 2014. 中国代际收入流动性及传递机制研究[J]. 华东师范大学学报(哲学社会科学版), 46(5): 156-164, 183.

龙莹, 张世银. 2011. 收入差距持续扩大背景下的收入流动性问题研究[J]. 浙江工商大学学报, (1): 66-72.

隆兴荣. 2016. 家庭财富积累与代际收入传递的实证研究[D]. 湘潭大学硕士学位论文.

卢华, 朱文君. 2015. 城乡收入差距的演变趋势、结构因素及应对策略[J]. 宏观经济研究, (8): 127-133, 150.

卢盛峰, 潘星宇. 2016. 中国居民贫困代际传递: 空间分布、动态趋势与经验测度[J]. 经济科学, (6): 5-19.

陆铭, 欧海军. 2011. 高增长与低就业: 政府干预与就业弹性的经验研究[J]. 世界经济, (12): 3-31.

陆学艺. 2004. 当代中国社会流动[M]. 北京: 社会科学文献出版社.

罗锋, 黄丽. 2013. 中国城乡居民收入流动的动态演化[J]. 佛山科学技术学院学报(社会科学版), 31(2): 28-34.

吕炜, 储德银. 2011. 城乡居民收入差距与经济增长研究[J]. 经济学动态, (12): 30-36.

吕炜, 杨沫, 王岩. 2016. 收入与职业代际流动性研究前沿——测度、比较及影响机制[J]. 经济学动态, (6): 109-119.

吕之望, 李翔. 2017. 我国农村居民代际收入流动的性别差异[J]. 金融评论, 9(2): 83-91, 126.

马明德, 陈广汉. 2011. 中国居民收入不均等: 基于财产性收入的分析[J]. 云南财经大学学报, 27(6): 29-35.

孟翔飞. 2009. 政府干预对倒 U 模型的修正研究[J]. 财经问题研究, (11): 14-18.

宁光杰. 2014. 居民财产性收入差距: 能力差异还是制度阻碍? ——来自中国家庭金融调查的证据[J]. 经济研究, (S1): 102-115.

牛启同, 陈梦洛. 2016. 我国居民财产性收入差距背后的制度因素探析[J]. 中国商论, (14): 163-165.

彭蕊. 2016. 我国代际收入流动机制分解研究[D]. 陕西师范大学硕士学位论文.

亓寿伟. 2016. 中国代际收入传递趋势及教育在传递中的作用[J]. 统计研究, 33(5): 77-86.

秦雪征. 2014. 代际流动性及其传导机制研究进展[J]. 经济学动态, (9): 115-124.

沈毅俊, 潘申彪. 2008. 外商直接投资对地区收入差距影响的实证分析[J]. 国际贸易问题, (2): 100-104.

孙三百, 黄薇, 洪俊杰. 2012. 劳动力自由迁移为何如此重要? ——基于代际收入流动的视角[J]. 经济研究, 47(5): 147-159.

孙涛. 2016. 农村不同收入群体收入差距代际传递及其变动[D]. 安徽大学硕士学位论文.

孙文凯. 2007. 关于我国收入流动的研究[J]. 统计与决策, (23): 149-151.

唐礼智, 刘喜好, 贾璇. 2008. 我国金融发展与城乡收入差距关系的实证研究[J]. 农业经济问题, (11): 44-48.

陶群山. 2009. 基于二元经济结构视角下的中国城乡收入差距[J]. 技术经济与管理研究, (3): 116-119.

万广华, 陆铭, 陈钊. 2005. 全球化与地区间收入差距: 来自中国的证据[J]. 中国社会科学, (3): 17-26, 205.

汪燕敏, 金静. 2013a. 中国劳动力市场代际收入流动研究[J]. 经济经纬, (3): 96-100.

汪燕敏, 金静. 2013b. 我国教育对代际收入流动的影响——基于代际数据的观察[J]. 管理现代化, (3): 123-125.

王芳, 周兴. 2010. 城乡居民家庭收入流动与长期收入均等[J]. 财经科学, (3): 37-44.

王海港. 2005. 中国居民收入分配的代际流动[J]. 经济科学, (2): 18-25.

王会娟. 2016. 代际影响视角下的子代收入差距研究——基于家庭住户调查数据的实证分析[D]. 天津财经大学硕士学位论文.

王磊. 2016. 谁能进入体制内? ——单位制的分化与单位地位的"蜂窝式"再生产[J]. 北京社会科学, (1): 75-81.

王美今, 李仲达. 2012. 中国居民收入代际流动性测度——"二代"现象经济分析[J]. 中山大学学报(社会科学版), (1): 172-181.

王学龙, 袁易明. 2015. 中国社会代际流动性之变迁: 趋势与原因[J]. 经济研究, 50(9): 58-71.

王宇. 2016. 中国城镇居民代际收入流动性研究[D]. 广西大学硕士学位论文.

王作安. 2007. 中国城市近郊失地农民生存问题研究[M]. 北京: 经济科学出版社.

魏先华, 张越艳, 吴卫星, 等. 2014. 我国居民家庭金融资产配置影响因素研究[J]. 管理评论,

26(7): 20-28.

魏颖. 2009. 中国代际收入流动与收入不平等问题研究[M]. 北京: 中国财政经济出版社.

魏颖, 张春艳. 2009. 代际收入流动与收入不平等问题研究[J]. 中国社会科学院研究生院学报, (4): 97-102.

吴丽容, 陈晓枫. 2011. 我国居民财产性收入差距、成因及负面效应[J]. 福建教育学院学报, (4): 41-46.

向书坚. 1998. 全国居民收入分配基尼系数的测算与回归分析[J]. 财经理论与实践, (1): 75-80.

谢绵陛. 2017. 家庭财富、教育及财富的年龄均化——基于 CHFS 的家庭净资产决定因素研究[J]. 东南学术, (5): 210-219.

谢勇. 2006. 人力资本与收入不平等的代际间传递[J]. 上海财经大学学报(哲学社会科学版), 8(2): 49-56.

胥艳花. 2016. 公共人力资本投入对代际收入流动性影响的研究[D]. 浙江财经大学硕士学位论文.

徐佳, 谭娅. 2016. 中国家庭金融资产配置及动态调整[J]. 金融研究, (12): 95-110.

徐俊武, 易祥瑞. 2014. 增加公共教育支出能够缓解"二代"现象吗？——基于 CHNS 的代际收入流动性分析[J]. 财经研究, (11): 17-28.

徐俊武, 张月. 2015. 子代受教育程度是如何影响代际收入流动性的？——基于中国家庭收入调查的经验分析[J]. 上海经济研究, (10): 121-128.

徐舒, 李江. 2015. 代际收入流动: 异质性及对收入公平的影响[J]. 财政研究, (11): 23-33.

徐晓红. 2015. 中国城乡居民收入差距代际传递变动趋势: 2002 – 2012[J]. 中国工业经济, (3): 5-17.

严斌剑, 王琪瑶. 2014. 城乡代际收入流动性的变迁及其影响因素分析[J]. 统计与决策, (17): 91-95.

杨娟, 张绘. 2015. 中国城镇居民代际收入流动性的变化趋势[J]. 财政研究, (7): 40-45.

杨俊, 李晓羽, 张宗益. 2006. 中国金融发展水平与居民收入分配的实证分析[J]. 经济科学, (2): 23-33.

杨俊, 张宗益, 李晓羽. 2005. 收入分配、人力资本与经济增长: 来自中国的经验(1995-2003)[J]. 经济科学, (5): 5-15.

杨瑞龙, 王宇锋, 刘和旺. 2010. 父亲政治身份、政治关系和子女收入[J]. 经济学(季刊), 9(3): 871-890.

杨穗, 李实. 2016. 中国城镇家庭的收入流动性[J]. 中国人口科学, (5): 78-89, 127-128.

杨新铭, 邓曲恒. 2016. 城镇居民收入代际传递现象及其形成机制——基于 2008 年天津家庭调查数据的实证分析[J]. 财贸经济, 37(11): 47-61.

杨新铭. 2010. 城镇居民财产性收入的影响因素——兼论金融危机对城镇居民财产性收入的冲击[J]. 经济学动态, (8): 62-66.

杨亚平, 施正政. 2016. 中国代际收入传递的因果机制研究[J]. 上海经济研究, (3): 61-72.

姚先国, 赵丽秋. 2006. 中国代际收入流动与传递路径研究: 1989-2000[R]. 杭州: 第六届中国经济学年会.

姚耀军. 2005. 金融发展与城乡收入差距关系的经验分析[J]. 财经研究, 31(2): 49-59.

尹恒, 李实, 邓曲恒. 2006. 中国城镇个人收入流动性研究[J]. 经济研究, 41(10): 30-43.

尹志超, 宋全云, 吴雨. 2014. 金融知识、投资经验与家庭资产选择[J]. 经济研究, 49(4): 62-75.

袁磊. 2016. 我国居民代际收入流动的实现路径——兼文献综述[J]. 经济问题探索, (11):

173-181.

张平. 2003. 增长与分享: 居民收入分配理论和实证[M]. 北京: 社会科学文献出版社.

赵白歌. 2017. 我国居民教育与代际收入流动关系的实证研究——马太效应还是张弓效应[D]. 首都经济贸易大学硕士学位论文.

赵丹. 2017. 中国代际收入不平等传递研究[D]. 山西财经大学博士学位论文.

赵倩. 2008. 收入分配差距对经济增长的影响分析[J]. 内蒙古农业大学学报(社会科学版), (4): 79-81.

赵毅, 石莹. 2013. 我国城乡居民收入差距演变及影响因素分析[J]. 决策咨询, (5): 47-51.

周波, 苏佳. 2012. 财政教育支出与代际收入流动性[J]. 世界经济, (12): 41-61.

周文兴, 林新朗. 2011. 经济适用房投资额与商品房价格的动态关系[J]. 技术经济, 30(1): 85-88.

周晓蓉, 杨博. 2012. 城镇居民财产性收入不平等研究[J]. 经济理论与经济管理, (8): 56-64.

周兴, 张鹏. 2014. 代际间的职业流动与收入流动——来自中国城乡家庭的经验研究[J]. 经济学(季刊), 14(1): 351-372.

朱荃, 吴頔. 2011. 国外代际收入流动性研究: 综述与展望[J]. 经济研究导刊, (5): 1-3.

Anderberg D, Andersson F. 2007. Stratification, social networks in the labour market, and intergenerational mobility[J]. The Economic Journal, 117(520): 782-812.

Atkinson A B. 1983. Social Justice and Public Policy[M]. Cambridge: MIT Press.

Atkinson A B, Trinder C G, Maynard A K. 1978. Evidence on intergenerational income mobility in Britain[J]. Economic Letters, 1(4): 383-388.

Atkinson A, Bourguignon F, Morrisson C. 1992. Empirical Studies of Earnings Mobility[M]. Amsterdam: Harwood Academic Publishers.

Barro R J. 2000. Inequality and growth in a panel of countries[J]. Journal of Economic Growth, 5(1): 5-32.

Becker G S, Mulligan C B. 1997. The endogenous determination of time preference[J]. Quarterly Journal of Economics, 112(3): 729-758.

Becker G S, Murphy K M, Tamura R. 1990. Human capital, fertility and economic growth[J]. NBER Working Paper, No. 3414.

Becker G S, Tomes N. 1979. An equilibrium theory of the distribution of income and intergenerational mobility[J]. Journal of Political Economy, 87(6): 1153-1189.

Becker G S, Tomes N. 1986. Human capital and the rise and fall of families[J]. Journal of Labor Economics, 4(3): S1-S39.

Behrman J R, Taubman P. 1985. Intergenerational earnings mobility in the United States: some estimates and a test of Becker's intergenerational endowments model[J]. The Review of Economics and Statistics, 67(1): 144-151.

Björklund A, Chadwick. 2003. Intergenerational income mobility in permanent and separated families[J]. Economics Letters, 80(2): 239-246.

Björklund A, Jäntti M, Solon G. 2007. Nature and nurture in the intergenerational transmission of socioeconomic status: evidence from Swedish children and their biological and rearing parents[J]. The BE Journal of Economic Analysis & Policy, 7(2): 1753.

Björklund A, Jäntti M. 1997. Intergenerational income mobility in Sweden compared to the United States[J]. The American Economic Review, 87(5): 1009-1018.

Blanden J, Gregg P, Macmillan L. 2007. Accounting for intergenerational income persistence: noncognitive skills, ability and education[J]. The Economic Journal, 117(519): C43-C60.

Blau P M, Duncan O D. 1967. The American occupational structure[J]. American Journal of Sociology, 33(2): 296.

Bowles S, Gintis H, Osborne M. 2001. The determinants of earnings: a behavioral approach[J]. Journal of Economic Literature, 39(4): 1137-1176.

Chadwick L, Solon G. 2002. Intergenerationgal income mobility among daughters[J]. American Econmic Review, 92(1): 335-344.

Chetty R, Hendren N, Kline P, et al. 2014. Where is the land of opportunity? The geography of intergenerational mobility in the United States[J]. The Quarterly Journal of Economics, 129(4): 1553-1623.

Corak M. 2006. Do poor children become poor adults? lessons from a cross-country comparison of generational earnings mobility[J]. IZA Discussion Papers, 13(6):143-188.

Corak M, Heisz A. 1999. The intergenerational earnings and income mobility of Canadian men: evidence from longitudinal income tax data[J]. The Journal of Human Resources, 34(3): 504-533.

de Gregorio J, Lee J W. 2002. Education and income inequality: new evidence from cross-country data[J]. Review of Income and Wealth, 48(3): 395-416.

Dearden L, Machin S, Reed H. 1997. Intergenerational mobility in Britain[J]. The Economic Journal, 107(440): 47-66.

Dunn C E. 2007. The intergenerational transmission of lifetime earnings: evidence from Brazil[J]. Journal of Economic Analysis & Policy, 7(2): 1782.

Dustmann C, van Soest A. 2004. An analysis of speaking fluency of immigrants using ordered response models with classification errors[J]. Journal of Business & Economic Statistics, 22(3): 312-321.

Eicher T S, Garcia-Penalosa C. 2000. Inequality and growth: the dual role of human capital in development[J]. Journal of Development Economics, 66(1): 173-197.

Eide E R, Showalter M H. 1999. Factors affecting the transmission of earnings across generations: a quantile regression approach[J]. Journal of Human Resources, 34(2): 253-267.

Fields G S, Hernandez R D, Freije S, et al. 2007. Intragenerational income mobility in Latin America[with Comments][J]. Economia, 7(2): 101-112.

Foster A D, Rosenzweig M R. 1992. Information flows and discrimination in labor markets in rural areas in developing countries[J]. The World Bank Economic Review, 6(s-1): 173-203.

Foster A D, Rosenzweig M R. 1994. A test for moral hazard in the labor market: contractual arrangements, effort, and health[J]. The Review of Economics and Statistics, 76(2): 213-227.

Galor O, Tsiddon D. 1997a. Technological progress, mobility and economic growth[J]. The American Economic Review, 87(3): 363-382.

Galor O, Tsiddon D. 1997b. The distribution of human capital and economic growth[J]. Journal of Economic Growth, 2(1): 93-124.

Galor O, Zeira J. 1993. Income distribution and macroeconomics[J]. The Review of Economic Studies, 60(1): 35-52.

Glomm G, Ravikumar B. 1996. Endogenous public policy and multiple equilibria[J]. European

Journal of Political Economy, 11(4): 653-662.

Gong H, Leigh A, Meng X. 2012. International income mobility in urban China[J]. Review of Income and Wealth, 58(3): 481-503.

Grawe N D. 2006. Lifecycle bias in estimates of intergenerational earnings persistence[J]. Labour Economics, 13(5): 551-570.

Greenwood J, Jovanovic B. 1990. Financial development, growth, and distribution of income[J]. Journal of Political Economy, 98(5): 1076-1107.

Haddad L J, Bouis H E. 1991. The impact of nutritional status on agricultural productivity: wage evidence from the philippines[J]. Oxford Bulletin of Economics and Statistics, 53(1): 45-68.

Haider S J, Solon G. 2006. Life-cycle variation in the association between current and lifetime earnings[J]. American Economic Review, 96(4): 1308-1320.

Hertz T N. 2001. Education, inequality and economic mobility in South Africa[D]. Amherst: University of Massachusetts.

Kaldor N. 1957. Capitalist evolution in the light of keynesian economics[J]. Sankhyā: The Indian Journal of Statistics (1933-1960), 18(1/2): 173-182.

Kohn M L, Schooler C. 1969. Class, occupation, and orientation[J]. American Sociological Review, 34(5): 659-678.

Kuznets S. 1955. Economic growth and income inequality[J]. The American Economic Review, 45(1): 1-28.

Lefranc A, Trannoy A. 2005. Intergenerational earnings mobility in France: is France more mobile than the US？[J]. Annales d'Économie et de Statistique, 78: 57-77.

Lillard L A, Kilburn M R. 1995. Intergenerational earnings links: sons and daughters[Z]. RAND Working Paper.

Liu Z. 2003. The economic impact and determinants of investment in human and political capital in China[J]. Economic Development and Cultural Change, 51(4): 823-849.

Mare R D. 2011. A multigenerational view of inequality[J]. Demography, 48(1): 1-23.

Mayer S E. 2002. The Influence of Parental Income on Children's Outcomes[M]. Wellington: Knowledge Management Group, Ministry of Social Development.

Mazumder B. 2001. Earnings mobility in the US: a new look at intergenerational inequality[Z]. Federal Reserve Bank of Chicago Working Paper.

Mazumder B. 2005. Fortunate sons: new estimates of intergenerational mobility in the United States using social security earnings data[J]. The Review of Economics and Statistics, 87(2): 235-255.

Mincer J. 1958. Investment in human capital and personal income distribution[J]. The Journal of Political Economy, 66(4): 281-302.

Nguyen A, Getinet H. 2003. Intergenerational mobility in educational and occupational status: evidence from the U. S. [R]. Development and Policies Research Center: MPRA Paper.

Nicoletti C, Ermisch J F. 2008. Intergenerational earnings mobility: changes across cohorts in Britain[J]. The BE Journal of Economic Analysis & Policy, 7(2): 1-38.

Nilsen Ø A, Vaage K, Aakvik A, et al. 2008. Estimates of intergenerational elasticities based on lifetime earnings, IZA Discussion Paper, No. 3709.

Núñez J, Miranda L. 2011. Intergenerational income and educational mobility in urban Chile[J]. Estudios de Economía, 38(1): 195-221.

Osterbacka E. 2001. Family background and economic status in Finland[J]. The Scandinavian Journal of Economics, 103(3): 467-484.

Pekkarinen T, Uusitalo R, Pekkala S. 2006. Education policy and intergenerational Income mobility: evidence from the Finish comprehensive school regorm[Z]. IZA Discussion Paper.

Perotti R. 1994. Income distribution and investment[J]. European Economic Review, 38(3/4): 827-835.

Persson T, Tabellini G. 1994. Is inequality harmful for growth? [J]. The American Economic Review, 84(3): 600-621.

Peters H E. 1992. Patterns of intergenerational mobility in income and earnings[J]. Review of Economics and Statistics, 74(3): 456-466.

Piraino P. 2007. Comparable estimates of intergenerational income mobility in Italy[J]. The BE Journal of Economic Analysis & Policy, 7: 1711.

Prais S J. 1955. Measuring social mobility[J]. Journal of the Royal Statistical Society: Series A(General), 118(1): 56-66.

Restuccia D, Urrutia C. 2004. Intergenerational persistence of earnings: the role of early and college education[J]. American Economic Review, 94(5): 1354-1378.

Richardson J G. 1986. Handbook of Theory and Research for Sociology of Education[M]. New York: Greenwood Press.

Shorrocks A. 1978. The measurement of mobility[J]. Econometrica: Journal of Econometric Society. 46(5): 1013-1024.

Smith D E, Lewis Y S, Svihla G. 1954. Prolongation of clotting time in the dormant bat(myotis lucifugus)[J]. Experientia, 10(5): 218.

Solon G. 1992. Intergenerational income mobility in the United States[J]. The American Economic Review, 82(3): 393-408.

Solon G. 1999. Intergenerational mobility in the labor market[J]. Handbook of Labor Economics, 3: 1761-1800.

Sukiassyan G. 2007. Inequality and growth: what does the transition economy data say? [J]. Journal of Comparative Economics, 35(1): 35-56.

Todaro M P. 1985. Economics for a Developing World: An Introduction to Principles, Problems, and Policies[M]. London: Harlow(UK) Longman.

Ueda A. 2009. Intergenerational mobility of earnings and income in Japan[J]. The BE Journal of Economic Analysis & Policy, 9(1): 1-27.

Vogel T. 2006. Reassessing intergenerational mobility in Germany and the United States: the impact of differences in lifecycle earnings patterns[R]. SFB 649 Discussion Paper.

Wolff E N. 2016. Household wealth trends in the United States, 1962 to 2013: what happened over the great ression[J]. The Russell Sage Foundation Journal of the Social Sciences, 2(6): 24-43.

Wouldes T A, Roberts A B, Pryor J E, et al. 2004. The effect of methadone treatment on the quantity and quality of human fetal movement[J]. Neurotoxicology and Tera-tology, 26(1): 23-34.